Apelos

Coleção Estudos
Dirigida por J. Guinsburg

Equipe de realização – Edição de Texto: Jonathan Busato; Revisão: Adriano C. A. e Sousa; Sobrecapa: Sergio Kon; Produção: Ricardo W. Neves, Sergio Kon, Luiz Henrique Soares, Raquel Fernandes Abranches e Elen Durando.

Jacques Copeau

APELOS

MARIE-HÉLÈNE DASTÉ E SUZANE MAISTRE SAINT-DENIS
(coleta e estabelecimento de texto)

CLAUDE SICARD
(notas)

JOSÉ RONALDO FALEIRO
(tradução e apresentação)

Título do original francês
Appels – Registres I

©Éditions Gallimard, 1974

CIP-Brasil. Catalogação-na-Fonte
Sindicato Nacional dos Editores de Livros, RJ

C788a

Copeau, Jacques, 1879-1949
    Apelos / Jacques Copeau ; Marie-Hélène Dasté e Suzane Maistre Saint-Denis; notas Claude Sicard ; tradução e apresentação José Ronaldo Faleiro. – 1. ed. – São Paulo : Perspectiva, 2013.
    10 il. (Estudos ; 305)

    Tradução de: *Appels*
    Apêndice
    Inclui bibliografia
    ISBN 978-85-273-0967-7

    1. Copeau, Jacques, 1879-1949. 2. Teatro. 3. Teatro – História e crítica. 4. Artes cênicas. I. Dasté, Marie-Hélène. II. Saint-Denis, Suzanne Maistre. III. Título. IV. Série.

12-8158.   CDD: 792
                   CDU: 792

06.11.12   13.11.12   040570

Direitos reservados em língua portuguesa à
EDITORA PERSPECTIVA S.A.

Av. Brigadeiro Luís Antônio, 3025
01401-000 São Paulo SP Brasil
Telefax: (011) 3885-8388
www.editoraperspectiva.com.br

2013

Sumário

Os Muitos Apelos de Jacques Copeau – *José Ronaldo Faleiro* xi

Uma Palavra da Editora Sobre Jacques Copeau – *J. Guinsburg e Luiz Henrique Soares* xxiii

Prefácio – *Marie-Hélène Dasté* xxvii

UMA TENTATIVA DE RENOVAÇÃO DRAMÁTICA.... 1

VOCAÇÃO 17

ENCONTROS 31

    AS AMIZADES DA *NRF*
    André Gide 31
    Jean Schlumberger 38
    André Suarès................................... 39

    Gordon Craig 42
    Adolphe Appia 45
    André Antoine 47
    Stanislávski 52

CRÍTICA 55
    Sobre a Crítica no Teatro 55
    Conselho 60
    Lugares-Comuns 65
    O Ofício no Teatro 71

APELOS 77
    À Juventude 77
    Aos Amadores 112

O PÚBLICO 115

AOS AUTORES 123
    Apelo do Teatro à Poesia 123
    O Poeta no Teatro 129
    Convite ao Poeta Cômico 144

AO ENCENADOR 153
    A Interpretação das Obras Dramáticas do Passado . 155

AOS ATORES 161

A CENA 171
    A Cena do Vieux Colombier 173

APELO À UNIÃO 179

A CRISE E OS PRESSÁGIOS 189

CONCLUSÕES 197
    É Possível uma Renovação Dramática? 197

Apêndice: O TEATRO POPULAR 217

Indicações Bibliográficas 261

História dos Espetáculos no Ocidente Durante a Vida de
Jacques Copeau – *José Ronaldo Faleiro* 269

Esta edição contou com a colaboração e a boa vontade de Catherine Dasté e seu amigo brasileiro Gabriel Federicci, graças aos quais nos foi possível inserir as ilustrações constantes da publicação francesa.

Os Muitos Apelos de Jacques Copeau

> [...] *uma escola da variedade e da vida, cujos métodos só se empregam para liberar a personalidade.*
>
> *Sejam vocês mesmos, humilde e modestamente.* [...] *E sejam do tempo de vocês.*
>
> [...] *uma renovação total da coisa dramática, na interpretação, na apresentação cênica, na dramaturgia.*
>
> *É fácil minar as tradições do passado. Difícil é criar uma tradição nova, uma escola, um estilo, algo que tenha direito à vida e que mereça ser continuado.*
>
> *Trabalhemos. Experimentemos. Sigamos em frente. Tratemos de manter até o último dia o nosso espírito claro, a nossa sensibilidade viva, o nosso coração puro e inabalável.*
>
> [...] *o problema da realização teatral é o problema da cena e o do ator vivo em cena.*
>
> *Deixar o teatro para ir para onde?* [...] *Pouco importa o lugar, desde que aqueles que nele se reúnem tenham necessidade de nos escutar, que tenhamos alguma coisa para lhes dizer e para lhes mostrar, e que esse lugar seja animado pela força da vida dramática contida em nós.*[1]

Numa tarde parisiense de 1975, no auditório da FNAC da rua de Rennes, foi composta uma mesa-redonda de que participaram André Veinstein, Marie-Hélène Dasté e Ariane Mnouchkine. Veinstein era o diretor da coleção Prática do Teatro, da editora Gallimard, além de ser professor/pesquisador na Universidade de Paris VIII e curador na Biblioteca do Arsenal; Marie-Helène Dasté, a primogênita de Copeau, representava então para mim a respeitada atriz e figurinista que trabalhava com Jean-Louis Barrault e que eu vira em *Sous le vent des Îles Baléares*, espetáculo baseado na obra de Paul Claudel e apresentado pela Compagnie Renaud-Barrault no espaço em que hoje está implantado o Museu d'Orsay; e Mnouchkine havia estreado na Cartoucherie de Vincennes, com a equipe do Théâtre du Soleil, em 4 de março de 1975, *L'Âge d'or: Première ébauche*, que se construíra a partir de improvisações e que buscava encontrar na França dos anos de 1970 os tipos que corresponderiam, naquele momento,

---

1 Ver infra, respectivamente, p.81, 99, 101, 102, 103, 208, 215.

àquilo que significaram, nos séculos de florescimento da *Commedia dell'Arte*, Arlecchino, Pantalone, Brighella etc. Tratava-se, pois, de apresentar a sociedade de hoje com personagens fixas, como preconizara Copeau mais de cinquenta anos antes: "quebrar a forma existente e voltar primeiro a formas primitivas, como a forma com personagens fixas"[2]. Assim, Arlecchino seria o trabalhador imigrante argelino, a quem se "empurram", na construção civil, os encargos mais pesados e perigosos; Pantalone, o promotor imobiliário, o arquiteto mancomunado com o promotor imobiliário etc. O motivo do encontro dessas três personalidades diante do público era um debate sobre *Apelos*, primeiro volume dos Registros[3], de Jacques Copeau, então recentemente publicado, e sobre as repercussões dele no Théâtre du Soleil. A filha do *patron* havia reunido e arranjado, compilado diligentemente os textos do homem de teatro, no intuito de realizar o sonho dele de escrever um romance do teatro – um romance da sua vida no teatro. Ela organizara um plano de trabalho editorial que compreenderia a trajetória de Copeau dos inícios no Teatro do Vieux Colombier, em Paris (outubro de 1913), até o final de sua estada na capital francesa, com (finalmente!) a concretização da Escola do Vieux Colombier (1921-1924) e o fechamento desta e do teatro (maio de 1924). Na verdade, seu esforço de elucidação começava antes mesmo do percurso propriamente teatral de Copeau: remontava às atividades na galeria Georges Petit; ao período de suas críticas teatrais e de suas idas ao teatro e ao circo; conduzia à encenação, em 1911, de *Os Irmãos Karamázov*; passava pelas buscas referentes à improvisação, à Comédie Nouvelle, à importância do corpo, aos registros dos descompassos entre teoria e prática, ao "despotismo" copeliano, às alegrias e desilusões com os atores e com os espetáculos, na França e nos Estados Unidos da América, onde a companhia trabalhou durante a guerra (1917-1919).

Ao selecionar tal documentação e compartilhá-la com os leitores, Marie-Hélène Dasté impulsionou o conhecimento da

---

2 Ver infra, p. 145.
3 A coletânea de escritos de J. Copeau está dividida em seis volumes com o título geral *Registres* e os subtítulos: I: *Appells*; II: *Molière*; III, IV e V: *Les Registres du Vieux Colombier* (Inícios de Vieux Colombier), (America) e VI: *L'École du Vieux Colombier*.

obra de Copeau, desfez equívocos acumulados com o passar do tempo, revitalizou os estudos sobre ele.

De fato, ao longo das 2832 páginas dos seis volumes em que se desenrola o plano, é formada uma corrente que reafirma posições, amizades, práticas artísticas, pedagógicas e morais de Jacques Copeau. Neles avulta o significado de colaboradores como Louis Jouvet e Charles Dullin, mas também – num mundo de homens da relevância dos que integravam a NRF (*Nouvelle Revue Française*), do qual faziam parte dois ganhadores do Prêmio Nobel de Literatura, André Gide (1947) e Roger Martin du Gard (1937) – se evidencia o papel discreto e decisivo de mulheres como Marie-Hélène Dasté e Suzanne Bing (sem esquecer, na retaguarda, Agnès Thomsen Copeau).

Na mesa-redonda de 1975, Ariane Mnouchkine reivindicava os princípios expostos em *Apelos*, de uma "confraria de atores" e de "uma comédia moderna inteiramente nova, improvisada com tipos extraídos da sociedade atual"[4], no espírito das palavras escritas por Copeau em 1916. Na discussão amena, predominava a ideia elevada de um teatro, como o queria também Stanislávski, que servisse o ser humano (e não do qual os "artistas" cabotinos se servissem), com "uma entrega do espírito em cena por meio de uma técnica profunda e bem assimilada"[5], a qual, "por mais perfeita que seja, permanece, no entanto, sempre um pouco aquém do espírito do qual ela é servidora"[6].

Um ano depois desse encontro memorável conheci Catherine Dasté, a neta de Copeau, graças a Richard Monod, que a convidou para dar aulas em Censier, no Instituto de Estudos Teatrais da Universidade de Paris III – Sorbonne Nouvelle, onde ele era professor. Catherine Dasté fundara em 1968 a Compagnie de la Pomme Verte (Companhia da Maçã Verde), sediada em Sartrouville, e o primeiro Centro Dramático Nacional para a Infância e a Juventude na França. Acompanhei, em 1976-1977, a preparação e a montagem que ela fez, com os integrantes da companhia, de *Visage de Sable* (Rosto de Areia): "como, nos limites

---

4 Ver infra, p. 145.
5 Ver infra, p. 23.
6 Ver infra, p. 22-23.

do mar, desaparece um rosto de areia"[7]: cada um dos quatro atores e cada uma das três atrizes utilizava quatro máscaras, feitas especialmente por Takashi Kawahara, que fora discípulo de Sartori. Catherine não falava muito no avô, mas alguns princípios e algumas práticas dele se faziam presentes em seu espetáculo, num minucioso espírito de pesquisa e de ludicidade, a partir de improvisações com temas oriundos de conversas que tivera com alunos da sexta série de uma escola de Saint-Germain-en-Laye.

Improvisação, máscaras (neutras e expressivas, que Catherine Dasté chamava, no jargão da família – sempre pronta a brincar, inteligentemente, com as palavras –, de máscaras de "reuzes"), ecoavam em 1977 as ideias que Jacques Copeau começara a conceber, a semear e a praticar por volta de 1915.

Ainda na década de 1970, a Compagnie de la Pomme Verte foi festejar o aniversário de sua fundadora em Pernand-Vergelesses, cidadezinha perto de Beaune, na Borgonha, na casa em que Copeau viveu parte da sua vida e onde os Copiaus[8], entre 1925 e 1929, conviveram artística e humanamente com a comunidade local. Durante a comemoração, na sala de festas da comunidade, atores do Théâtre du Campagnol (fundado em 1975) cantaram músicas do seu repertório. O seu diretor, Jean-Claude Penchenat, também fora um dos fundadores do Théâtre du Soleil e atuara em *L'Âge d'or* (A Idade de Ouro). O grupo havia feito, em 1977, um trabalho coletivo de adaptação para o teatro de *David Copperfield*, no qual cada ator se inspirara num animal para concretizar a sua personagem. Aí também se podem vislumbrar resquícios de Copeau. Foi também o Campagnol que, em 1981, estreou *Le Bal* (O Baile), com a direção de Penchenat. Posteriormente, Ettore Scola transformou a obra em um filme, com praticamente a mesma equipe, da qual fazia parte um bisneto de Copeau. A ação do espetáculo se desenvolvia em silêncio,

---

7 Catherine se havia inspirado, para o título, numa frase de Michel de Foucault: "Ce n'est pas parce que le visage de l'Homme disparaît et s'efface comme aux limites de la mer un visage de sable" (Não é porque o rosto do Homem desaparece e se consome, como nos limites do mar, um rosto de areia). Outro espetáculo seu foi intitulado *Aux limites de la mer* (Nos Limites do Mar). Naquela época não imaginávamos que em 10 de fevereiro de 2010 seria inaugurada na Aliança Francesa de Cáli, na Colômbia, uma exposição sobre Foucault intitulada justamente *Un Visage de Sable* (Um Rosto de Areia).

8 Nome adotado por Copeau e sua trupe, dado pelos aldeões do vilarejo de Pernand-Vergelesses, perto de Beaune, onde o grupo finalmente se instalou.

por meio de situações da sociedade francesa que prescindiam de palavras, na esteira de certos exercícios da Escola do Vieux Colombier: "Durante muito tempo, nossa escola [...] se inspirou, em seu vocabulário, não somente no repertório humano, mas também no dos animais e em toda a natureza"[9].

Durante o tempo em que permanecemos na Borgonha (eu estava com a equipe de *Visage de sable*) – numa dessas manhãs do final da primavera, em que as papoulas sorridentes enfeitavam os quilômetros do caminho que levava de Pernand-Vergelesses até Beaune –, sentada de costas para a parede onde estavam penduradas máscaras orientais, Marie-Hélène Dasté me mostrou, no quarto de Copeau, os originais de um dos volumes (*Registres III*) que ela preparava para a Gallimard. Modesta, Maiène me perguntou se eu achava que estava bem o que ela fazia, a estrutura que adotara. Fiquei surpreso e grato com a pergunta. Com quatro gerações de teatro, a família Copeau (à qual se associaram as de Dasté e de Allwright) respira teatro com simplicidade, sem pedantismo, sem precisar fazer pose para se valorizar. Lembro agora desta afirmação, referente aos Copiaus: "Longe de se orgulhar de uma vaidade, eles se atêm a um ponto de partida"[10]. As genealogias... Jacques Copeau gerou Marie-Hélène, que casou com Jean Dasté, que gerou Catherine, que casou com o músico e *clown* Graeme Allwright, que gerou Nicolas, Jacques e Christophe Allwright (Kito, a quem é dedicado *Apelos*).

Marie-Hélène era responsável pelo ateliê de máscaras e secretária de Jacques Copeau na Escola do Vieux Colombier, onde Étienne Decroux viu os alunos adiantados trabalharem[11]. Decroux trabalhou com Jean-Louis Barrault no ateliê de Charles Dullin, que colaborara com Jacques Copeau desde 1911. Marcel Marceau foi aluno de Decroux. Ator em *Autour d'une mère* (Em Torno de uma Mãe), "mimodrama" de Barrault que fascinou Antonin Artaud, Jean Dasté deu aulas para os Comédiens Routiers de Léon Chancerel (discípulo-colaborador de Copeau) e, juntamente com Marie-Hélène, sua esposa, foi professor de Jacques Lecoq, de quem Ariane Mnouchkine

---

9 Ver infra, p. 85.
10 J. Copeau apud J. de Jomaron, "Jacques Copeau": le tréteau nu, em J. de Jomaron (org.), *Le Théâtre en France*, p. 739
11 Cf. *Paroles sur le mime*, p.17-19; 33.

foi aluna. Da palavra ao silêncio à palavra, o corpo se preparou e o teatro no século XX se renovou. As gerações se imbricam, a cadeia subterrânea serve para a navegação de alta cabotagem.

De Decroux vem Luís Otávio Burnier e o Lume. De Lecoq vem, no Brasil, Walter Lima Torres, Beth Lopes, Inês Marocco, Maria Helena Lopes – a qual, como diretora do grupo Tear, de Porto Alegre, dirigiu, entre outros, Roberto Mallet, atualmente professor na Unicamp, que com seu *clown* Gregório e seu conhecimento do trabalho com máscaras se insere nessa linhagem. Neyde Veneziano trabalhou com Dario Fo, que trabalhou com Lecoq na Itália, no Piccolo Teatro de Milão, do qual um dos fundadores foi Giorgio Strehler. Este reconhece Copeau como um dos seus três mestres[12]. Foi sucedido no Piccolo por Luca Ronconi, que afirma a importância de Orazio Costa, aluno-assistente de Copeau, como diretor teatral. Do outro lado do Canal da Mancha, Michel Saint-Denis, o sobrinho dileto de Copeau fundou, em Londres, com Laurence Olivier, o Old Vic Theater Center; no Canadá, participou da concepção da Escola Nacional de Teatro (Montreal); nos Estados Unidos da América, colaborou na criação da Julliard Drama Division (Nova York) e, na França, do primeiro Centro Dramático da descentralização teatral francesa.

Portanto, o mundo em que se moveu Copeau e sua família artística foi um universo de admirações recíprocas, de aprendizagens mútuas, de intercâmbios, de vontade de organizar um centro internacional de criação, de formação, de experimentação e difusão, unindo a experiência de uns com a juventude de outros, na aspiração de dar respostas novas a novas necessidades.

No Brasil, escritos de Álvaro Moreyra[13], O Tablado[14], Georges Readers[15], Armando S. da Silva[16], J. Guinsburg e Armando S. da Silva[17], Ivens Godinho[18], atestam a influência direta ou indireta exercida por Jacques Copeau no teatro e no ensino do teatro. A Escola de Arte Dramática fundada por Alfredo

---

12 G. Strehler, *Per un teatro umano*, p. 133-134.
13 *As Amargas, Não... (Lembranças)*.
14 *Cadernos de Teatro*.
15 *O Cinquentenário da Fundação do "Vieux Colombier"*.
16 *Uma Oficina de Atores*.
17 *Diálogos Sobre o Teatro*.
18 *Renato Viana: Educador e Dramaturgo*.

Mesquita em São Paulo, o Curso de Arte Dramática fundado por Ruggero Jacobbi em Porto Alegre, a estada de Louis Jouvet no Rio de Janeiro, as vindas da Compagnie Renaud-Barrault ao Brasil, a fundação dos *Cadernos de Teatro* do Tablado, no Rio de Janeiro, são alguns dos indícios da presença de Copeau entre nós.

Em 1937, o próprio Copeau, em 1937, se manifestou assim sobre os prolongamentos da ação que empreendeu:

> Foi do primeiro Vieux Colombier que surgiram os Dullin, os Jouvet, o Théâtre du Marais de Delacre, em Bruxelas (1921), Les Compagnons de Notre-Dame de Ghéon e seus inúmeros imitadores, os do Teatro do Povo Flamengo e um bom número de jovens organizações dramáticas da Europa, da América e até da Ásia. Do segundo Vieux Colombier, quer dizer, de sua escola de Pernand, saíram a Compagnie des Quinze (1931-1933), cuja influência se fez sentir principalmente na Inglaterra, os Comédiens Routiers (1929-1939) e seus êmulos, e, em certa medida, os elementos de um renascimento do teatro universitário[19].

Ao mencionar a presença de Copeau na Borgonha, Robert Abirached se refere ao "viveiro de reformadores" suscitado pela sua obra, à sua "ética do tablado nu", às atividades de "criação e formação" e à busca de "um repertório novo para os tempos modernos"[20]. O fundador do Vieux Colombier prosseguia, assim, coerentemente, a trajetória iniciada em 1913, quando – indignado diante da situação de decadência do teatro francês, revoltado com as "covardias do teatro contemporâneo", com seu "cabotinismo" e "industrialismo" desenfreados, que considerava ser "a dupla peste do teatro", "doença da insinceridade, ou, antes, da falsidade", movido pelo empenho em reformar o teatro – desabafa, no manifesto que abre estes *Apelos*: "A realidades detestadas opomos um desejo, uma aspiração, uma vontade" consistente em construir uma obra que fosse mais duradoura do que a "atração efêmera da novidade". Tratava-se, para ele, de desenvolver o ator como homem e como artista, "iniciá-lo na moralidade da sua arte". Ao longo de sua vida, Copeau relembraria em várias ocasiões que é preciso sair do palco e da cidade

---

19 Ver infra, p. 82-83.
20 Des Premières semailles aux premièrs réalisations, Les précurseurs: Jacques Copeau et sa famille, em R. Abirached (org.), *La Décentralisation théâtrale*, v. 1, p. 20 e 19, respectivamente.

grande para renovar o teatro, ir "para o contato da natureza e da vida", evitar um excesso de técnica, de especialização.

No manifesto, Copeau prevê como será a organização do teatro, seus espetáculos em alternância, o repertório, o recrutamento de jovens para compor a companhia, a cenografia, um espaço, uma encenação baseada numa concepção unitária, um encenador como suscitador de uma "misteriosa correspondência das relações"[21]. Nessa época, já estava convencido de que para "salvar" o teatro era necessário criar uma escola de atores. Tinha consciência de não poder realizar tal projeto de imediato, mas se comprometia a concretizá-lo "assim que for possível"[22]. Precisou de oito anos para estabelecer a Escola do Vieux Colombier, que funcionou durante apenas três (1921-1924).

O caráter indispensável de uma escola para a reforma do teatro de sua época proveio da constatação da carência de uma educação consistente do intérprete. Em conferência realizada na Drama League of America, em 26 de março de 1918, assegurava que não se trataria de fornecer um treinamento exclusivamente técnico, deformante, mas de propiciar um desenvolvimento harmônico do corpo, do espírito e do caráter[23]. Tido como um cultor da palavra, do texto (ele mesmo disse ter partido de um ponto de vista moral — indignação — e literário — culto da poesia), em "Deixem Passar os Jovens" (artigo escrito para o jornal *La Nación*, de Buenos Aires, em 1937) Copeau reforça, porém, a necessidade de uma preparação do *corpo* do ator:

> Sem pensar em diminuir de modo algum a importância da palavra na ação dramática, estabelecemos que para ela ser justa, sincera, eloquente e dramática, seria necessário que o verbo articulado, que a palavra enunciada fosse o resultado de um pensamento sentido pelo ator em todo o seu ser [...] Daí a importância primordial dada à mímica em nossos exercícios. Fizemos dela a base da instrução do ator, que deve ser, em cena, acima de tudo um ser que age, uma personalidade em movimento [...] capaz de "figurar" toda e qualquer emoção, todo e qualquer sentimento e até todo e qualquer pensamento pela atitude, pelo gesto e pelo movimento, sem o auxílio da palavra[24].

---

21 Ver infra, p. 11.
22 Idem.
23 Ver infra, p. 102.
24 Ver infra, p. 84-85.

A supressão temporária da palavra não foi uma exclusividade copeliana. Ela constituiu um meio fundamental para reformadores do teatro como Edward Gordon Craig, Constantin Stanislávski e Vsévolod Meierhold. Assim, em 1908, numa carta supostamente escrita a John Semar, após sua visita a um teatro de Munique, Craig contou ter lido estas palavras, ao passar pela porta que levava aos bastidores: "Sprechen streng verboten" (É absolutamente proibido falar). Ele gostaria de transportar essa interdição para cima do palco: aí residiria a chave da Arte do Teatro[25] – calar a boca, deixar o corpo falar. Por sua vez, nas pesquisas realizadas no final da sua vida, com o "método das ações físicas", num primeiro momento, Stanislávski proibia a utilização das palavras do texto a ser encenado: o ator deveria reconstruir a sequência das ações *físicas* da personagem e só poderia retornar ao texto escrito em momento posterior de sua busca interpretativa. Já os aprendizes de ator no estúdio meierholdiano de Petersburgo também trabalhavam inicialmente com pantomimas a partir de roteiros antigos ou de roteiros com ações sem palavras. Portanto, as improvisações silenciosas com máscaras "nobres", ou sem elas, executadas pelos jovens alunos da Escola do Vieux Colombier, situavam-se num contexto de reforma teatral empreendido por homens de teatro em diversos países, no início do século XX; eram uma tentativa de resposta do teatro à questão do aprimoramento das condições artísticas do ator, com ênfase em sua educação corporal, em sua presença física e, consequentemente, na constância do seu treinamento, da sua preparação cotidiana, para libertá-lo de condicionamentos e de automatismos. Nesse âmbito, o atleta, o ginasta, o boxeador, o artesão, o operário são vistos como modelos de economia e precisão da ação física[26]. "A obesidade já não é uma referência, [...] o homem delgado entra em cena"[27].

Copeau apreciava com moderação o entusiasmo exagerado para com a atividade física. Considerou a supressão da palavra como uma exploração didática, como um "um método de renovação, uma etapa do processo pedagógico e artístico, um meio

---

25 E. G. Craig, *Da Arte do Teatro*, p. 152.
26 M. de Marinis, *In cerca dell'attore*, p. 136-142.
27 E. Decroux, *Paroles sur le mime*, p. 32.

e não um fim em si"[28] para a educação total do ator, a qual compreenderia o cultivo do espírito, o estímulo da imaginação, o acréscimo da maleabilidade corporal por meio da ginástica, da mímica, do ritmo e da dança. Observando que "os atores não se entregam, como se o corpo deles, em cena, estivesse subtraído às leis da gravidade ou da duração"[29], sem desejar formar atletas nem suscitar "uma atitude ou afetação corporal qualquer"[30], Copeau estimulou nos alunos "a *força de resistência* indispensável ao nosso ofício, o *fôlego*, o *equilíbrio do coração*, a *calma muscular*, o *controle dos próprios nervos*"[31]. Portanto, o ator de Copeau não era um mero repetidor do texto transposto para a cena. A fidelidade ao poeta não supunha a inércia do ator. Copeau admitia, em texto de 1930, que entre a indicação do poeta e o jogo do ator deveria existir, sempre, "certo intervalo, um espaço de liberdade para a inflexão original"[32], espaço intermediário que propicia o processo criativo. Na relação entre o intérprete e o escritor, o ideal é que "a arte de um se reúna à do outro"[33], pois tanto o ator deve representar para o poeta quanto o poeta deve saber escrever para o ator.

Assim, defensor do poeta no teatro, Copeau quis renovar a arte teatral por meio da educação de um ator "com conhecimento e experiência do corpo humano", executor de movimentos e ações num estado de consciência íntimo, inserido numa cena "desocupada, tão nua quanto possível"[34].

Por suas ideias e práticas, pelas buscas referentes ao repertório, ao jogo dos atores, ao espaço, a uma reforma ética; por aqueles a quem formou; pela difusão de sua obra e seus prolongamentos em várias partes do mundo, Copeau merece ser lido, estudado, experimentado.

Assim, é razão de alegria estar associado à decisão da editora Perspectiva — a quem cumprimento pela iniciativa — de reavivar em nosso meio a atualidade do fundador do Teatro e da Escola do Vieux Colombier, por intermédio da publicação

---

28 Ver infra, p. 85.
29 J Copeau apud J. Jomaron, op. cit., p. 735.
30 Idem, ibidem.
31 Idem, p. 736.
32 Ver infra, p. 137.
33 Idem.
34 J. Copeau apud J. Jomaron, op. cit., p. 734.

da tradução de *Apelos*, ora entregue à leitura daqueles que, espero, encontrarão nestas páginas motivo para entusiasmo, discussão, reflexão, diálogo.

Agradeço, portanto, a J. Guinsburg, a Fany Kon, a toda a equipe da editora Perspectiva; a Catherine Dasté, Maria Lúcia Pupo, Valmor Beltrame, Éder Sumariva, Roberto Baptista e Margarida Baird; aos alunos do mestrado em Educação da Udesc; aos alunos do Programa de Pós-Graduação da Udesc (mestrado e doutorado); aos bolsistas do Centro de Artes da Udesc inseridos no projeto sobre Jacques Copeau que desenvolvo junto àquela Universidade, bem como aos alunos, colegas, funcionários e a todos os que colaboraram para a publicação de um autor que, desse modo, suscita e amplia conhecimentos sobre as propostas de renovação do teatro no século XX, e traz matéria para refletir sobre as formas de praticar e pensar o(s) teatro(s) do século XXI.

José Ronaldo Faleiro

REFERÊNCIAS BIBLIOGRÁFICAS

ABIRACHED, Robert. Des premières semailles aux premières réalisations. Les précurseurs: Jacques Copeau et sa famille. In: _____(org.). *La Décentralisation théâtrale*, v. 1: *Le Premier âge, 1945-1958*. Arles: Actes Sud, 1992 (Cahiers n. 5).
CADERNOS DE TEATRO. Rio de Janeiro: O Tablado, 1956-.
COPEAU, Jacques. *Registres I: Appels*. Textos reunidos e estabelecidos por Marie-Hélène Dasté e Suzanne Saint-Denis. Notas de Claude Sicard. Paris: Gallimard, 1974.
CRAIG, E. Gordon. *Da Arte do Teatro*. Tradução, prefácio e notas de Redondo Júnior. Lisboa: Arcádia, c. 1963.
DECROUX, Étienne. *Paroles sur le mime*. Paris: Gallimard, 1963.
GODINHO, Ivens Thiwes. *Renato Viana: Educador e Dramaturgo (Uma Trajetória entre a Semana de 22 e Vestido de Noiva)*. Rio de Janeiro, UNI-RIO (Universidade do Rio de Janeiro), Programa de Pós-Graduação em teatro, Centro de Letras e Artes, agosto de 1998 (dissertação de mestrado).
GUINSBURG, J.; SILVA, Armando Sérgio da (orgs.). *Diálogos Sobre Teatro*. São Paulo: Edusp, 1992.
JOMARON, Jacqueline de. Jacques Copeau: le tréteau nu. In: _____ (org.). *Le Théâtre en France: Du Moyen Âge à nos jours*. Prefácio de Ariane Mnouchkine. Paris: Armand Colin, 1992.
MARINIS, Marco De. *In cerca dell'attore. Un bilancio del Novecento teatrale*. Roma: Bulzoni, 2000.

MOREYRA, Álvaro. *As Amargas, Não… (Lembranças)*. Porto Alegre: Lux, 1954.
RAEDERS, Georges. *O Cinquentenário da Fundação do "Vieux Colombier"*. Porto Alegre: Curso de Arte Dramática/Faculdade de Filosofia/URGS, 1965.
RONCONI, Luca. Nous avons été ingrats vis-à-vis d'Orazio Costa. In: BANU, Georges (org.). *Les Penseurs de l'enseignement de Grotowski à Gabily*. Bruxelles: Alternatives Théâtrales, 2001.
SILVA, Armando Sérgio da. *Uma Oficina de Atores: A Escola de Arte Dramática de Alfredo Mesquita*. São Paulo: Edusp, 1989.
STREHLER, Giorgio. *Per un teatro umano*. Organização de Sinah Kessler. Milano: Feltrinelli, 1974.

Uma Palavra da Editora Sobre Jacques Copeau

Não se pode falar do teatro francês do século xx sem ter Jacques Copeau como referência. Uma das mais importantes personalidades intelectuais e artísticas de seu tempo, ele foi o grande reformador da cena dramática. Perseguindo o ideal de aproximar o teatro da poesia, bebeu nas mais puras fontes, o teatro grego, o elisabetano, o tablado medieval de uma arte popular, os elementos de um projeto de teatro aberto ao grande público, um teatro do povo e para o povo, com base em suas pesquisas sobre a "comédia nova", que encarnava em tipificações modernas de personagens e técnicas da Commedia dell'Arte.

Crítico do teatro burguês de seu tempo, mercantilista e histriônico, acreditava que para mudá-lo era preciso formar novos atores e autores. Daí a criação da escola do Théâtre du Vieux-Colombier, com sua exigência de rigor e disciplina, de trabalho em equipe e companheirismo, na qual o clássico ocupava um lugar de destaque, capaz de regenerar o gosto manipulado do público e estimular a inspiração dos melhores escritores.

Cultor da palavra, Copeau reforçou a necessidade de sua supressão temporária na preparação do *corpo* do ator: da palavra ao silêncio, como forma pedagógica de renovação, e daí novamente à palavra. Tratava-se ainda, para ele, de desenvolver o ator como homem e como artista, de "iniciá-lo na moralidade da sua arte", procurando evitar o excesso de técnica, de especialização. A educação total do ator compreenderia o cultivo do espírito, o estímulo da imaginação, o aprimoramento da maleabilidade corporal por meio da ginástica, da mímica, do ritmo e da dança. Harmonia entre corpo, espírito e caráter. Para fazer emergir uma trupe homogênea, entusiástica, com atores versáteis, pôs em prática métodos então inovadores: a vida comunitária estritamente regulada; a improvisação; o jogo de máscaras; a troca de papel; o texto. Para ele, o ator não era um mero repetidor do texto transposto para a cena. A fidelidade ao poeta não supunha a inércia do ator e, na relação entre o intérprete e o escritor, o ideal é que "a arte de um se reúna à do outro", pois tanto o ator deve representar para o poeta quanto o poeta deve saber escrever para o ator.

Inovador também no que concerne ao espaço teatral, Copeau preferia o "palco nu". Por isso, a transformação do palco do Théâtre du Vieux-Colombier em uma estrutura fixa, na qual se poderia encenar qualquer peça, com poucos acessórios e a iluminação adequada: o fundo neutro, os figurinos, deviam permitir que se sobressaísse a atuação e os elementos essenciais da encenação.

Copeau precisa e merece ser lido, estudado. *Apelos* visa trazer de volta à cena o homem, suas paixões e ideias, cujo impacto sobre o teatro moderno só encontra paralelo em Stanislávki, companheiro de geração e, até certo ponto, de pensamento, e apresentar por suas próprias palavras aquele de quem Albert Camus disse certa vez: "na história do teatro francês, há duas eras: antes e depois de Copeau".

J. Guinsburg e Luiz Henrique Soares

*Para Kito, que quis este livro.
Para Anne Gruner-Schlumberger,
que o deu a ele.*

Prefácio[1]

> *Outra noite sonhei que estava sentado diante do cavalete de um pintor e que ele traçava de mim, a cada pincelada, a imagem mais falsa. Eu começava a rir. E depois me alarmava, mas tarde demais. A pintura divulgada já continha o meu nome. Compreendi que daí por diante, para ser reconhecido no mundo, eu precisaria modelar os meus traços pelos daquela figura grotesca.*

A obra de Jacques Copeau, que continua a viver, sem o conhecimento da maioria e particularmente da juventude, foi parcialmente desfigurada com o decurso dos anos e a própria influência que exerceu não deixou de sombrear e muitas vezes de falsear o seu pensamento.

Publicando os seus registros, gostaríamos de retraçar o itinerário da sua busca apaixonada, seguir o seu percurso através da sua obra, reencontrar as suas ideias em seu frescor e em sua força originais, mostrar que ele não cessou nem de tender para uma dramaturgia nova, baseada na cena e no ator, nem de procurar restituir ao poeta dramático o lugar que lhe cabe e, no teatro, a sua própria vida distanciada da literatura.

Procuraremos destacar aquela "intuição profunda" que o levou a abrir tantos caminhos para a eclosão daquele "drama dos tempos modernos" que ele nunca deixou de invocar.

Não podemos querer dar a seus registros nem a forma nem a densidade que teriam tido se ele mesmo os tivesse redigido

---

1 Este prefácio contém algumas contribuições provenientes de um projeto de introdução estabelecido por Michel Saint-Denis para uma obra sobre Jacques Copeau que a morte o impediu de realizar.

segundo o projeto que concebera e ao qual encontramos alusões frequentes em seu diário e em sua correspondência de 1915 a 1948, mas podemos tentar apresentá-los num espírito próximo daquele que ele nos indica:

> Resolvi escrever dia a dia e bem ou mal uma série de cadernos em que jogarei desordenadamente tudo o que fiz e não fiz, que aprendi e pensei, imaginei, compus, em que malograi, em que acertei: relatos, retratos, memórias, capítulos de romances, roteiros, viagens, leituras, críticas, cartas, notas etc. etc. É aí que os meus amigos poderão me encontrar depois da minha morte. Será essa toda a minha obra escrita. Será o que for. E isso combina bem com a minha propensão atual: esse desejo que eu confessava a Rivière de fazer coisas que não se veem[2].

Se eu tiver algo que dizer, é preciso dizê-lo tal qual. E acredito que, o que tenho para dizer, além de dizer respeito ao teatro que eu divulguei bastante e que seguiu adiante sem mim, é a minha confissão total, nela incorporando as recordações da minha vida. E aí se formula a questão que consiste em saber se é preciso dizer tudo, sem ideia de escândalo, mas por necessidade de me entregar – não de me explicar, o que seria uma pretensão que não tenho, mas simplesmente de me entregar – à posteridade, se ela retiver esta mixórdia, aos meus próximos em vez de à posteridade, tudo com este título: Registros. O projeto data dos primeiros anos do Vieux Colombier. Eu havia compreendido, então, que, empenhado na ação até o limite das minhas forças e muitas vezes além das minhas forças, ao mesmo tempo diretor e ator, poeta e técnico, escritor frustrado que não se resignava a sê-lo (frustrado), criador de imagens e sonhador de ideias, crítico e aventureiro (como dizia Péguy), eu nunca teria tempo de escrever livros. E, no entanto, a mim parecia ter algo para dizer e que a posteridade não se recusaria a ouvi-lo, que talvez ela até se interessasse por isso. E principalmente eu não me resignava, eu não me resigno ainda, por ter apenas produzido coisas perecíveis, efêmeras, das quais alguns de meus contemporâneos somente se lembrariam vinculando a elas as deformações, as falhas ou os exageros da própria memória deles[3].

Que esforço será preciso fazer para trazer de volta à vida tudo aquilo que foi e já não é, tudo o que foi tão importante, tão saboroso, tão único para cada um de nós! É preciso ter essa coragem, é preciso falar, é preciso sacudir a morte, ainda que, para reencontrar nossa juventude, tenhamos que passar por cima de todo um mundo de seres, de coisas,

---

2 Diário, 26 de julho de 1919.
3 Diário, 1916-1941, 13 de abril de 1941 e projeto de prefácio para os Registros.

de acontecimentos, de desastres, um mundo de emoções e de triunfos que não são os nossos, um mundo ao qual já não pertencemos[4].

Rápido, rápido ao trabalho e vá até o fundo das coisas. Será que sempre fui leviano demais? Eu não me prendia. Eu não me atribuía importância. Eu explorava. No entanto, eu juntava tudo, dizendo a mim mesmo: mais tarde... Eu tornava os meus bolsos pesados. Mas nunca me dei tempo para realçar as minhas coleções[5].

Eu me habituei demais a "roubar" aqui e ali, no mundo e na vida, nas regiões mais baixas e nas mais altas que eu pudesse alcançar, farrapos que eu me contentava em acumular, como o trapeiro joga no cesto dele os detritos que o seu gancho encontra ou desembrulha com a intenção de os selecionar bem mais tarde[6].

Então, eu me entregarei a um trabalho estranho, amargo e doloroso. Em cima de uma ou de várias mesas, esvaziarei os meus armários, as minhas pastas, os meus dossiês, as minhas gavetas e desse monte de papéis, de cadernos, de cartas, tratarei de começar a fazer uma história surgir, que será, indubitavelmente, a história da minha vida, se eu reconhecer que ela pode, sem vergonha, ser contada. Dentro dela, serão vistas pessoas e coisas![7]

Jacques Copeau não compôs jamais esse "livro alentado, volumoso e confuso, em que haverá de tudo", de que fala em sua correspondência com Roger Martin du Gard. Mas nos legou aquele monte de papéis, de cadernos, de cartas do qual devemos tentar fazer com que surja, se não a história da sua vida, pelo menos a sua verdadeira face, tal qual a conheceram os seus companheiros de juventude, os seus amigos, e também os seus inimigos, os seus colaboradores, os seus atores e os seus alunos; o *Patron* (Patrão) tal qual os seus próximos puderam adivinhá-lo no mais íntimo das suas aspirações.

O primeiro volume dos Registros é composto exclusivamente de textos de Jacques Copeau, extraídos de conferências, artigos, ensaios, e do seu diário: textos inéditos ou há muito tempo esparsos, inacessíveis e totalmente desconhecidos da nova geração.

---

4 Diário, 18 de abril de 1941.
5 Diário, 19 de julho de 1936.
6 Diário, 13 de abril de 1941.
7 De uma carta a Françoise Péchère.

Esses textos estão agrupados segundo os principais temas da sua atuação e apresentados voluntariamente em estado bruto, sem comentários nem artifícios de ligação. Não pudemos evitar certas repetições fastidiosas, mas elas traduzem a constância das obsessões de Jacques Copeau, de suas "manias", como ele diz. Publicamos, à maneira de conclusão para este volume, uma conferência integral, "Une Rénovation Dramatique est-elle Possible?", que recapitula todos os aspectos da sua experiência e das suas pesquisas e, em apêndice, o texto completo da brochura *Le Théâtre Populaire*, que não poderíamos omitir. Alguns esclarecimentos indispensáveis foram reunidos na forma de notas de rodapé. Tentamos, assim, respeitar o feitio que o próprio Jacques Copeau teria dado à redação dos seus registros: "Eu gostaria de extrair as palavras de mais força que a plenitude do sentido, classificá-las numa ordem mais irresistível do que a da lógica, adicioná-las numa direção diferente da do total"[8].

"Nada de ordem cronológica. A evocação das imagens segundo a ordem do seu relevo e da sua vivacidade [...]"

Entre esses dois tipos de memória, "uma memória, consciente, escolar, pela qual tudo permanece sempre claro, fácil, presente, tudo se utiliza em seu lugar e hora, e uma memória inconsciente, imperceptível, preguiçosa, sem utilidade nem destino aparentes, mas profunda, sólida, substancial – entre uma memória de conversa e de exame e uma memória de meditação e de criação", escolhemos, como Copeau, a segunda, entregando estes textos à meditação e à criação do leitor.

Liberando-o da esclerose em que o congelaram a ignorância dos fatos reais e o desconhecimento de um pensar que continua vivo, possam eles fazer com que Jacques Copeau ressurja em sua verdade, em sua fecundidade e em sua jovialidade.

M.-H. Dasté

---

8 Diário, 5 de janeiro de 1942.

... pois isto é uma lembrança, um aviso, uma exortação...
Testamento de São Francisco

Somos os representantes de um passado irreparável?

Somos, ao contrário, os anunciadores de um futuro que mal se pode discernir no limite extremo de uma época que se acaba?

Tudo está em doar a própria vida.

Jacques Copeau em seu jardim de Limon
com a filha mais velha, Marie-Hélène,
1912.

Maiène cresceu muito. Agora está tão alta
que pode segurar o meu braço quando
passeamos juntos. É minha amiga.

De uma carta de J.C. a um amigo, 1909.

1889.
As famílias só servem para nutrir solitários, para armar fugitivos...

Diário, 1901-1903.

1896.
O erro e o mal é esperar a vida, é implorar a existência: é preciso merecer, querer e provocar a vida. Jamais se deve esperar. É preciso correr para a existência como um animal enlouquecido pelo cio de viver; abraçá-la com paixão e a possuir como a uma amante.

Diário, 1898.

*Da esquerda para a direita:
Jean Schlumberger, Jacques Copeau,
André Gide e Edmund Gosseem em
Pontigny, 1912.*

Não devemos ter receio de manter por muito tempo aquele ar um pouco desvairado daqueles que procuram: o olhar de quem acredita que encontrou se extingue.

Regresso da América, 1919.

1917

Ele era sensível, profundo e grave...

Valentine Tessier

*Todos aqueles que o conhecem lhe dirão
a força voluntária e sincera daquele olhar
que parece sempre ver mais longe do que
os homens e as coisas deste tempo.*

Pierre Seize, 1917.

1935

*Bem doce emoção, cara Agnès,
ao abrir este envelope...
Guardo a mais viva para mim dessas três imagens,
a menos grave, aquela em que ele parece prestes a sorrir.
É bem ele, sua bela máscara pujante, móvel, o seu olhar
tão facilmente afetuoso e divertido, guloso, aberto
a todas as formas da vida.
(Não lembro, nesses trinta e sete anos, de um só
desentendimento sério, de uma só discussão que
não tenha terminado em amizade, em compreensão, no
impulso de um para o outro, em harmonia!)*

De uma carta de Roger Martin du Gard
a Agnès Copeau, 1950.

1928.

*No dia em que eu sentir o meu pé fraquejar sobre o
palco, no dia em que me faltar a voz,
em que eu me retirar definitivamente
entre aquelas três colinas de onde a vista
se estende até a linha do Jura, gostaria que nesse
momento alguma coisa ainda de mim continuasse
a correr mundo, algo mais robusto, mais jovem
e maior do que eu, de que me fosse permitido dizer:
foi por isso que eu trabalhei.*

*Reproduzimos o famoso cartaz de 59 x
42,5 cm que, afixado nas paredes de Paris,
anunciava com letras azuis e fundo laranja o
nascimento do Vieux Colombier.*

Teatro do Vieux Colombier
Apelo

à juventude, *para reagir contra todas as covardias do teatro mercantil e para defender as manifestações mais livres, mais sinceras de uma arte dramática nova;*

ao público letrado, *para manter o culto das obras-primas clássicas, francesas e estrangeiras, que formarão a base do seu repertório;*

a todos, *para apoiar um empreendimento que se imporá pelo baixo preço dos espetáculos, pela sua variedade, pela qualidade da interpretação e da encenação.*

a direção

inauguração no dia 15 de outubro

Uma Tentativa de Renovação Dramática

O TEATRO DO VIEUX COLOMBIER

No próximo mês de outubro será aberto em Paris, no número 21 da rua do Vieux Colombier, um teatro novo. Terá o nome de Teatro do Vieux Colombier. Seu programa será composto das obras-primas clássicas europeias, de certas obras modernas já consagradas, e das obras da geração jovem.

  Concebido por um pequeno grupo de artistas cuja concordância intelectual e um gosto comum da ação tornaram companheiros de luta, esse projeto meditado durante muito tempo conheceu muitas alternativas. Teve de superar muitos obstáculos. Se finalmente se realiza, é graças à dedicação daqueles a quem não saberíamos externar aqui demasiado reconhecimento.

  Nada se empreende, é claro, se não for contra a vontade de todos. E, faz alguns anos, deveríamos ter-nos acostumado com o rumor das vozes desalentadoras. Ouvimos as advertências irônicas dos profissionais da área a quem a vida só deixou a experiência estéril que tiveram, as previsões pessimistas dos tímidos e dos céticos, os conselhos dos satisfeitos propensos a elogiar a excelência das diversões com que matam a fome, as críticas dos amigos sinceramente comovidos por nos ver expondo nosso repouso a ingratas tribulações, arriscando todas as nossas forças em busca de uma quimera.

Mas as palavras não têm poder sobre quem se sacrificou deliberadamente por uma ideia, e pretende servir-se dela. Felizmente, atingimos a idade adulta sem perder a esperança em nada. A realidades detestadas opomos um desejo, uma aspiração, uma vontade. Guardamos para nós essa quimera, carregamos em nós a ilusão que dá coragem e alegria de empreender. E se quiserem que designemos com mais clareza o sentimento que nos anima, a paixão que nos impele, nos subjuga, nos obriga, à qual devemos por fim ceder: é *a indignação*.

Uma industrialização desenfreada que, dia a dia mais cinicamente, degrada a nossa cena francesa e desvia dela o público culto; a monopolização da maior parte dos teatros por um punhado de farsantes a soldo de comerciantes sem-vergonha; por toda parte, e até onde grandes tradições deveriam salvaguardar algum pudor, o mesmo espírito de cabotinismo e de especulação, a mesma baixeza; por toda parte, o blefe, o exagero de todo tipo e o exibicionismo de toda natureza parasitando uma arte que está morrendo, e que já nem sequer é discutida; por toda parte, apatia, desordem, indisciplina, ignorância e imbecilidade, desdém do criador, ódio da beleza; uma produção cada vez mais louca e vã, uma crítica cada vez mais indulgente, um gosto cada vez mais perdido: eis o que nos indigna e nos revolta.

Além de nós, outros sentem essa indignação; antes de nós, outros a expressaram. Entre os mais generosos, porém, quantos lentamente resignaram sua ira! Ou então é a intimidação que lhes fecha a boca, ou a camaradagem que os corrompe, ou o cansaço que lhes faz cair a pena das mãos. Novas queixas se farão ouvir, jovens protestos de novo se erguerão... Mas basta protestar? Será bastante batalhar por uma causa perdida, acerar inutilmente a ironia de sua crítica, ou se entrincheirar num desprezo egoísta? Um descontentamento que não age não é conosco. Enquanto os melhores se dão por satisfeitos ao afirmar suas preferências e suas repulsas, ao manter seu gosto pessoal acima da corrupção geral, o mal se propaga à nossa volta, e em breve já não teremos, naquele campo da nossa arte, naquela região que nos pertence, lugar onde pôr os pés.

Pensamos, hoje em dia, que não basta sequer criar obras fortes: em que lugar seriam elas recebidas, encontrariam elas ao mesmo tempo seu público e seus intérpretes, com uma atmosfera favorável ao seu desabrochar? Assim, fatalmente, como uma "postulação perpétua", este grande problema se impunha a nós: construir em bases absolutamente intactas um teatro novo; que ele seja o ponto de reunião de todos aqueles – autores, atores, espectadores – que são atormentados pela necessidade de restituir a beleza ao espetáculo cênico. Talvez um dia veja a realização desse milagre. Então o futuro se abrirá diante de nós.

Pois não temos nada que esperar do presente. Devemos considerar como nada o que existe. Se quisermos recobrar a saúde e a vida, convém rejeitarmos o contato do que é viciado em sua forma e em seu fundo, em seu espírito, em seus costumes.

Não negamos que dons de todo tipo, e muitas vezes preciosos, abrem caminho na produção dramática contemporânea. São febrilmente esbanjados, dispersados, desperdiçados. Por falta de orientação, de disciplina, por falta de seriedade e, sobretudo, de *honestidade*, não são vistos em parte alguma chegar à concentração, à realização de uma obra de arte. Considerando as coisas um pouco do alto, é impossível não reconhecer que várias gerações se sucederam sem que um artista de verdade cobiçasse a forma dramática, para manifestar o seu gênio por meio dela. Até no momento em que as suas faculdades pareciam propriamente destiná-lo ao teatro, o artista de que falamos sempre buscou refúgio em algum outro gênero, considerando-o mais digno dele, ainda que pudesse ser menos conforme aos seus planos. Isso significa que o instrumento que moldaram e com que se contentaram os Sófocles e os Shakespeare, os Racine, os Molière, os Ibsen esteja sem recursos e como que abandonado, demasiado frágil em mão poderosa e rebelde a toda e qualquer novidade? Não. Mas ele degenerou entre as práticas infames, e seu uso parece proibido a quem quer que pretenda, em nossos dias, trabalhar livremente pela beleza.

Vimos, de trinta anos para cá, alguns talentos verdadeiros se voltarem para a cena. Vimos alguns, talvez sem ter consciência disso, adquirirem insensivelmente e manterem aquele hábito de complacência que os primeiros sucessos deixam nas almas fáceis; de seus dons explorados, deformados, eles tiraram aquele prestígio vazio que a partir de então exercem sobre a multidão. Vimos outros, mais bem defendidos pela firmeza do caráter e pelo respeito de sua arte, abandonar um teatro que só os teria recebido para corrompê-los: sua vivacidade esfriou, sua inspiração se partiu. A todos se impôs a alternativa de calar ou abdicar.

Que ela ponha em xeque o poder do artista: eis a condenação inapelável da cena moderna. E essa aversão, essa repugnância que, por sua vez, o artista lhe testemunha: eis o que acaba por rebaixar o teatro presente, torná-lo, como foi escrito com muita precisão, "a mais desacreditada das artes".

Nós queremos trabalhar para lhe devolver lustro e grandeza. Nessa obra, em vez do gênio, empregaremos um ardor inquebrantável, uma força concertada, o desapego, a paciência, o método, a inteligência e a cultura, o amor e a necessidade do que é bem feito. E de quem se esperaria tal esforço, senão daqueles para quem se trata de uma questão de vida ou morte? Não traficantes, nem amadores, nem estetas orgulhosos, mas operários em sua arte, acostumados a trabalhar, esforçando-se para fazer com que tudo saia de suas mãos e de seu cérebro, preparando os materiais e concebendo o plano segundo o qual estes serão reunidos, dos alicerces à cumeeira. Como ainda somos jovens, como temos consciência da finalidade e dos meios práticos para atingi-la, não hesitemos. Que já nada nos desvie. Deixemos para trás as atividades secundárias. Postemo-nos, de uma só vez, diante de nossa tarefa. Devemos atacá-la pela base. Ela é vasta, e será cansativa. Nós nos gabamos pouco de a levar a cabo. Talvez não nós, e sim outros, acabem de construir o edifício. Tentemos pelo menos formar aquele pequeno núcleo de onde irradiará a vida, em torno do qual o futuro produzirá suas grandes contribuições.

Não tive medo de deixar aparecerem, na sua amplitude, as nossas esperanças, as nossas ambições. As primeiras realizações que vamos tentar não suportarão entrar em comparação com elas. Disso também temos consciência. Devendo dizer, agora, o que será o Teatro do Vieux Colombier, espero convencer o leitor do sentimento de nossa modéstia, e convidá-lo a reconhecer que nosso plano de ação, longe de se furtar às contingências, as encara e as afronta.

1. Local. Organização

A influência e o alcance de uma obra renovadora são estritamente vinculados à sua duração. Importa, antes de tudo, que ela viva. Por isso, fizemos questão de que o equilíbrio de nosso trabalho repousasse numa economia prudente: capital modesto para as remunerações, aluguel baixo, limitação racional dos gastos gerais de todo tipo, despesas de instalação inicial e despesas com o material de encenação. A organização de nosso pessoal, o recrutamento do nosso grupo, todo ele contratado pelo ano inteiro, a engenhosa combinação de nossos cenários, os procedimentos de confecção dos nossos figurinos, tudo nos permite esperar, com o mínimo de despesa, o máximo de rendimento.

Acreditamos que seria quimérico tentar ocupar um lugar no meio dos teatros em voga, e começar contra eles uma concorrência que logo esgotaria os nossos recursos. Por entre a multidão feirante do Boulevard*, no meio de tantos gritos, de tantos apelos e de pregões dissonantes, como seríamos ouvidos? Ao contrário: precisávamos afastar-nos desses lugares em que o cinematógrafo briga com o teatro pela sua frívola clientela.

A sala que abrimos está situada na margem esquerda do Sena, no Carrefour de la Croix Rouge. Vizinha das Escolas**, próxima de um bairro rico e com novas grandes artérias que se desenvolvem a cada dia, está, além disso, ligada ao resto da cidade por meios de comunicação numerosos e rápidos.

---

* O *boulevard* (bulevar) foi, inicialmente, um caminho que dava a volta à cidade, por cima do local das antigas muralhas. Até hoje existe, em Paris, o Boulevard Périphérique, e pode-se dar uma volta praticamente completa pela cidade nos ônibus que circulam por ele. Os bulevares designavam também ruas muito amplas, geralmente arborizadas, sobretudo entre a Madeleine e a República, em que se localizaram teatros com peças muito "digestivas", cômicas, leves, que passaram a ser chamadas "peças de bulevar", tornando-se "o bulevar" um tipo de teatro ("Ele está atuando num bulevar"; "aquele espetáculo é um bom bulevar"). No século XIX, por bulevar entendia-se o famoso "Boulevard du Crime", destruído em 1862, constituído pelos bulevares Saint-Martin e do Temple (próximos à atual Praça da República), em Paris. Aí existiam muitos teatros (Gaîté, Ambigu, Funambules), que apresentavam espetáculos melodramáticos, pantomimas, acrobacia, comédias burguesas, já na época criticados pelos artistas e intelectuais (N. da T.).

** Referência às "Grandes Escolas" de ensino superior (Escola Normal Superior, Escola Politécnica, Sorbonne etc.) situadas no Quartier Latin ou nos bairros próximos (N. da T.).

A plateia do Teatro do Vieux Colombier é pequena: cerca de quinhentos lugares. Quer dizer que ela não prevê uma enorme afluência, a média de nossos gastos diários nos permite viver e até prosperar com uma média de receitas relativamente baixa. O público que nos propomos a atingir inicialmente é: "um público 'menor', composto em parte por amadores inteligentes, em parte por pessoas que já não querem incentivar as banalidades e as falsidades do teatro comercial, em parte por um novo contingente de humanidade"[1]. Esperamos recrutar os primeiros elementos desse público em nossa vizinhança, entre a elite culta, os estudantes, os escritores, os artistas, os intelectuais estrangeiros domiciliados no velho bairro latino. Eles constituem uma clientela já numerosa, sem dúvida prestes a auxiliar nos esforços de um teatro onde ela sempre terá a certeza de encontrar espetáculos interessantes, apresentados com gosto e de *baixo custo*. O Teatro do Vieux Colombier será o mais barato dos teatros de Paris, oferecendo com seu sistema de *assinaturas* reduções apreciáveis em relação a uma tarifa normal já muito reduzida[2].

2. Alternância dos Espetáculos

Tendo um teatro maiores probabilidades de suscitar o interesse do público e de entreter a curiosidade na medida em que mais variar seus espetáculos, o Teatro do Vieux Colombier estabelece, desde a sua abertura, o princípio da alternância de pelo menos três espetáculos por semana. Essa disposição permitirá

---

1   M. Archibald Henderson (acerca do "Court Theatre" de Londres).
2   Sobre a instalação do teatro de Jacques Copeau, no número 21 da rua do Vieux-Colombier, na sala transformada do Athénée Saint-Germain, consultar basicamente: Maurice Kurtz. *J. Copeau, biographie d'un théâtre*; Marcel Doisy, *J. Copeau ou l'Absolu dans l'Art*; Clément Borgal, *Jacques Copeau* ; *Revue d'Histoire du Théâtre*, 1950, I; *Revue d'Histoire du Théâtre*, out.-dez. de 1963; Alfred Simon, *Dictionnaire du théâtre français contemporain*; Georges Lerminier, *J. Copeau et le Vieux Colombier*; Roger Martin du Gard, *Souvenirs autobiographiques et littéraires; Correspondance Jacques Copeau-Roger Martin du Gard*. Assinalemos também os dois catálogos das exposições do cinquentenário: *Jacques Copeau*, Biblioteca Nacional, 1963; *1913-1963, le Théâtre du Vieux Colombier a cinquante ans*, textos reunidos por Georges Lerminier e Suzanne Maistre, 1963. O leitor encontrará muitos documentos preciosos no volume III dos *Registres*, exclusivamente consagrado ao Vieux Colombier.

que nunca façamos a nossa fortuna depender do sucesso de uma só peça, que mantenhamos constantemente o nível do nosso repertório, que ofereçamos ao público obras de ousada novidade, capazes de impor-se com o tempo, mas que, sem recorrer à alternância, não conseguiriam inicialmente manter-se em cartaz. Enfim, a alternância apresenta a vantagem de manter os atores em constante atividade, de torná-los flexíveis e de acostumá-los a todas as exigências da interpretação.

3. Repertório

Repertório clássico. Já escrevi que antes de tentar eficazmente no teatro uma reforma qualquer, seria preciso saneá-lo, honrá-lo, "chamando novamente para ele as grandes obras do passado, a fim de que os poetas de hoje, recuperando um respeito filial para com a cena que pessoas lhe haviam enfraquecido, por sua vez ambicionem nela subir".

Nossa primeira preocupação será externar uma veneração particular pelos clássicos antigos e modernos, franceses e estrangeiros. Não é exagero dizer que eles são ignorados pelo público. Nós os proporemos como um exemplo constante, como o antídoto da falta de gosto e das paixões estéticas, como o modelo do julgamento crítico, como uma lição rigorosa para aqueles que escrevem o teatro de hoje e para aqueles que o interpretam. Diante das obras de outrora, com muita frequência desfiguradas pelos hábitos mecânicos de certos atores e pela rotina de uma pretensa "tradição", nós nos esforçaremos para nos pormos novamente *em estado de sensibilidade*. Mas nos absteremos de querer "renová-las", quer dizer, deformar-lhes o espírito. Nunca nos atreveremos – com o pretexto de aproximá-los de nós! – a acomodar Molière ou Racine à moda do dia. Na verdade, seria um divertimento ridículo ir remoçar externamente o que no fundo é eterno, e ir temperar com um pouco de verossimilhança à moda moderna o que está transbordando de tanta verdade! Nós nos proibiremos de ter essas fantasias. Toda a originalidade da nossa interpretação, se nela encontrarem alguma, só virá de um conhecimento aprofundado dos textos.

Reprises. Na medida das possibilidades, o Teatro do Vieux Colombier retomará, entre as melhores peças dos últimos trinta anos, aquelas que o tempo parece não ter enfraquecido e, de um modo mais geral, aquelas que marcam época na história do teatro, uma etapa na evolução do gênero dramático.

Peças inéditas. Como acabamos de ver, o Teatro do Vieux Colombier garante a sua existência por meio de um acervo de obras consagradas. Com efeito, não nutrimos a ilusão de que abrindo um teatro às mais sinceras manifestações do espírito dramático, vamos com isso, e imediatamente, provocar um renascimento. E não imaginamos existir atualmente um exército inteiro de jovens talentos desconhecidos dignos de serem divulgados, e que irão a partir de amanhã responder ao nosso apelo. De resto, sobre as obras inéditas que nos serão submetidas, nós nos reservamos o direito de exercer uma seleção severa, não acreditando que se possa servir eficazmente um ideal ao incentivar as falsas vocações que se perdem em sua busca.

Acontece que, sob o pretexto de estilo, de pensamento, de lirismo, os escritores novos produzem em cena obras forjadas mais sobre apriorismo literário do que sobre experiência humana e sobre necessidade trágica. As boas intenções, os planos elevados não bastam. Entre uma "ideia" de drama e o próprio drama, há toda a distância da arte. O Teatro do Vieux Colombier está aberto a todas as tentativas, desde que atinjam certo nível, que sejam de certa qualidade. Quer dizer: uma qualidade *dramática*.

Sejam quais forem as nossas preferências confessas como peritos e como críticos, a nossa direção pessoal como escritores, não representamos, porém, uma escola, cuja autoridade toda corre o risco de enfraquecer quando desaparece a atração efêmera da novidade. Não trazemos uma fórmula, com a certeza de que desse embrião deva nascer e se desenvolver o teatro de amanhã. É nisso que nos diferenciamos das obras que nos precederam. Estas – podemos dizer isso sem desconhecer a contribuição da mais notória dentre elas: o Théâtre Libre, e sem depreciar o alto valor do seu chefe, o sr. André Antoine, a quem tanto devemos –, estas cometeram inconscientemente a imprudência de limitar o seu campo de ação à estreiteza de um programa revolucionário. Nós não sentimos a necessidade de uma revolução. Na verdade, temos os olhos fixos em modelos muito elevados. Não acreditamos na eficácia das fórmulas estéticas que nascem e morrem, a cada mês, nos pequenos cenáculos, e cuja intrepidez é feita sobretudo de ignorância. Não sabemos o que será o teatro do futuro. Não anunciamos nada. Mas nós nos dedicamos a reagir contra todas as covardias do teatro contemporâneo. Fundando o Teatro do Vieux Colombier, preparamos um lugar de abrigo para o talento futuro.

4. A Companhia

Até nas companhias dos teatros subvencionados pelo Estado a falta de direção, de disciplina, a aspereza do ganho e a ausência de um ideal comum desviam, hoje em dia. Quanto aos teatros de bulevar, pertencem às grandes "vedetes" que impõem aos diretores despesas ruinosas, falseiam o equilíbrio da interpretação, atraem para elas todo o interesse que o público já não dá à peça e rebaixam o talento dos autores ao lhes dar apenas ocasiões de se exibir.

A última companhia homogênea que vimos na França foi a do Théâtre Libre. Uma fé compartilhada a havia reunido. Sabe-se que maravilhoso benefício o seu diretor soube tirar dela.

Por sua vez, o Teatro do Vieux Colombier agrupa, sob a autoridade de um só homem, uma equipe de atores jovens, desinteressados, entusiastas, cuja ambição é *servir* à arte a que se consagram. Descabotinizar o ator, criar em torno dele uma atmosfera mais própria ao seu desenvolvimento como homem e como artista, cultivá-lo, inspirar-lhe a consciência e iniciá-lo na moralidade da sua arte: é a isso que tenderão obstinadamente os nossos esforços. Teremos sempre em vista a flexibilização dos dons individuais e sua subordinação ao conjunto. Lutaremos contra a invasão dos procedimentos do ofício, contra todas as deformações profissionais, contra a ancilose da especialização. Enfim, nós nos dedicaremos o melhor que pudermos a renormalizar aqueles homens e aquelas mulheres cuja vocação é fingir todas as emoções e todos os gestos humanos.

Na medida do possível, nós os chamaremos para fora do teatro, para o contato da natureza e da vida!

Há dois meses, a equipe do Teatro do Vieux Colombier está completa e os trabalhos começaram. No dia primeiro de julho ela instalou o seu quartel de verão num lugarejo de Seine-et-Marne, em pleno campo. Lá, todos os dias, durante cinco horas, ela estuda, sob a direção de seu chefe, as peças do repertório. Além disso, duas horas são consagradas, ao ar livre, a leituras à primeira vista consideradas como exercícios de flexibilização intelectual e de articulação vocal, a explicações de textos (comédias, poemas, fragmentos de prosa clássica) e a exercícios físicos. As vantagens de um regime desses só serão plenamente apreciadas depois de vários anos. Desde já, elas podem ser previstas[3].

Hoje, primeiro de setembro, já preparada por um trabalho comum de dois meses e dominando uma parte do repertório, a companhia volta a Paris, para ensaiar durante um mês e meio ainda, no palco, com figurinos e cenários.

5. Os Alunos-Atores

Como o nosso esforço de renovação tem por objeto o próprio caráter e a natureza de indivíduos já modelados por influências anteriores, não duvidamos que ele se choque com fortes resistências. Também neste ponto gostaríamos de ir buscar mais longe a origem da nossa reforma. Tratar-se-ia de criar, ao mesmo tempo que o teatro, ao lado dele e no mesmo plano, uma verdadeira *escola de atores*. Ela seria gratuita, e nós chamaríamos para ela, por um lado, pessoas muito jovens e até crianças e, por outro lado, homens e mulheres com o amor e o instinto do teatro, mas que ainda não comprometeram tal instinto com métodos defeituosos e hábitos profissionais. Tal contingente de forças novas constituiria mais tarde a grandeza do nosso trabalho. Nós tiraríamos daí, desde os primeiros anos,

---

3 Durante o verão inteiro, a jovem companhia de Copeau se preparou no lugarejo chamado Limon, perto de La Ferté-sous-Jouarre (Seine-et-Marne): o "patrão" aí residia desde o mês de outubro de 1910. Cf., em *Le Figaro* de 24 de agosto de 1913, o artigo de Régis Gignoux, Une chartreuse de comédiens *(Correspondance Jacques Copeau-Roger Martin du Gard*, t. I, p. 133-140).

colaboradores capazes de desempenhar os pequenos papéis de utilidades*, e uma equipe de figurantes instruídos, preocupados em habituar-se com a cena, enfim, muito superiores àqueles que geralmente são empregados.

É de recear que um trabalho esmagador não nos permita, desde o começo da obra, pôr em funcionamento esse projeto de escola. Assim que for possível, todos os nossos cuidados lhe serão dispensados. Exporemos então, num novo artigo, o nosso plano de organização.

6. Encenação e Cenário

Por *encenação* entendemos: o desenho de uma ação dramática. É o conjunto dos movimentos, dos gestos e das atitudes, o acordo das fisionomias, das vozes e dos silêncios, é a totalidade do espetáculo cênico, emanando de um pensamento único que o concebe, o regula e o harmoniza. O encenador inventa e faz reinar entre as personagens aquele vínculo secreto e visível, aquela sensibilidade recíproca, aquela misteriosa correspondência das relações, sem a qual o drama, mesmo interpretado por excelentes atores, perde a melhor parte da sua expressão.

Para a encenação relativa à interpretação, nenhum estudo seria demasiado. Para a outra, que diz respeito aos cenários e aos acessórios, não queremos dar importância. Não que a feiura não nos fira, cada vez que a vemos em cena. Não que sejamos insensíveis à arte de criar uma atmosfera dramática por meio da cor, da forma e da luz. Aplaudimos, há três anos, a feliz iniciativa do sr. Jacques Rouché, que se esforçava, com o concurso de excelentes pintores, para dotar o cenário de uma nova qualidade estética. Conhecemos as pesquisas, acompanhamos os projetos e as realizações dos srs. Meierhold, Stanislávski, Nemiróvitch-Dântchenko na Rússia; dos srs. Max Reinhardt, Littmann, Fuchs e Erler na Alemanha; dos srs. Gordon Craig e Granville Barker na Inglaterra[4]. Claro: não parece estranho

---

* Papéis secundários de comparsa, de escada (N. da T.).
4 JACQUES ROUCHÉ (1862-1957) fundou em 1910 o Théâtre des Arts que, durante quatro anos, se esforçou por renovar o teatro lírico e "criar um teatro da qualidade". Foi auxiliado pelos pintores e decoradores Drésa e Maxime

que atualmente, na Europa inteira, todos os artistas de teatro convirjam num ponto: condenação do cenário realista que tende a dar a ilusão das próprias coisas, exaltação de um cenário esquemático ou sintético que visa a sugeri-los. Os novos métodos já têm origem tão longínqua, são tão conhecidos no exterior que hoje não se pode, sem ser ridículo, reivindicar o mérito de sua aplicação. A tal ponto que, na própria aplicação deles, observaremos certa medida. Somos naturalmente inimigos de toda sistematização exagerada, e pensamos não arriscar nada contra o bom senso e o bom gosto. Ora, devemos

> Dethomas. (Cf. *Encyclopédie du Théâtre contemporain*, p. 173-184, artigos de F.T. e de Francis de Miomandre.) Também em 1910, Rouché publicou *L'Art théâtral moderne*, que divulgou as ideias dos principais encenadores estrangeiros aqui citados por Jacques Copeau.
> CONSTANTIN STANISLÁVSKI (1863-1938), cuja vida inteira foi devotada ao teatro (cf. *My life in Art*) via no realismo cênico o único meio de romper com uma tradição esclerosada. Em 1898, com Vladímir Nemiróvitch-Dântchenko, funda o Teatro Artístico de Moscou. Sobre essa cena experimental, todas as tendências artísticas foram representadas, do verismo naturalista ao simbolismo e ao impressionismo. O maior autor do Teatro Artístico foi Tchékhov; Stanislávski e Nemiróvitch-Dântchenko encenaram, sobretudo: *A Gaivota* (1898), *Tio Vânia* (1899), *As Três Irmãs* (1901), *O Jardim das Cerejeiras* (1904), *Ivanov* (1905).
> VSÉVOLOD EMILIEVITCH MEIERHOLD (1874-1940), aluno, em Moscou, de Nemiróvitch-Dântchenko, ingressou no Teatro Artístico desde a sua fundação, em 1898. Mas, em 1902, como o realismo psicológico de Stanislávski lhe parecia minucioso demais e forçado, voltou-se para o repertório simbolista e criou a Sociedade do Drama Novo, itinerante, cujos espetáculos dão a maior importância ao ritmo, à música e à luz. Em 1905, Stanislávski lhe confiou a direção de um estúdio experimental. A partir de 1908, Meierhold tornou-se o encenador oficial dos teatros imperiais de São Petersburgo. Em 1913, foi a Paris para encenar no Châtelet, com Léon Bakst e Mikhail Fokin, *Pisanella ou A Morte Perfumada*, de Gabriele d'Annunzio.
> MAX REINHARDT (1873-1943), formado por Otto Brahm, o fundador do "Teatro Livre" alemão, segundo a escola naturalista, bem cedo afirmou sua originalidade. Em 1905, atingiu a celebridade com a encenação de *Sonho de uma Noite de Verão*. A partir daí, diretor do Deutsches Theater, empenhou-se em explorar todos os recursos da arte teatral, pela utilização do cenário, do movimento, da dança, da música, da luz...
> GEORG FUCHS e FRITZ ERLER criaram em Munique, em 1907, o Kunster Theater, respondendo a suas concepções e a sua vontade de "reteatralizar" o teatro: substituição da sala italiana com balcões por um anfiteatro único e da cena tradicional por um palco despojado e um proscênio, de modo que a ação teatral fosse inteiramente projetada para o espectador e que o ator reencontrasse a plenitude da sua função.
> EDWARD GORDON CRAIG (1872-1966), ator desde a idade de treze anos, começou sua carreira de encenador na Inglaterra em 1893. Em 1897, fundava uma companhia e se instalava no Royal Theatre de Croydon.

confessá-lo, as ideias dos mestres que citei acima nem sempre deixam de nos chocar por alguma deselegância pedante. Percebemos então certo preconceito em favor do simplismo que nem sempre casa com a verdadeira simplicidade e, principalmente, uma tendência, ofensiva para a fineza e a moderação do nosso gosto francês, para sublinhar numa obra, para exagerar, por meios materiais muitas vezes ingênuos, as intenções do poeta. O espectador culto gosta de descobri-las, de surpreendê-las por uma abordagem mais sutil. Ao acrescentar-se ao drama, é de temer que tais procedimentos, que uma busca tal e tão constante do *efeito* – sempre falha, aliás, se ela se aplicar às grandes obras clássicas – favoreçam progressivamente uma produção dramática artificial, grosseira e quase bárbara. E a tara das reformas cênicas estrangeiras reside em que, até aqui pelo menos, elas não andam junto com nenhum movimento dramático caracterizado. Ser partidário desta ou daquela fórmula decorativa é sempre interessar-se, no teatro, pela tangente. Apaixonar-se por invenções de engenheiros ou de eletricistas sempre é conceder à tela, ao papel pintado, à disposição das luzes, um lugar usurpado; sempre é cair, sob uma forma qualquer, nos truques. Antigos ou novos, repudiamos todos eles. Boa ou má, rudimentar ou aperfeiçoada, artificial ou realista, queremos negar a importância de toda e qualquer *maquinaria*.

> Em 1906, em Florença, pôs em cena *Rosmersholm* de Ibsen, interpretado por Eleonora Duse, antes de criar nessa mesma cidade, em 1908, uma escola de teatro, a Arena Goldoni. Em 1912, montou Hamlet em Moscou, a convite de Stanislávski; o sucesso foi enorme e o espetáculo chegou a quatrocentas representações. Craig firmou-se cada vez mais rumo ao antirrealismo cênico: ao exagero, opôs a estilização, substituindo "a coisa pelo signo". Quis devolver ao teatro "sua dignidade de espetáculo" evitando que a cena fosse subjugada por seus artesãos – músico, pintor, escritor, ator –, o que, em último caso, o conduziu à utilização das marionetes. Publicou, sobretudo: *The Art of the Theatre* (1905), *On the Art of the Theatre* (1911), *A Living Theatre* (1913), e fundou, em 1908, uma revista mensal sobre a arte do teatro, *The Mask*, cujos artigos, em sua maior parte, foram redigidos por ele mesmo, com diversos pseudônimos. Uma página sem data, destacada do diário de Copeau, falava da importância dos escritos teóricos de Craig, e acrescentava: "É preciso nos servirmos deles desde que nos sirvamos deles honestamente. Não seremos daqueles que, sob o pretexto de se mostrarem originais, fingem não ter aprendido nada daqueles que os precederam e mesmo daqueles que lhes ensinaram. Eles destroem os degraus da escada. É assim que permanecemos sempre embaixo".
> HARLEY GRANVILLE BARKER (1877-1946), ator, crítico e autor dramático, especialista do teatro shakespeariano. Colaborou com William Archer na elaboração do projeto de um teatro nacional inglês.

Alguém poderá achar suspeita esta declaração de princípios. Alguém poderá mostrar-nos que, no pequeno palco do Teatro do Vieux Colombier, seremos forçados a renunciar às vantagens de uma vasta decoração... Podemos responder, atrevidos, que folgamos em ter de nos adaptarmos a tal pobreza de meios. Nós nos recusaríamos a utilizá-los, se nos propusessem isso. Pois temos a profunda convicção de que é desastroso reservar para a arte dramática um grande número de cumplicidades externas. Elas enervam, desarmam a sua força. Favorecem a facilidade, o pitoresco, e empurram o drama para o feérico. Não acreditamos que para "representar o homem inteiro em sua vida" seja necessário um teatro "onde os cenários possam surgir de baixo e as mudanças serem instantâneas", nem que, enfim, o futuro da nossa arte esteja vinculado a "uma questão de maquinismo"[5]. Tomemos cuidado para não afrouxar em nada. Não se devem confundir as convenções cênicas com as convenções dramáticas. Destruir umas não é libertar-se das outras. Bem pelo contrário! As sujeições da cena e seu grosseiro artifício atuarão sobre nós como uma disciplina, forçando-nos a concentrar toda e qualquer verdade nos sentimentos e ações das nossas personagens. Que os outros prestígios desapareçam e, para a obra nova, que nos deixem um tablado nu!

A exposição que acabam de ler, por imperfeita que seja, estabelece as grandes linhas de nossa ação próxima. Só um concurso unânime de boas vontades poderá torná-la durável e fecunda. Eu disse que nos dirigíamos a um público restrito, seleto: ele precisará no mínimo responder ao nosso apelo. Não bastará que nos aprovem, que nos incentivem com boas palavras. A todos aqueles que se declararem a nosso favor, pedimos uma prova tangível, um testemunho ativo de sua simpatia. Todas as colaborações, até as mais modestas, devotadas a uma obra como esta, terão uma eficácia real. Não somente os escritores, os críticos, os jornalistas, e todos aqueles que têm um interesse profissional na matéria, podem fazer campanha em nosso favor. Mas os partidários isolados e os prosélitos espalhados pela multidão podem assumir uma parte na obra e lhe garantir o sucesso exercendo a sua influência pessoal nas rodas, mesmo restritas, que frequentam.

5 Henry Bataille (prefácio de *Masque*).

Se os três mil leitores de *La Nouvelle Revue Française*, que há mais de quatro anos são fiéis a nós, tomassem a peito amparar a nossa causa e se cada um conseguisse uma dezena de adeptos, já poderíamos depositar, nesse primeiro contingente de público, as mais ousadas esperanças[6].

---

6 Artigo de J. Copeau. publicado em *La Nouvelle Revue Française* (NRF), setembro de 1913.

Vocação

> *O Teatro, essa junção milagrosa de tudo
> o que é preciso para modelar a divindade.*
>
> MALLARMÉ

Eu não saberia me orientar mais em minhas lembranças do que sei me orientar numa cidade, nem sequer em Paris, minha cidade natal. Porque tudo me interessa, tudo me atrai, tudo é para mim objeto de curiosidade, enigma a descobrir, história a inventar. É como minhas leituras. Elas me dão pretextos para devaneios, para invenções, para deformações e para encarnações. Obedeço sem cessar ao que vejo, ao que aprendo, a uma tendência a me tornar personagem, a anexar à minha própria vida os episódios, mesmo ínfimos, das existências externas à minha própria existência, os traços de caráter das personagens romanescas e dos heróis da história[1].

As janelas da casa em que nasci, no Faubourg Saint-Denis*, em Paris, ofereciam vista, por um lado, para tetos baixos, absolutamente sem graça e uniformemente cinzentos. Aquela superfície

---

1   Página avulsa do diário de J. Copeau (sem data).

*   A rua do Faubourg Saint-Denis é paralela à rua do Faubourg Saint-Martin (em cuja esquina se encontram os teatros da Porte Saint-Martin e da Renaissance) e ao bulevar de Estrasburgo (onde se localiza até hoje o Théâtre Antoine), no décimo distrito de Paris. A Escola Jacques Lecoq ocupa o número 57 da rua do Faubourg Saint-Denis. Copeau nasceu num prédio situado do outro lado da rua, no número 76, em 4 de fevereiro de 1879 (N. da T.).

lisa oferecia, à imaginação da criança que eu era, um vasto campo, limitado somente, para os fundos, por uma muralha alta e estreita, munida de uma só abertura, bastante semelhante à torre de Melisanda, a um desenho de Gustave Doré ou a um cenário de Gordon Craig. À esquerda o espaço se abria, com movimentos de ar, de nuvens e de sons, com uma pequena árvore preta no inverno e dourada na primavera. Teria sido a nudez completa, semelhante à madrugada, ao deserto ou ao palco de teatro depois da representação, se à minha direita e bem perto da janela à qual eu me debruçava não se tivesse oferecido à minha curiosidade um pequeno prédio preto e sórdido decorado com alguns esfregões sujos. Através de um vidro embaciado vinham até mim vozes quase sempre irritadas e, em certos dias, eu percebia na penumbra o braço nu de uma mulher e sua mão perdida na cabeleira, que ela torcia.

Do outro lado da casa, na outra vertente do meu reino, havia um pátio profundamente encaixado, atulhado de caixas e de tonéis. Da manhã à noite, um homem debruçado empacotava e desempacotava louças com um tinido claro e monótono, entre pilhas de palha e de papéis multicores. O apartamento todo era para mim como que um teatro. Nas horas vagas, na solidão e no tédio eu perseguia longamente e passo a passo a descoberta de sei lá que segredo[2].

Lembro de um recanto limitado, em dois lados, pela saliência de uma parede cuja tapeçaria escura evocava uma floresta de outono e, no terceiro, pela parede de um aparador impregnado pelo cheiro da cera e de vários alimentos. Ali, o menino acocorado fazia, como no corpo de uma chaminé, subir até o teto a espessa fumaça de seus sonhos[3].

O salão quase sempre sombrio, solene, profundo, continha para mim mais misteriosamente ainda os prazeres da imaginação. As grandes cadeiras, com capas cinza, dormiam à beira do tapete, como animais monstruosos à margem do mar. Havia reflexos de ouro, e, bem no fundo, num móvel preto, um cristal azul cintilava como uma planta submarina.

---

2 Trecho de uma conferência pronunciada por J. Copeau no Theatre Guild de Nova York em 1927.
3 Extraído de uma conferência de J. Copeau nos Annales, 1933.

A alma da criança vacila entre essas aparências. O menino vincula as suas próprias fantasmagorias aos fragmentos de realidade que observa ou que absorve com um olho implacável, com um coração destemido. É assim que compomos nossos primeiros dramas, que os experimentamos em nossos jogos, que os ruminamos em nossos silêncios. O silêncio inexpugnável da criança, seus tristes devaneios, sua faculdade de dispor embaixo de uma mesa ou num armário o refúgio de suas antecipações, eis verdadeiramente o cadinho original em que se forja a força criadora que reencontraremos incessantemente por todo o resto da nossa vida e na maioria das vezes bem enfraquecida. A partir de nossos vinte ou 25 anos, já nada inventamos. Já não dispomos da vida. É ela que dispõe de nós! E olhe lá! Se fosse a vida que dispusesse de nós! Mas é a nossa carreira, o nosso ofício. Gastamos os tesouros que acumulamos graças a todos os disfarces da juventude. Entregamos um por um todos os segredos da nossa infância e da nossa adolescência. A história de um jovem predestinado sempre se parece um pouco com a do príncipe Hamlet: uma aparência inventada, uma mentira patética encobrem desígnios profundos e o cumprimento de um dever que pesa sobre nós como o destino[4].

Eu me debruçava à janela. De tão alto, o mínimo movimento dos seres ou o deslocamento das coisas os deformava com uma estranheza que enchia meu coração de expectativa e de interrogação. Antes de ter conhecido as ferocidades do mundo shakespeariano, eu olhava no fundo desse poço grandes gatos brigarem, com suas cóleras de reis, por pedaços de bofes de vaca...

E depois a primavera fazia todas as cortinas correrem, se abrirem todas as janelas da casa em frente. Os trinados de vários canários pareciam realmente dar o sinal da festa. Com um só olhar eu podia perceber, bem arrumados em colunas, bem alinhados um embaixo do outro, como os algarismos de uma soma, cinco vestíbulos, cinco salas de jantar, cinco salões, bastante semelhantes por seu cenário, mas diferentes por sua atmosfera. Eu via portas se abrirem, entrar e sair personagens, ocupações se desenrolarem, costumes serem traídos, um

---

4 Conferência no Theatre Guild, 1927.

pequeno drama se formar no primeiro andar, cuja janela bruscamente se fechava, enquanto gestos continuavam a se desdobrar nos outros andares, segundo a estética da ação simultânea no teatro da Idade Média. Ouvia-se tocar as campainhas. Via-se o empregado do Bon Marché* entregar os seus pacotinhos, as crianças voltarem da aula, o dono da casa se aliviar do casaco de alpaca antes de ir almoçar, a dona da casa se dedicar a alguns trabalhos, com roupão de *lingerie* ou de algodão felpudo, e a cabeça cheia de papelotes. Depois de todo mundo ter saído, pelo meio da tarde, podia ser que as empregadas viessem se debruçar no balaústre de ferro fundido, baixando um pouco o decote dos seus corpetes, para tomar ar.

Assim, as minhas curiosidades de criança eram mergulhadas num realismo de gestos, de pequenos fatos, de movimentos que me ensinavam a vida, ou me ajudavam pelo menos a imaginá-la. Esses espetáculos dos quais nunca me cansei, por medíocres que fossem, tão pouco coloridos, povoam a minha memória com os pequenos detalhes, com os sinais e com os matizes verdadeiros por meio dos quais os hábitos de nossas personagens se deixam perceber, por meio dos quais as suas emoções se revelam.

Sem testemunhas, eu tentava reproduzir exatamente certas atitudes, esforçando-me por dar a elas o acompanhamento dos sentimentos interiores cuja marca eu supunha que eles tivessem. Um dia, tendo minha mãe sido surpreendida, no meio de seus trabalhos de costura, pela visita de uma amiga, eu observava de um canto sombrio as duas mulheres trocarem confidências a meia voz. Minha mãe, com voz e rosto bastante tristes, inclinava a cabeça e, murmurando, fazia um movimento com a mão direita que, munida de uma tesoura, cortava maquinalmente alguns pedaços de pano velho em tiras finas... Esse gesto, monótono, inconsciente, e o leve rangido da tesoura no tecido me pareceram, sem dúvida, um acompanhamento insubstituível da expressão de melancolia que chegou

---

* O Bon Marché (literalmente Bom Mercado, no sentido de Bom Preço, Preço Barato) é uma loja de departamentos situada no "sixième arrondissement" (sexto distrito) de Paris, no metrô Sèvres-Babylone. Inaugurada no século XIX, ela existe até hoje (N. da T.).

a me comover. No dia seguinte, procurando reencontrá-la, por meio do jogo, só consegui me pôr totalmente em situação graças a uma tesoura de cortar unhas com a qual eu recortei, em pedacinhos, alguns centímetros do meu terno de menino. Interroguem os atores. Eles lhes dirão que, com muita frequência, na verdade, o acessório de jogo contribui, melhor do que qualquer esforço do espírito, para nos dar posse dessa atitude interior que chamamos de nossa sinceridade...

Na região das minhas férias, o leito de uma torrente ressequida era conveniente para nele recitar os episódios da *Ilíada*, brandindo modestos pedaços de rochas ou de arbustos fáceis de desenraizar depois das enchentes de inverno. Os topos mais elevados de um quincunce de tílias me ofereciam uma casa de folhagem, em que eu prendia a minha companheira de jogos para lhe contar histórias ou lhe fazer confidências... Revejo também o sótão em que vínhamos ouvir o estrondo de uma chuva forte de tempestade batendo nas telhas; a cavalariça vazia em que dialogávamos baixinho, como animais acorrentados ao presépio; a lavanderia, totalmente às escuras, em que eu acendia grandes fogos de artifício, correndo o risco de incendiar a casa.

. . . .

Sobre todos esses teatros, sobre outros mil, procurei o abalo de uma fibra secreta, a exaltação de algo que se assemelhasse ao gosto da carne, ao amor dos seres e da natureza, à necessidade de fugir, de se desnaturar, ou de se consumir, ou de se sacrificar. Eu transformava a vida. Eu punha tudo em ação e procurava parceiros por toda parte. Era preciso que tudo o que me viesse ao espírito, tudo o que me perturbasse o coração ou os sentidos, tudo o que eu aprendesse, adivinhasse, inventasse, fosse representado naquele mesmo instante, até chegar ao seu desenlace, e fosse qual fosse o risco. Eu brincava sozinho, na maioria das vezes. Não que faltassem cúmplices para entrar em minha fantasia. Mas eles não me acompanhavam por ela durante muito tempo. Eles saíam do jogo, seja por cansaço, por falta de convicção e de concentração, ou por pavor, pois eu gostava que nos afundássemos na ficção tão forte e tão longe que nela nos perdêssemos, a ponto de ter certa dificuldade para voltar à tona...

Nunca tive necessidade de muitos arranjos artificiais, de complicação de cenários, para chamar o drama ou a comédia. A forma de um móvel, a cor de uma cortina engendravam para mim personagens, já determinavam as suas posturas, e – palavra de honra! – quase que predispunham os seus caracteres. A curva de uma alameda fazia com que eu visse um encontro. Muitas vezes um perfume, uma música me abriram os espaços do drama.

Foi por causa desses jogos que preencheram a minha infância, e depois o longo ócio da minha juventude, esses jogos em que se misturavam verdade e poesia, foi para os encontrar e os perseguir, creio eu, que, tendo-me apaixonado pelo teatro ao mesmo tempo que pela vida, eu me aproximei tardiamente dele, pedindo-lhe talvez mais do que ele pudesse dar. E foi, sem dúvida, para que nada impuro, nada grosseiro nem brutal ofendesse aqueles espetáculos maravilhosos que eu havia sonhado, que quis desfazer e recompor o instrumento do teatro, como uma criança desmonta o seu brinquedo, a fim de o desviar, por assim dizer, do seu sentido primeiro, da sua acepção comum, e de o forçar a se transformar no sinal aproximado de um capricho superior do espírito.

"A cena livre ao sabor das ficções", dizia Mallarmé. Essa liberdade postula uma técnica completamente dominada pelo espírito. E postula essa técnica numa arte que é a mais material de todas, a mais entulhada, a menos livre em aparência, a que requer o máximo de preparativos para ser admitida, o maior número de mãos para ser levantada... Uma arte que nunca acabou com a sua opacidade, desde a da tábua na qual se firma, desde a do homem com o seu corpo, do falso brilho com o qual se reveste, até o telão pintado, o papelão, a máquina. Não permitir que essa matéria e que esse material dominem e produzam o empolamento, o atraso, a desordem. Não ceder, contudo, à crença de que o espírito possa manifestar-se sobre a cena, que ele possa revelar a pura configuração de suas obras-primas, a menos que adote essa matéria, pois isso é preciso, para que a transfigure: eis a questão. É a questão do ofício no teatro, a questão de uma técnica forte e leve, premeditada e livre, ao mesmo tempo a mais consumada e a mais depurada possível, a mais engenhosa e a mais viva, e que, por mais perfeita que seja, permanece, no entanto, sempre um pouco aquém do espírito do qual é servidora.

Se eu trouxe algo ao teatro, se eu pelo menos indiquei o que se poderia trazer para o teatro, tenho o prazer de acreditar que é isso que acabo de dizer: uma entrega do espírito em cena por meio de uma técnica profunda e bem assimilada e, como consequência, o domínio direto do poeta sobre o instrumento dramático[5].

Permitam-me mais uma lembrança da infância. É uma lembrança de escola. Eu tinha dez ou onze anos. Gostava do meu professor, que me parecia bondoso e justo. Um dia eu estava no quadro negro, com um pedacinho de giz na mão, paralisado pela timidez, pela inquietação, e transbordando de ignorância. Imóvel e mudo, olhava para o meu professor, implorando de todo o coração que aquela provação acabasse. De repente, ele se inclinou para mim e, com uma voz muito suave, com uma bondade real, mas bastante alto para ser ouvido por toda a classe, me disse: "Meu pobre rapaz, como você é burro".

Por causa dessa palavra vivi durante muitos anos com o sentimento da minha burrice e da minha incapacidade. É um sentimento favorável ao surgimento de uma vocação sincera. Eu vivia atrás de uma cortina espessa, com certa tristeza. Eu me escondia. Estava, de certo modo, à espreita, atento ao mundo*, aos acontecimentos, aos homens, mais do que a mim mesmo. Eu ardia com um amor secreto e desconfiado. A existência de toda e qualquer coisa e, mais do que toda e qualquer coisa, a existência da beleza me jogava num delírio em que eu perdia de vista a mim mesmo para me unir completamente ao objeto da minha contemplação.

Alguns anos mais tarde, eu estava sentado num compartimento de estrada de ferro. Diante de mim, meu pai conversava com um amigo. Fingia estar absorto na leitura de uma revista, mas escutava a conversa. Ora, ouvi o amigo dizer a meu pai: "Não é preciso perguntar se o teu filho é inteligente. É visível".

---

5 Conferência nos Annales, 1933.
* Lembremos aqui a atitude de Eugenio Barba, ao chegar a um país estrangeiro do qual não dominava a língua, à espreita dos movimentos dos autóctones, para perceber-lhes, pelo corpo, as intenções. Ver *A Canoa de Papel* (N. da T.).

A revista que eu segurava diante do rosto me viu enrubescer até o fundo dos olhos. Creio que as minhas mãos tremiam. Por dias e dias fiquei repetindo para mim mesmo: "Será possível? Será que realmente eu seria..." Eu não ousava sequer pronunciar a palavra que me libertava. Como são estranhas as emoções das crianças! Acredito que essa palavra de alguém de passagem fez com que eu tomasse impulso. Acredito piamente que naquele dia começou a minha carreira. Eu tinha acabado de me preparar. Eu me pus a realizar, já! Devo confessar que a meus olhos o jovem inteligente e cheio de impaciência ao qual a vida oferecia daí por diante todas as tentações e todos os trabalhos como uma carreira permitida, aquele jovem talvez já não valesse tanto quanto a criança tímida e secreta do quadro negro. Felizmente, o burro não está morto. Ele acompanhou, a vida toda, o realizador. Ele diz a este com frequência: "Meu velho, você não é tão esperto assim". O realizador o escuta. Se ele vale alguma coisa, é porque ouve o conselho do burro[6].

Não creio poder determinar uma circunstância fatal que me tenha impelido para o teatro. A minha vocação não data de nenhum momento preciso. Eu a encontro esparsa e constantemente presente em todos os sentimentos, em todas as curiosidades, em todos os hábitos e em todas as aspirações da minha infância e da minha juventude: nas minhas brincadeiras, no meu primeiro teatro de marionetes, na maravilhosa solidão do sótão de uma velha casa de província em que eu brincava com o claro-escuro, atribuía a velhas coisas fora de uso uma significação fabulosa, e em que eu recitava para mim mesmo longos poemas parcialmente improvisados.

Eu era uma criança da pequena burguesia. Não tive mestres nem guias. Os livros que estavam ao meu alcance, os espetáculos aos quais era levado não se destinavam muito a me trazer uma revelação decisiva. O meu pai me levava frequentemente ao teatro. Esse gosto lhe vinha do meu avô. Nós íamos ver juntos os melodramas da Porte Saint-Martin ou do Ambigu. Era tão bonito! A primeira vez em que me foi concedido ver uma ação em cena foi no Théâtre de la Gaîté: *Les Pirates de la savane*

---

6 Conferência proferida em inglês no Theatre Guild, em 1927.

(Os Piratas da Savana). O papel principal era representado por Dumaine, que, na juventude, era conhecido por triunfos obtidos nos dramas do pai Dumas. Eu o vejo ainda, no primeiro ato, entrando, com uma espingarda na mão e carregando um tigre nos ombros. A mim parecia que eu era ao mesmo tempo o ator, a espingarda e o tigre[7].

A revelação da presença do ator me foi dada por Mounet-Sully, duas ou três vezes; por Eleonora Duse – que era mais do que uma atriz, que talvez não fosse uma atriz; por Guitry, o Antigo, que era tão ator que não me cativava completamente; e por Antoine, sobre quem se costuma dizer que não era um bom ator, mas cuja personalidade se impunha com uma força magnífica[8].

Daí por diante, conheci todas as experiências de um homem que fez do teatro a sua própria vida, e o objeto de todos os seus pensamentos. Penso que os devaneios da minha

7   Os teatros da Porte Saint-Martin e do Ambigu foram os templos do melodrama. Consulte-se a obra de P.-A. Touchard intitulada *Grandes heures du théâtre à Paris*, Paris: Librairie Académique Perrin, 1965, que contém uma extensa monografia consagrada à Porte Saint-Martin e algumas páginas de J. Crépineau sobre o Ambigu. Numa página inédita do seu diário, Copeau distingue o "melô histórico" da Porte Saint-Martin e o "melô moderno" do Ambigu. Entre as suas lembranças de teatro mais antigas, ele evocava também Sarah Bernardt em *Jeanne d'Arc*, assim como as representações de *A Volta ao Mundo em Oitenta Dias* e as de *Michel Strogoff*, com Marie Laurent, no Châtelet. *Les Pirates de la Savane*, drama em cinco atos de Anicet Bourgeois e Ferdinand Dugué, havia sido criado no Théâtre de la Gaîté em 1859 e reprisado várias vezes com sucesso. Copeau tinha, no máximo, doze anos quando viu essa representação, posto que o ator Dumaine (Louis François Person, dito), 1831-1893, abandonou os palcos em 1891.
8   Conferência de J. Copeau no Theatre Guild, Nova York, 1927. Mounet-Sully (1841-1916) entrou na Comédie-Française em 1872, para estrear como o Orestes de *Andromaque* (Andrômaca) e como o Rodrigo do *Cid*. Sua interpretação sensível e vigorosa teve plena manifestação em *Hamlet* e *Édipo Rei*. Madame Dussane dizia que ele era "excepcional pelos dons da natureza", "excepcional pelo ímpeto musical do seu lirismo", "excepcional, enfim, pela elevada ideia que tinha da sua arte" (*Encyclopédie du théâtre contemporain*, p. 104).
    ELEONORA DUSE (1859-1924), a grande atriz italiana, encarnou as heroínas de Dumas Filho, de Ibsen e de Gabriele D'Annunzio. Copeau falou, em seus *Souvenirs*, da emoção de sua trupe quando a Duse honrou com a sua visita a cena do Vieux Colombier (*Souvenirs du Vieux Colombier*, p. 47-50).
    LUCIEN GUITRY (1860-1925) estreou no Gymnase em *A Dama das Camélias* em 1878; representou durante nove anos no Théâtre Michel de São Petersburgo (onde nasceu o seu filho Sacha, em 1885), e depois atuou principalmente no Odéon, no Vaudeville com Réjane, de 1898 a 1900, antes de dirigir o Renaissance de 1902 a 1909.

infância eram tão povoados de formas dramáticas quanto as minhas insônias de homem maduro. Refleti muitas vezes sobre a essência do sentimento dramático, sobre a natureza daquele movimento irresistível que nos leva, como diz Nietzsche, "a viver por outras almas e por outros corpos que não são os nossos". O selvagem que se prosterna diante do sol nascente ou que acompanha os últimos raios do dia com uma triste melopeia; a criança, com toda a alegria do seu corpo, que salta e grita de contentamento pela estrada numa manhã de primavera: eis o arrebatamento original. Sejam quais forem as formas assumidas ao longo dos séculos pela inspiração dramática e pelo jogo teatral, não esqueçamos jamais que estes possuem uma origem sagrada no mais profundo da natureza humana.

O meu nascimento, a minha primeira educação, os meus primeiros encontros na vida não pareciam, portanto, ser muito destinados a estimular a minha vocação. Amei o teatro em sua forma mais comum, mais trivial. Como tantos outros, eu poderia ter cedido aos encantos de uma vocação precoce, ter entrado excessivamente cedo no teatro e ter-me deixado devorar por ele. Uma espécie de pudor sempre me conteve. Talvez seja por isso que, durante toda a minha vida, eu tenha mantido certa desconfiança em relação às vocações excessivamente intensas. Uma vocação verdadeira deve aceitar ser posta à prova. Ela deve admitir adiamentos, impedimentos. Raramente, pode dispensar uma boa educação.

Educação teatral propriamente dita eu nunca recebi. O meu gosto não foi muito dirigido. Eu amava o teatro apaixonadamente, e pronto. E essa paixão foi em mim fortalecida, sem dúvida, por uma tendência natural do meu caráter no sentido de se voltar para tarefas difíceis, por um instinto natural de revolta contra o que é baixo, vulgar ou simplesmente fácil, por esse puro orgulho juvenil que não quer se deixar abater pela vida, corromper pela experiência, e que põe todo o ardor, quando este é durável, em manter fora de qualquer alcance o seu primeiro ideal.

Fui, primeiro, simples espectador do teatro do meu tempo e do meu país. Eu não tinha viajado. Ignorava as reformas que se faziam noutros lugares. Ignorava até as tentativas que aqui e ali surgiam na França. Eu poderia ter conhecido o Théâtre

Libre nos seus primórdios, embora na época eu fosse praticamente uma criança[9]. Só conheci Antoine no segundo período de sua atividade, no teatro do bulevar de Estrasburgo. E, evidentemente, o exemplo de um homem de teatro que fosse um homem de bem, que tentava reagir contra a rotina do seu tempo, não deixou de suscitar em mim um vivo entusiasmo, não deixou de estimular a minha ambição. No entanto, não posso dizer que Antoine tenha exercido uma influência profunda sobre o meu espírito, a não ser por reação. Antoine representava, na verdade, todos os excessos do realismo, contra os quais a geração de artistas à qual pertenço iria se levantar.

Vivendo fora do teatro, eu só vivia para o teatro. E à medida que, graças ao estudo, à reflexão e à cultura, o meu espírito se formava, ele se formava contra o teatro do qual eu era espectador e que me tornava infeliz.

Durante uma década, acompanhei a produção corrente como crítico dramático. E, ao mesmo tempo, eu aprofundava o estudo do teatro do passado, sobretudo do teatro grego, da época shakespeariana, dos italianos antigos e dos espanhóis antigos, da Idade Média e do período clássico francês. O meu ofício, durante dez anos, fora da cena, foi o estudo técnico do drama sob todas as formas, de sua história, de suas leis internas. E a minha conclusão nessa época foi que eu tinha diante dos olhos uma forma de arte empobrecida, diminuída, cansada, desacreditada. O ofício do teatro havia degenerado numa especialização das faculdades mais medíocres do dramaturgo. Atrasado em relação a todas as demais artes, desviado da cultura geral, incapaz de elevar a sua ambição, prisioneiro dos mais medíocres interesses materiais, envenenado pelos costumes do industrialismo, o teatro se via desprezado por todos os artistas dignos desse nome, renegado pela elite, abandonado pela inteligência.

---

9 Em 1887, André Antoine (1858-1943), funcionário da Companhia de Gás apaixonado por teatro, funda o Théâtre Libre; faz, em 30 de março, uma primeira representação, no número 37, *Passage de L'Élysée des Beaux-Arts*; e depois se apresenta, nos dias de folga, no Théâtre Montparnasse, antes de se instalar em 1890 no bulevar de Estrasburgo, no Théâtre des Menus-Plaisirs, rebatizado como Théâtre Libre e, em 1896, após uma interrupção de dois anos, como Théâtre Antoine, que o seu fundador dirigiu até 1906. Cf. Antoine: *Mes Souvenirs sur le Théâtre Libre* e *Mes souvenirs sur le Théâtre Antoine et l'Odéon*.

Tal desprezo do teatro, a meu ver a causa principal de seu aviltamento sem esperança, era particularmente professado no grupo literário ao qual me haviam unido os primeiros trabalhos da minha carreira.

Tendo laços de amizade e de admiração, de coração e de espírito, com escritores como Paul Claudel, André Gide, Paul Valéry, André Suarès, Charles Péguy, Jacques Rivière, Roger Martin du Gard, Georges Duhamel, Charles Vildrac, Jules Romains, Marcel Proust, Jean Schlumberger e alguns outros, eu havia participado, por volta de 1909, da fundação de *La Nouvelle Revue Française*, da qual, desde 1909, fui diretor. Nesse grupo, do qual se pode dizer que durante pelo menos dez anos deu o tom a toda a produção da jovem literatura francesa, eu via reinar a alta cultura, a inteligência crítica, a imaginação, a lealdade intelectual, a perfeita honestidade profissional. E eram essas virtudes que eu ambicionava cada dia mais ardentemente restituir ao teatro francês.

A nós parecia que teatro de costumes, ou teatro de caráter, ou teatro de ideias, ou teatro psicológico eram outras tantas variedades incompletas do teatro pura e simplesmente, do teatro ampliado, engrandecido, ao qual queríamos elevar o Homem inteiro, a Vida inteira, sob todos os seus aspectos. O realismo pelo qual estávamos apaixonados não era um realismo limitado aos fatos e à análise destes, mas, antes, aquele realismo do qual Dostoiévski fala, "que vai até o fantástico". Líamos Shakespeare e os gregos. Os nossos mestres imediatos eram mestres de sensibilidade pura, poetas: Baudelaire, Verlaine, Mallarmé, Rimbaud. Nós nos aproximávamos do teatro com os ouvidos cheios das harmonias desses músicos. Expressar como eles o inexprimível: era essa a nossa ambição secreta[10].

Portanto, eu não parti de um ponto de vista revolucionário, mas de um ponto de vista que podemos chamar de moral, se considerarmos, sobretudo, o sentimento de indignação que me animava contra o teatro industrial, e de um ponto de vista que devemos chamar de literário, se me olharem mais como o representante

---

10 Les Auteurs Dramatiques Nouveaux, quarta conferência de J. Copeau no Little Theatre, Nova York, 22 de março de 1917.

de um grupo de escritores que assumiam a missão de reerguer o nível literário da produção dramática. O meu amor pelo teatro só era então iluminado pelo gosto da honestidade profissional e pelo culto da poesia[11].

---

11 Conferência de J. Copeau no Laboratory Theatre, Nova York, 1927.

Encontros

AS AMIZADES DA *NRF*

André Gide

Seja toda experiência inebriante e nova. O acaso nos inspira: só consultaremos em nós aquilo que não é aprendido, que não é sentido, que não é amado nem chorado. Para o nosso instinto inventaremos uma vertigem que absorva o minuto, viúva do passado, e dele se nutra. Acreditaremos no mundo, fornecedor de ebriedades. E libertaremos concupiscências ignoradas. Mas as mãos educadas para pegar saibam nada reter, desconfiadas de qualquer posse. Seremos fervorosos e desinteressados[1].

*

Partida repentina. Eu a exagero propositadamente. Desunir-se assim de tudo, num instante – eis o que reacende, no mais saudável de mim mesmo, as minhas mais jovens temeridades. E,

---

1 Texto escrito em Mølle (Suécia), em julho de 1902, e publicado em *L'Ermitage*, novembro de 1903, p. 212, com o título de "L'Immoraliste".

para melhor saborear tal capricho, exagero também o amargor de tê-los deixado, rostos queridos...

Os sentidos, o espírito... De uma disponibilidade infinita, trágica – ou, pelo menos: palpitante. Saber, até de um jogo, fazer uma ação trágica: é disso que estou embriagado nesta noite em que, como diz Walt, "invulnerável", eu me aventuro inteiramente!

A velocidade arranca do cenário noturno um emaranhado de sombras, de vento e de fumaça. Últimos bairros – luzes fugidias, aquarela de cartazes e de lodo avermelhado. Novamente cais, multidões, festas. A Noite sem formas. Ela pula contra uma vidraça, contra uma face. Inesgotável noite em que me sinto tão perfeitamente só... Espreitarei até a manhã. Verei a aurora, semelhante à aurora de verão que, jovem, eu saudava, aos gritos.

Já, com um espírito sem repouso, assedio e preocupo o desconhecido...

Não inconstante, mas insaciado – enquanto minha vida, totalmente viva, pertencer a mim e me obedecer, enquanto este coração pujante, este coração rebelde a nada tiver renunciado, enquanto nada à minha força me parecer proibido, aceitem que nenhuma esperança em vão me desafie, ah, deixem-me, os que me amam, misturar ao amor um gosto mais selvagem e fingir, ó minha amiga, desfazendo hoje a minha felicidade, que eu vá mais uma vez, talvez a última, desobedecer ao meu destino...[2]

*

15 de agosto de 1903. Se de repente tudo morresse à minha volta e me tornasse solitário – e livre para recomeçar.

Saciedade da face humana, mal-estar da comunidade... Pensamentos surdos... Sonhos mais vagos – nítidos subitamente, e lancinantes, que agitam o coração no peito e transformam a respiração: partir, ver, viajar, a nada pertencer, tudo amar, mirar-se e ser refletido. Ou então este outro ascetismo: restringir-se, imobilizar-se, contemplar-se num método, enclausurar-se na própria vontade... Esses dois desesperados

---

2 Folha sem data, destacada de uma caderneta de J. Copeau. Tais como as sentimos palpitar aqui, as aspirações, muito gidianas, à disponibilidade, à liberação, à aventura, aparecem em Copeau desde a adolescência. Por aí se explica seu deslumbramento ao descobrir a obra de André Gide.

desejos se perseguem dentro de mim, chocam-se, deslocam-se. O descontentamento de um me joga para o outro, cujo pavor me arremessa de volta ao primeiro: sem cessar degustados, sem cessar empreendidos, nunca assumidos. E a ambiguidade do meu duplo esforço o esteriliza[3].

*

28 de agosto de 1903. Já não se prender à terra senão por pés errantes...

*

Como éramos íntimos e como éramos livres! Como vivemos bem uns dos outros e uns para os outros, gratos uns aos outros por aquela amizade que nos unia, graças a você, que nos enriquecia, que nos foi tão invejada, e de que nasceram tantas coisas!...[4]

ANDRÉ GIDE A JACQUES COPEAU

*4 boulevard Raspail,
7 de janeiro de 1903.*

Se eu desejasse escrever-lhe, seria para pedir, meu senhor, que me perdoasse. As páginas sobre *L'Immoraliste* (O Imoralista), que o senhor enviou a Ducoté para *L'Ermitage*, foram interceptadas unicamente por mim; mas aquelas páginas eram belas, comoventes e entre as mais inteligentes que tenham sido escritas sobre o meu livro; é também para lhe agradecer por isso que lhe escrevo.

Por que, consultado por Ducoté, pedi a este para não as publicar? Foi compelido, acredite, por um sentimento de decoro. Assinadas por um nome desconhecido e aparecendo numa revista que as pessoas sabem que é totalmente fiel a mim, elas poderiam, aos olhos dos mal-intencionados, passar por um elogio encomendado; essa aparência de propaganda me teria

---

3 Trechos inéditos do diário de J. Copeau
4 Trecho extraído de Remarques intimes en marge d'un portrait d'André Gide, de J. Copeau, em *André Gide*, Paris: Capitole, 1928, p. 109-121.

desagradado. Nem assim aquelas páginas deixavam de me agradar muito e, por mais precavido que eu fosse contra o prazer que o que elas continham de elogioso me causasse, eu sentia nelas, afora isso, um dom e qualidades raras. Desejei conhecer outras páginas suas; as que Ducoté me remeteu me encantaram, mas não bastavam, apenas elas, para *L'Ermitage*. Ele lhe pediu outras, que também me agradaram. Tive muito prazer em sabê-las degustadas por algumas pessoas cujo julgamento, não prevenido como o meu, era consequentemente mais seguro. Somos vários, portanto, os que desejamos tornar a lê-lo. Não demore, por gentileza, a favorecer *L'Ermitage*[5]* novamente.

Devo confessar-lhe tudo o que se mescla de curiosidade ao gosto que já estou sentindo ter em mim pela sua prosa? Em vão, porém, até agora eu questiono. Somente após muitas delongas é que obtenho de Ducoté o seu endereço; e ainda assim ele não tinha certeza de que fosse esse. Vejo com prazer que não é nada disso. Mas que faz em Lyngby? Será por prazer que vive aí? Ou forçado? Vejo ao meu redor tão pouca liberdade, tanta miséria, que não ouso esperar que o seu exílio seja voluntário. Talvez possa, pelo menos, ser aceito mais ou menos alegremente. Tranquilize-me, pois sou, atentamente, seu

André Gide

---

5 *L'Ermitage*, revista mensal de literatura e arte, dirigida por Édouard Ducoté, foi fundada em abril de 1890. Gide havia publicado em suas páginas os seus primeiros "Fragmentos" no número de março de 1893. Em julho e outubro de 1897, ele divulgava nessa publicação, respectivamente, *Les Prétendants* (Os Pretendentes) e *La Danse des morts* (A Dança dos Mortos) e, em fevereiro de 1898, A propos des *Déracinés* de Maurice Barrès. A partir do mês de julho de 1898, Gide colabora regularmente em *L'Ermitage*, na qual aparecem, sobretudo, as suas *Lettres à Angèle* (Cartas para Ângela) (de julho de 1898 a novembro de 1900) e, em pré-original, *Le Prométhée mal enchaîné* (O Prometeu Mal Acorrentado) (janeiro, fevereiro, março de 1899) e *Le Roi Candaule* (O Rei Candaulo) (setembro, dezembro de 1899).

Numa crônica de janeiro de 1905, Gide escreverá, falando da organização de *L'Ermitage*: "Nosso amigo Francis Viélé-Griffin reservou para si a poesia; nosso amigo Jacques-Émile Blanche, a música; nosso amigo Henri Ghéon, os romances; nosso amigo Michel Arnauld, a filosofia e o que quiser acrescentar a isso; nosso amigo Jacques Copeau, os espetáculos, e nosso amigo Maurice Denis, a pintura. Que você pensa que sobra para mim?"

* Ver André Gide, *Teatro; Saul; El Rey Candaules; Édipo; Perséfone; El Árbol Número Trece,* Buenos Aires: Sudamericana, 1952 (N. da T.).

JACQUES COPEAU A ANDRÉ GIDE

Fuglevad, 18 de janeiro de 1903.

O senhor avaliaria mal a emoção que me causou a sua carta, se eu não lhe dissesse o que o senhor foi para mim, muito tempo antes de me ter escrito essa carta, muito tempo antes que o meu nome fosse conhecido seu.

Eu li *Les Nourritures terrestres* (Os Alimentos Terrestres) há cinco anos. Concebi então, há seis meses, o plano de um drama, com este título: *La Soif* (A Sede). Não demorou para eu abrir *Le Voyage d'Urien* (A Viagem de Uriano), acompanhada de *Paludes* (Pântanos). E amei o seu fervor, com a sua ironia. Desde aquele instante, o senhor foi um companheiro para mim. Direi mais: um companheiro de fuga? Eu respirava em sua obra presságios de liberdade. Eu desejava que amá-lo fosse não amar ninguém e, no entanto, multiplicar o coração.

Permita que eu me lembre de certos dias de convalescença, pela mesma época. Eu os vivi com o senhor, no meu quarto úmido. O nosso reconhecimento terminava em longas conversas, em confidências. Eu o tratava com familiaridade. As minhas notas íntimas de 7 de dezembro de 1901 trazem o seguinte: "Eu te amarei tristemente, com uma última esperança, meu caro Gide".

Resisti várias vezes à tentação de lhe escrever. Um pudor me comprometia a não trair o encanto dessa comunidade secreta. O mesmo pudor retarda o meu impulso em sua direção, há oito dias.

Foi no litoral da Suécia, em julho último, que conheci *L'Immoraliste*. Eu pensava então numa obra futura, provisoriamente batizada: *Les Tentations* (As Tentações), e depois *Les Tentatives* (As Tentativas). O seu livro me perturbou. Eu me vejo, depois de o ter lido, relendo-o em voz alta para a minha jovem mulher. Revejo aquela frase em que há limões, como gotas de cera, que pendem, perfumados: "Estão ao alcance da mão, da sede; são doces, acres: refrescam".

A simpatia, a perturbação que me comoveram são visíveis, creio eu, nas poucas linhas a *L'Immoraliste*. O senhor conheceu essas linhas, gostou delas. Eu lhe agradeço por isso.

E agora terei o prazer de satisfazer a curiosidade que o senhor tem a bondade de demonstrar em relação à minha vida.

O senhor perguntaria em vão. Não tendo publicado nada, ninguém me conhece. Há cerca de um ano, vivo fora da França, aqui, nesta pequena ilha fria de Seeland. Minha partida foi voluntária e posso dizer que desatei todos os vínculos que tive. Mas todo e qualquer ato livre, na vida, não é o de se entregar à vida? Circunstâncias me impõem o exílio prolongado? Eu me casei com uma dinamarquesa, desejada há muito tempo. Uma menina acaba de nascer*. Estaremos de volta a Paris nos primeiros dias de abril... Preciso lhe dizer que me seria um prazer encontrá-lo?

Trabalho lenta e penosamente. Estou terminando algumas prosas destinadas a *L'Ermitage*. Se gostar delas, senhor, solicitarei, como uma honra, que aceite que lhe sejam dedicadas.

Adeus. Uma nova carta sua (estou sendo indiscreto?) me faria suportar a impaciência em que me encontro para conhecer o seu rosto.

Eu lhe disse muito parcamente o que quase não se pode dizer. Acredite no meu fervor – eu ia dizer: na minha amizade. Se ela o surpreender, pense que há muito tempo me acostumei a sonhá-la entre nós dois.

Jacques Copeau.
Fuglevadsvej. Lyngby.
Dinamarca.

ANDRÉ GIDE A JACQUES COPEAU

1º de fevereiro de 1903.

Felizmente, o senhor não reivindica um mestre: seria excessivamente lesado se quisesse encontrar em mim outra coisa além de um amigo.

Desejo que a nossa futura amizade me traga muitos instantes tão deliciosos quanto aquele em que abri a sua carta. Por certo, é preciso ousar falar em amizade: enquanto o lia, parecia a mim que eu não havia escrito para nada mais. No tempo em que eu estava ligado com Pierre Louÿs (tínhamos acabado de sair do curso de Retórica) ele me disse um dia, acreditando predizer os

---

* Trata-se de "Maiène", Marie-Hélène Copeau, que, ao casar com Jean Dasté, passou a se chamar Marie-Hélène Dasté (Lyngby, 1902 – Paris, 1994) (N. da T.).

nossos futuros: a ti vão admirar mais, mas será a mim que amarão[6]. Na noite daquele dia pensei seriamente em me matar.

Mande-me as suas novas páginas; que eu possa gostar delas tanto quanto das suas primeiras – e do senhor tanto quanto da sua carta!... Se esperei duas semanas antes de respondê-la, foi para treinar a espera de dois meses antes de encontrá-lo.

Assim que chegar a Paris, o senhor me encontrará totalmente a seu dispor.

André Gide

JACQUES COPEAU A ANDRÉ GIDE

25 de abril de 1903.

Quero apenas lhe dizer que nunca senti nada semelhante à emoção de conhecê-lo, que o senhor foi o mais puro amor do meu regresso. Serão inesquecíveis aquelas horas durante as quais fiquei sentado diante do senhor, oferecendo-lhe a minha ignorância e o meu fervor. Desejo que a vida não altere em mim essa lembrança única, misteriosa, perfeitamente calma.

O senhor sabe tudo o que eu não lhe disse, o que não posso lhe dizer. Quando voltarei a vê-lo? Chame-me quando quiser, sinceramente.

Obrigado pelo *Philoctète* (Filoctetes), que estou lendo; obrigado pelas palavras que inscreveu nele. Eu as recebo como um presságio e começo a poder esperar sem imprudência que a duração forme entre nós uma amizade[7].

Receba esta esperança e o meu reconhecimento,

Jacques Copeau.

---

6 Gide se ligou a Pierre Louis (1870-1925), que ia assinar como Louÿs toda a sua obra poética e romanesca – *Les Chansons de Bilitis* (As Canções de Bilitis), *Aphrodite* (Afrodite), *Le Roi Pausole* (O Rei Pausolo) etc. –, desde a aula de retórica na École Alsacienne, em outubro de 1887.

7 Copeau disse em "Remarques intimes en marge d'un portrait d'André Gide" o que foi o primeiro encontro com "L'Immoraliste", tão decepcionante, sem dúvida, para este último: "Gide tinha feito de mim a imagem de um mocinho viçoso, cheio de uma aspiração vaga e patética. Diante dele estava um rapaz não muito tímido, mais para o robusto, já um pouco endurecido pela vida, e cuja barba escura, que o envelhecia dez anos, banalizava de modo bastante lamentável a expressão" (op. cit., p. 114).

Jean Schlumberger

> Foi com bom humor, divertimento e paixão que se fabricaram aqueles primeiros números da NRF, que parecem tão preocupados em não deixar transparecer nada daquela alegria. Mas é muito por causa dela que esse passado nos parece tão caloroso.
>
> Jean Schlumberger[8]

Quem, pois, nos representou como figuras afiladas, ignorando tudo da vida e das suas alegrias, da fantasia e das suas surpresas? Ah! Essa lenda nos faz rir bastante. A verdade é que ninguém abraçou a vida com tanto ardor quanto nós[9].

JACQUES COPEAU A JEAN SCHLUMBERGER

Dezembro de 1911
Vamo-nos mostrar!
Façamos inimigos de verdade e amigos de verdade.

Janeiro de 1912
Trabalhemos para valer, meu velho.
Sejamos sensacionais. Isso aborrecerá aqueles senhores.
Seu velho sólido
J. C.

O *Philoctète* (Filoctetes) (1899) dedicado por Gide não foi encontrado na biblioteca de Jacques Copeau em Pernand-Vergelesses.
Ver *Correspondance Gide-Copeau*, Paris: Gallimard, 1987.

8 Sobre o papel excepcional que Jean Schlumberger (maio de 1877 – outubro de 1968) desempenhou ao mesmo tempo na fundação e na direção, durante trinta anos, de *La Nouvelle Revue Française*, e na criação, decidida com Copeau em 1913, do Teatro do Vieux Colombier, consultar o artigo de Auguste Anglès, Aux origines de *La NRF* et du Vieux Colombier (*La NRF*, número de homenagem a J. Schlumberger, 1º de março de 1969, p. 327-333).
A sua firmeza discreta, a sua cortesia, o seu ecletismo souberam proteger "a obra de amizade" dos perigos da ruptura. E foi em grande parte à dedicação desinteressada de Jean Schlumberger que Copeau deveu o fato de conseguir abrir o seu teatro.

9 J. Copeau, Interview de Frédéric Lefèvre, *Une heure avec... Les Nouvelles Littéraires*, 19 de fevereiro de 1927. Cf. Henri Béraud, *La Croisade des Longues Figures*, Éd. du Siècle, 1924. Lembremos que desde o espetáculo de inauguração do Vieux Colombier, Paul Souday escrevia em *Le Temps* (24 de outubro de 1913): "Não sei que atmosfera puritana, germânica, de Munique, reina no Teatro do Vieux Colombier. Os organizadores parecem mostrar certa insistência em nos comunicar que não estamos lá para nos divertirmos".

Agosto de 1912
Eu gostaria que a partir de outubro cada número contivesse no sumário um artigo importante de um de nós.
Batamos com força redobrada.

9 de setembro de 1912
Mas você, que é um herói, venha em meu socorro.
Você tem o endereço de Gide?
Sabe onde está Ghéon?
Esses indivíduos não estão nem aí para a gente.

André Suarès

ANDRÉ SUARÈS A JACQUES COPEAU

7 de maio de 1912,
terça-feira pela manhã.

Tenho vontade, caro senhor, de dar a minha impressão sobre todas aquelas vergonhosas entregas de prêmios, grandes ou medíocres, que as Academias se permitem fazer, e sobre os costumes não menos vergonhosos que tais recompensas devem criar na arte e na poesia. O artigo será muito duro, e a tinta das mais sombrias. Não pouparei nada nem ninguém.

Sem atacá-los diretamente, aqueles Senhores Padres da única capela que seja francesa na França, Nossa Senhora de Todo Ódio, aqueles senhores Maurras e Barrès deverão se sentir atingidos mais do que os outros. Tenho por eles uma aversão extrema, e sempre senti muito desprezo.

Ora, eu não gostaria de prejudicar em nada a NRF, nem ferir entre os senhores amizades sinceras, se é que pode haver amizades sinceras com aqueles espíritos.

O senhor me dirá, então, caro senhor, com a lealdade que lhe sinto dentro, se pensa ser conveniente que a NRF trave esse combate. Não tenho nenhum tipo de amor-próprio em deixar o meu desejo em segundo plano com relação ao interesse da

NRF, que eu quero servir, que deve ser o meu, espero, e que o será ainda mais intimamente.

Com um cordial aperto de mão,

S.

JACQUES COPEAU A ANDRÉ SUARÈS

Le Limon
(sem data).

Mergulhe, pois, caro senhor, nessa tinta infernal o duro cálamo... A NRF não tem Patrões para poupar. Ela faz profissão de liberdade. A sua tarefa é dizer o que pensa ser justo, ou o que é ousado pensar sobre o tempo, ou contra ele.

De nosso meio pretendo banir apenas a mediocridade, a secura e a má fé política, ou a política, pura e simplesmente. Que a cólera de Caërdal desça, portanto, entre nós, visto que ela é grande e salutar[10].

Por favor, caro André Suarès, não espere que murche o primeiro frescor das folhagens para vir se sentar em meu jardim.

Até a vista. Com um aperto de mão,

J. C.

---

10 André Suarès, que nascera em 1866, acabava de publicar a sua *Chronique de Caërdal*. Aliás, com o pseudônimo de Caërdal, ele assinaria os seus artigos em *La* NRF. Copeau e Gide tinham concordado em pedir a colaboração de Suarès, em 22 de fevereiro de 1912. Cf. Gide, *Journal*, t. I, p. 373, e *Correspondance André Suarès-André Gide*, Paris, Gallimard, 1963. (Fora Francis de Miomandre quem apresentara Copeau a Suarès em 20 de fevereiro de 1912.) Precisemos que a primeira "Chronique" de Suarès em *La* NRF foi publicada no n. 40, de 1º de abril de 1912 (I: Sur la bonne rive; II: De Chateaubriand). Não encontramos nessas páginas indício algum de artigo sobre os Prêmios.

Reconhecimento para com aqueles homens que nos impediram de perder a esperança, que nos deram esse espetáculo, a força na desgraça. Lembrar o tempo em que um amigo fez com que eu descobrisse esse mundo. A NRF, primeiro esboço daquele grupamento de salvação.

É preciso compreender que falo apenas como o mandatário de um conjunto de vontades das quais, separado, eu já não seria nada.

É assim que me considero, que me compreendo, que tenho consciência da minha força (convém tornar a dizer de onde partimos, o que quisemos em comum).

Fora, à margem do poder do dinheiro, desse poder de força que é o dinheiro, existia um poder ou poderes de espírito, limitados, acossados, mas, apesar de tudo, subsistentes, nutridores, que preparavam o futuro.

Nada semelhante havia para o Teatro. Foi o que quisemos fazer. Uma obra paralela à dos melhores, à dos mais puros, uma obra ousada e preciosa, reconhecida por uma elite.

Somente poderia realizá-la alguém que atuasse em conexão com aquele espírito superior, com aquele espírito de exceção, e que retomasse a tarefa desde a base. Alguém saído daquelas rodas, companheiro daqueles homens.

Formar uma falange, um refúgio contra as forças de aviltamento.

Estabelecer o seu próprio direito de viver, a sua própria possibilidade de viver[11].

Gordon Craig[12]

Florença – 14 de setembro, quarta-feira.

Cheguei pelas 8 horas. Vou de carro até a rua Lungarno Acciainoli, 4, à casa de Gordon Craig. Bato à porta em vão. Ele não está acordado. Caminho um pouco pelas ruas. Ponte Vecchio. Depois volto pelas 9 horas. Uma anãzinha vem atender e me leva até uma peça ampla, que abre as duas janelas para o Arno, toda forrada de verde escuro, quase nua, mobiliada com uma mesa, alguns livros e meia dúzia de marionetes de Java de couro recortado. Craig vem até mim, de banho recém-tomado, muito simples e muito cordial.

Almoço na casa de Craig. Tensão dolorosa do espírito para me comunicar numa língua que não é a minha (Craig não fala uma palavra de francês) com um homem que não conheço, que não tem, sinto eu, nada de comum comigo a não ser um grande amor pelo teatro. Mas ainda nesse ponto a ordem de nossos conhecimentos não é a mesma. Depois de uma hora de conversa, ele me diz: "Well. You are much of a literary man. You are *not of the theatre*" (Você é um homem de letras. Você *não é do teatro*). Na verdade, vim para o teatro por meio da literatura, iniciei a minha ação teatral por aversão às obras rasteiras e aos

---

11 Notas extraídas por J. Copeau do seu diário de 1916, para servir à redação do 3e *Cahier du Vieux Colombier*, Notre Chapelle, caderno que não foi escrito.
12 Ver supra, p. 12, n. 4. Foi em 14 de setembro de 1915 que J. Copeau encontrou pela primeira vez Craig em Florença (cf. diário de J. Copeau).

costumes teatrais abjetos, por um impulso de moralidade literária. Estou no teatro há apenas um ano. Desde que tive contato com ele, compreendi que é preciso refazer tudo dentro dele, tudo recompor, e essa é uma das razões pelas quais desejei encontrar "such a craftsman as Craig is" (um artesão como Craig). Filho de Ellen Terry e de um arquiteto, Craig nasceu dentro do teatro. Conhece tudo do fenômeno teatral, por herança, por experiência, por erudição e por especulação. E, como sempre, eu me sinto aqui tão inferior ao meu interlocutor. Tenho tudo que aprender com ele, ele nada comigo. Tenho consciência de não ter nada para lhe dizer que o possa interessar, medo de o decepcionar e de o aborrecer imensamente – ainda mais que o seu entusiasmo natural tinha esperado muito do nosso encontro. Deixo que fale. Estou com um nó na garganta, com os olhos dilatados. Ele fala a torto e a direito, mostra-me livros, gravuras, faz com que eu sinta a minha ignorância.

Um perfeito cosmopolita. Muito inglês nisso, *half English*, *half Irish* (metade inglês, metade irlandês), diz ele, por sua necessidade de clareza, de ordem nos assuntos. Ao mesmo tempo muito positivo e muito quimérico. Nele surgem nitidamente dois homens distintos, em momentos diferentes. Um rapagão de olhos claros, de rosto sorridente, aberto, radiante, leve, espirituoso e sarcástico, pronto para o entusiasmo, para o arrebatamento, que ele expressa com sínteses geniais, por meio de caretas, de cambalhotas e agitando a sua massa de cabelos grisalhos. Depois, quando esbarra com uma objeção, ou com uma dificuldade, quando fica contrariado, o rosto se contrai, se desseca, perde qualquer aparência e qualquer brilho, torna-se incisivo, duro, e os seus defeitos aparecem. Pega a própria cabeça convulsivamente e exala uma espécie de pequeno estertor[*]. Mas

---

[*] O autor diz que Craig "pousse un petit râle". Pode-se também pensar que Craig solta um leve resmungo, ou um grunhido baixo... Os franceses possuem a expressão: "C'est un râleur" (É um resmungão), para alguém que reclama de tudo. É sabido que Craig tinha um temperamento irritadiço. Lembro que nos anos de 1970, num seminário de doutorado na Universidade de Paris VIII – Vincennes, André Veinstein mostrou a seus alunos um filme em que entrevistava EGC em inglês. Encarregado pela Biblioteca do Arsenal, Veinstein fora ao sul da França, onde residia Craig, para negociar a compra de maquetes do artista. Este, que morava há muitos anos na França, queixava-se em voz alta à sua filha de não entender o inglês do seu interlocutor. E resmungava, como um autêntico "râleur"; um resmungão de marca maior (N. da T.).

isso passa logo. Prevalece a vivacidade graciosa que ele possui: "You know I am such a stupid fellow... I may catch some things at a glimpse, but can't learn anything. I am like a big potato with some sproutings here and there... But I think I am a little bit of an artist. That's all" (Sabe? Sou um burro daqueles... Talvez eu pegue algumas coisas de relance, mas não consigo aprender nada. Sou como uma batata grande com alguns brotos por toda parte... Mas creio que tenho algo de artista. É isso).

Primeira visita à Arena Goldoni. Entra-se numa velha igreja desativada, cheia de livros, de pastas com desenhos, de gravuras, de maquetes, de vitrinas com máscaras, marionetes, fragmentos de figurinos etc. Numa prateleira, o espelho diante do qual Tommaso Salvini se maquiou durante toda a vida e que ele deu para G. C. Ao lado, o espelho de Henry Irving. Passa-se daí para o palco atapetado de relva e mobiliado com uma pequena casa de um andar, de madeira, que o próprio G.C. construiu para si mesmo e na qual muitas vezes ele chega a passar a noite. Rede, cadeiras de descanso, mesa. Toda uma série de sinetas de terracota, penduradas num fio. E diante de nós a "Arena" ao ar livre, com os seus degraus circulares de tijolo. Uma jovem catalpa* cresce no meio. Diversos redutos e quartos contêm a biblioteca, os vários estúdios, o ateliê dos torneiros e dos eletricistas, o dos carpinteiros, e as muitas maquetes de teatro nas quais G. C. trabalha. Eu as vejo rapidamente. Seja por eu não mostrar bastante entusiasmo, seja por ele pouco se interessar em mostrá-las a mim pormenorizadamente, Craig deixa recair o véu que as cobre, dizendo a cada vez: "Unfinished" (Inacabada)...

---

* Árvore da família das bignoniáceas, originária da Carolina. Possui folhas muito grandes e dá flores em cachos (N. da T.).

Adolphe Appia[13]

Quando o conheci, em Glérolles, às margens do lago de Genebra, onde Dalcroze me havia pela primeira vez levado até ele, Adolphe Appia já era aquele solitário magnífico e sorridente junto de quem passei tantas horas inesquecíveis: de barba grisalha e longa, de cabeça erguida e singularmente forte, encimada por um topete níveo, de olhos cintilantes e largos sempre um pouco úmidos, de boca sensual por onde a palavra saía com hesitação, às vezes como um arrulho, às vezes explosiva. Appia era ligeiramente gago. E esse defeito acrescentava, indubitavelmente, uma apreensão à sua timidez congênita. Embora amasse a sociedade e ficasse feliz em agradar, embora na amizade e na arte, dizia ele, necessitasse de presença real, com frequência ele temia o contato com o mundo. Chegava a renunciar bruscamente a uma visita, a uma entrevista, ou a deixar, sem motivo aparente, uma reunião, uma sala de espetáculo, para sair, para respirar. Sua suscetibilidade nervosa era extrema. Foi por isso que realizou tão pouco em cena. Não somente qualquer concessão, mas o menor contato com as contingências, o menor oportunismo eram intoleráveis para ele. E não devemos nos queixar disso nem o criticar por isso, nem ver uma dimensão do seu

---

13 Adolphe Appia (1862-1929), nascido em Genebra, fez sólidos estudos musicais que o conduziram ao teatro. A descoberta da obra e das ideias de Wagner foi-lhe decisiva. Insurgindo-se, porém, contra o realismo das realizações cênicas de Wagner, Appia se retirou para o campo e começou, como teórico, uma reforma do teatro. Essa meditação foi acompanhada por uma pesquisa intensa e concreta, por esboços de cenário, por encenações escritas.
  Em 1906, o encontro com Jaques-Dalcroze e a revelação do seu método de ginástica rítmica desembocaram numa calorosa colaboração entre os dois artistas.
  O conjunto das maquetes de Appia, e os seus ensaios, na maior parte concebidos fora do teatro, aparecem como a própria fonte das ideias e das produções mais originais da encenação e da cenografia modernas.
  "Se for possibilitado àqueles que nos seguirem restabelecer um dia, em toda a sua dignidade e em todo o seu brilho, a arte suprema do teatro, então se poderá mensurar o que é devido ao genial, ao simples, ao modesto Appia" (J. Copeau, artigo de *La Nación*, 16 de abril de 1928: Adolphe Appia et l'art scénique).
  Do mesmo artigo de Jacques Copeau é extraída a primeira parte desse encontro com Adolphe Appia; a segunda, em 25 de junho de 1916, provém do diário de J. Copeau, 1916. Foi em outubro de 1915, regressando de Florença, que J. Copeau encontrou pela primeira vez Appia, em Rivaz, para onde Jaques-Dalcroze o havia levado.

gênio nessa abstenção. Ao contrário, talvez ele se tivesse diminuído tentando superar essa impossibilidade do seu temperamento: "Não sou feito, infelizmente, para a ação direta" – me escrevia ele –, "e tenho que me refugiar no grafite do meu lápis". Ele fez tanto por nós, com esse grafite de lápis, que não precisamos lhe pedir mais. O seu espírito só reinava e só desabrochava nas regiões em que não se levantam as resistências mesquinhas do ofício. Mas ele não se perdia em divagações. As descobertas que fez são positivas. Elas punham debaixo de seus pés, como ele dizia, um terreno sólido. Appia não era um sonhador, um místico. A realidade cênica morava nele, mais viva do que a vemos no teatro. Ele tampouco sentia desprezo por esforços mais modestos, mais relativos do que o dele. Admirava o *heroísmo* de certos oportunistas. Nunca se sentia orgulho nele, mas pudor. A feiura ou a baixeza ou o virtuosismo ou a banalidade do teatro o *enrubesciam*. Os "bastidores" lhe causavam arrepio. Ele trabalhava ao ar livre, caminhando, à beira do lago ou na floresta. Ainda o vejo, quando veio ao meu encontro em Glérolles: grande, ereto, decidido, de cabeça erguida, com o andar harmonioso, com as belas pernas modeladas nas meias de lã, e toda a silhueta se destacando da cortina de ouro amarelo tecida, por detrás dele, pelos vinhedos de outono.

....

Eis o primeiro grande mérito de Appia, mérito que ele compartilha com Gordon Craig: saiu e fez com que, junto com ele, saíssemos do teatro. Negou e repudiou o teatro, por amor dessa arte viva. Fez com que o teatro recobrasse raiz e seiva em outro lugar que não fosse entre as tábuas empoeiradas do "palco" profanado. Ele furou o teto dessa caixa de prestígios medíocres: entrou ar e vimos o céu. Com a vida, as ideias de grandeza e de estilo se tornaram claras para nós e, para servi-las, voltamos aos princípios eternos.

Para expressar o essencial é preciso dizer que, músico e arquiteto, Appia nos ensina que a duração musical, que envolve, comanda e regula a ação dramática, engendra, por isso mesmo, o espaço em que esta se desenvolve. Para ele, a arte da encenação, em sua pura acepção, nada mais é do que a configuração de um gesto ou de uma música, tornada sensível pela ação viva do corpo humano e por sua reação às resistências que lhe opõem os planos e os volumes construídos. Daí o banimento, em cena, de toda e qualquer decoração inanimada, de todo e qualquer telão pintado; daí a predominância do praticável e o papel ativo da luz.

Ao dizer isso, tudo foi dito, ou quase. Sustenta-se uma reforma *radical* – Appia gostava de empregar essa palavra –, possuímos um *dado cênico* que nos une às tradições mais antigas, e cujas consequências e variações podem se desenvolver quase infinitamente.

25 de junho de 1916. No dia 25, domingo, vou a Rivaz. Appia vem ao meu encontro na estrada, como da primeira vez.

Mal entramos em seu quarto e sentamos frente a frente, cada um de um lado da janela aberta, jogamos coisas um na cara do outro (a expressão é dele*. Com ardor, com paixão. E a paixão é bela nesse rosto quase velho. Uma comunhão se estabeleceu, mais viva do que ele previa, porque vou direto às questões que ele não acreditava serem familiares a mim. E muitas vezes ele suspende a sua frase para piscar o olho para mim e me fazer um pequeno sinal com a mão, dizendo: "Bom dia, Copeau, estou contente".

André Antoine[14]

Percebo hoje a figura de Antoine. Ela nem sempre sorriu para mim. Mas sempre gostei daquele operário sanguíneo. Primeiro porque devo a ele algumas emoções inapreciáveis da minha juventude. E depois conheci poucos homens cuja pessoa e cuja vida inteira tenham expressado tão fortemente o amor ao teatro. Não o vi muito no proscênio. Muitas vezes, porém, eu o observei em sua função de espectador. Entre as figuras

---

* Forçando um pouco, poder-se-ia dizer, coloquialmente, que eles "caem de ponta-cabeça", com vontade, ou que "mergulham de cabeça" em sua conversa (N. da T.).
14 Ver supra, p. 27, n. 9.

distraídas, flutuantes, engraçadas, que mobiliam uma sala de ensaio geral, o seu rosto endurecia. Fechado, tenso, poderosamente concentrado no palco, ele respirava com o ator. E todos os movimentos do drama deviam passar por seu corpo. Ele escutava e olhava, um pouco como Lucien Guitry escutava e olhava, quando este nos dava a honra de vir sentar na primeira fila da nossa plateia, instalando-se como um ogro à mesa do proscênio. Nem sempre Antoine nos compreendeu. No entanto, mostrou-se generoso, desde o início de nossa carreira, como alguém mais velho que se afasta tentando sorrir. Não esqueço que ele nos prestou socorro, no perigo. Quando apresentamos *Le Paquebot Tenacity* (O Paquete Tenacidade), de Vildrac, e *Le Carrosse du Saint-Sacrement* (A Carruagem do Santo-Sacramento), Antoine disse: "É sobre esta casa que a estrela nascerá".

Eu mal saía da infância quando veio o tempo de escapar da casa paterna para assistir um pouco ao acaso a representações cuja entrada eu pagava com peças de dez tostões acumulados um por um. Naquele tempo, os lugares mais caros no teatro não eram superiores a cinco ou sete francos.

Um dia, eu estava no Ginásio, onde era representada *L'Âge difficile* (A Idade Complicada), de Jules Lemaître. O pano subiu diante de um cenário de jardim. Ao redor de uma mesa de ferro, várias personagens tomavam café. Uma delas, um senhor grisalho, sem tomar parte na conversa geral, esvaziava a sua xícara em pequenos goles, enquanto fumava um cigarro. O modo de fumar aquele cigarro, o modo de fazer com que a cinza caísse, o modo de manejá-lo entre o polegar e o indicador, o modo como os seus olhos de pálpebras pesadas piscavam sob a carícia da fumaça, o modo como as rugas da testa e o arco das sobrancelhas acompanhavam os movimentos das pálpebras, enfim, a maneira como essa mímica, que era incorporada à sua atuação, servia e alimentava essa atuação, entrava na ação muda de acompanhar a conversa geral – tudo isso excitava e retinha a minha atenção apaixonada. Eu compreendia a que ponto uma mímica exata e vigorosa tem importância no jogo do ator para conquistar o espectador.

Aquele que me dava aquela lição era André Antoine, fundador do Théâtre Libre. Depois ele me deu muitas outras, pois eu o acompanhei em todos os seus papéis, no bulevar de

Estrasburgo, desde o Père Bourret de *Blanchette* (Branquinha) até M. Lepic em *Poil de Carotte* (Pega Fogo).

Antoine e eu tivemos relações singulares: um dia, já não sei por que estratagemas, ou graças a que cumplicidade, eu conseguira me infiltrar na plateia do Théâtre Antoine, onde estavam ensaiando com figurinos, pela última vez antes do ensaio geral, *O Rei Lear*, de Shakespeare. Aninhado na sombra, bem no fundo da sala, eu acreditava estar em segurança. Antoine estava em seu trono (ele desempenhava o papel de Lear), esmagado embaixo das pregas de uma capa que o incomodava muito, prisioneiro de uma enorme barba branca cujos pelos cuspia de vez em quando, agitando um cetro com o qual ameaçava ora os atores abatidos, ora os figurantes inertes, procurando o seu texto, que ele não sabia – que ele nunca sabia, o que é bem natural num diretor, garanto –, piscando o olhinho terrível seja na direção da coxia, seja na direção das varas, para verificar uma luz ou o aprumo de uma folha de cenário, interrompendo a fala dele para injuriar, na língua do subúrbio, um diretor de cena ofegante, que não devia ter almoçado, naquele dia... De repente, embora a ação não parecesse comportar aquele jogo de cena, vi Antoine – ou melhor, o rei Lear – se levantar do trono, descer os degraus, empunhando o cetro, como um homem das cavernas a sua clava, ir até a beira da cena, transpor, levantando a veste, a pequena passarela que ligava o palco à plateia, arremeter pela plateia afora e cair diretamente, de ponta-cabeça, em cima da pobre coisinha toda trêmula que era eu. Eu tinha diante de mim, acima de mim, ao meu redor, aquele rosto pintado, aquela barba, aquele cetro, aquele manto, aqueles dois olhinhos terríveis, enfim toda a majestade de Antoine animando e decuplicando a majestade de Lear em pessoa. A boca se abriu. Fechei os olhos. E ouvi uma voz de estentor gritar por cima da minha cabeça: "Mas Deus do céu! Que é que você está fazendo aqui?..."

Foi assim o meu primeiro encontro com um mestre de quem me honro por ter ficado seu amigo.

Outra lembrança de Antoine data de 1913. Era por volta do final da sua carreira no Odéon. Eu me preparava, então, com alguns jovens atores e alguns artistas, para inaugurar o Vieux Colombier. Eu me tornava vizinho de Antoine.

Fui visitá-lo. Ele me recebeu um pouco rapidamente, mas com bondade e simplicidade, à porta do seu gabinete. E, alguns dias depois, no final de uma conferência dele para os assinantes do seu teatro a fim de expor a eles o programa da temporada que, infelizmente, não haveria de levar até o fim, ele se dignou a recomendar-lhes ou, se não a lhes recomendar, pelo menos a lhes indicar o nosso empreendimento, o que, para nós, meros principiantes, equivalia a um verdadeiro batismo. Lembro o quanto fiquei comovido, grato por essa generosidade. Ele nos levava a sério. Encorajava seriamente aqueles que o haviam seguido a nos dar atenção. E esse pequeno discurso terminava com uma exortação que não era sem mérito na boca de um velho leão ferido: "Só tenho uma coisa a lhes aconselhar" – nos dizia ele –, "mais ou menos o que Henri Becque nos aconselhava a nós mesmos, quando começamos: Avante, juventude, e passem por cima do nosso corpo!"

Por sua vez, cada um adota aquela maneira brusca e paternal em relação à geração que sobe. Quanto a Antoine, ela estava realmente em sua natureza. Ele criou no proscênio uma tradição de brutalidade que muitos outros, depois dele, tiveram tendência a confundir com a autoridade. Seja como for, repito: foi um homem que amou o teatro. Não conheci outros que o tenham amado a esse ponto, nem que lhe tenham dado mais da própria pele – a não ser, talvez, Pitoëff, que lhe sacrificou, literalmente, a vida. Antoine caiu antes da hora. Jamais compreendi que ele não tivesse se erguido novamente. Algo se quebrara dentro dele. Quando fui vê-lo, em seu apartamento da Place Dauphine, pouco tempo depois de sua falência do Odéon, como eu procurasse saber sinceramente o que se poderia fazer por ele: "Não, não", me respondia ele, "deixe-me em paz. Por mais que você me trouxesse milhões, eu não conseguiria voltar. Isso já não me diverte!"

Ele continuou, porém, durante muitos anos, a se "divertir" em torno do teatro. Fazendo artigos de crítica, lendo manuscritos e, principalmente, indo ao cinema.

Seus anos de velhice tiveram a paixão pelo cinema. Ia ao cinema todas as noites. Nele encontrava como que a realização de todos os seus sonhos. Eu, que não compartilho em grau algum dessa paixão, eu a compreendo em Antoine. Compreendo que esse cúmulo de realismo possa ter-lhe inflamado o cérebro. Ele que havia buscado e acima de tudo amado em cena a verdade material, a naturalidade dos objetos, via na tela a sua ambição realizada: a água que corre, o fogo que arde, as folhagens agitadas pela brisa…

Mas eu queria evocar mais uma imagem do meu velho mestre. Ela se refere aos últimos anos da sua vida, quando, livre de tudo, ele vivia, num hotel da rua de Rivoli, em dois quartos de onde se via o jardim das Tulherias se desenrolar. Eu ia visitá-lo com bastante frequência, de manhã bem cedo, e o encontrava ao levantar da cama, diante da sua mesa de trabalho. Foi aí, penso eu, que tivemos as nossas melhores conversas, as mais íntimas. Ambos ainda alertas, tão diversos quanto possível pela corpulência, pelo aspecto e pelas ideias, mas tendo em comum o mesmo amor para com o teatro, experiências mais ou menos idênticas, dissabores semelhantes, a tal ponto que Antoine, rindo, acabava por dizer: "Apesar de tudo, é verdade que somos parecidos!"

E era verdade, palavra de honra! Assim, saindo desses encontros, muitas vezes lamentei que nunca tivéssemos conseguido travar uma verdadeira amizade. É difícil, no teatro!

À medida que Antoine envelhecia, eu o senti afastar-se, fechar-se, perder-se ao longe. Parece-me que ele desconheceu uma época que já não era a dele, e que a desconheceu com um semblante de amargura.

Ele morreu bem longe de nós, numa espécie de névoa marinha, ao pé de um fogo fraco de viúva, lendo velhos almanaques. Desapareceu no meio de um tempo horroroso, em que os homens parecem ter feito questão de manifestar que estão mais estúpidos do que nunca, e que sem dúvida alguma nem os poetas nem os artistas jamais conseguirão corrigir a sua natureza infecunda.

Stanislávski

Passados 28 anos de tentativas, de trabalho e de realizações, aqueles que seguem Stanislávski podem acreditar que ele esteja no apogeu. Parece que só lhe resta relaxar. É o momento em que vemos que ele para a fim de se interrogar impiedosamente e se desiludir de si mesmo. Não questiona o grau de realização da sua arte, mas a própria natureza da sua pesquisa. Sabe que enriqueceu, que transformou o velho instrumento do teatro até o tornar quase irreconhecível. Sim, mas esse é apenas um trabalho superficial, que não atinge a essência, que não reabriu nenhuma fonte. Inteligência, gosto, perseverança, e o dom de insatisfação próprio às grandes consciências fizeram com que progredisse até o extremo limite do aperfeiçoamento. Ele atinge o virtuosismo. Não é um renascimento. Stanislávski sente-se invadido pela aridez. Já não tem campo diante de si, já não tem perspectiva. O que tinha para dizer já foi dito? A forma dramática que ele acreditava suscitar, mas que, na verdade, era somente a herança de uma tradição esgotada, a do século XIX, em suas mãos se consumiu, desfez-se? E Tchékhov, que parecia ser um iniciador, não terá marcado em sua arte apenas um ponto de conclusão?

Então, abre-se uma era de investigações inumeráveis e pouco fundamentadas: a pesquisa pela pesquisa. Stanislávski leva os colegas com ele ao berço do Teatro de Arte fora da cidade, em Puschkino. Ele se volta para a juventude. Pede a ela o revigoramento, excessivamente feliz se pudesse receber dela uma revelação. Mas possui tanta experiência, tanta gravidade, tanta perspicácia que não se deixa impressionar por tentativas artificiais e pretensiosas nas quais todo o talento do encenador "só conseguia fazer uma demonstração das próprias ideias, dos próprios princípios, das próprias pesquisas ingênuas", e de onde *a vida* estava ausente. Ora, na falta de vida, as intenções mais interessantes só caem na seca teoria, numa fórmula científica que não provoca no espectador nenhuma reação íntima.

A primeira revolução liquida brutalmente aquela série de experimentações. O presságio de uma convulsão social forma um plano de fundo trágico para as angústias da consciência artística. Tchékhov morreu. Morozov morreu. O verão de 1906 encontra Stanislávski na Finlândia. Toda a sua vida torna a passar diante dos olhos dele. Todas as noções da sua arte são retomadas, uma a uma. Ele mergulha na negação. Está completamente só. A desconfiança, a zombaria, a hostilidade crescem ao seu redor. Daí em diante, em sua narrativa, o *eu* vai substituir o *nós*, que ele empregava com tanto amor. Stanislávski prossegue em relação a si mesmo e por si mesmo as observações que o conduzem a uma concepção cada vez mais interior e cada vez mais despojada dos meios da sua arte. Ele já não dá crédito à dominação do encenador sobre o intérprete. Também não dá crédito aos prestígios da decoração cênica. Reivindica um tablado nu para o ator soberano. Concentra a sua única preocupação, o seu recurso, a sua esperança, no desenvolvimento futuro do ator, não como instrumento, mas como fonte criadora de vida artística, de emoção verdadeira. O que ele busca são as leis profundas de uma disposição criadora no ator, "a condição favorável à aparição de uma inspiração por meio da vontade"... E mais uma vez, com a ajuda de Sollerjitski, que compreendeu e compartilha da sua solidão e das suas dores, Constantin Stanislávski apela para os jovens, para alunos, para figurantes, para sair do teatro, para se instalar no campo, formar o núcleo de uma comunidade nova, de uma confraria de atores, e recomeçar tudo. No entanto, falta disciplina às gerações pré-revolucionárias. Os estúdios, que se multiplicam, se isolam uns dos outros. Passam rápido demais da experimentação à exploração comercial, e por si sós tornam-se seu próprio fim. Estamos em 1913. Rebenta a guerra. Depois a segunda revolução. Stanislávski sente a ruptura definitiva: "Já não acredito" – diz ele –, "que possa compreender muita coisa, em suas bases, das aspirações da juventude de hoje. É preciso ter coragem para reconhecer isso..."

Foi excessivamente fácil, para espíritos superficiais e partidários, identificar a personalidade genial de Stanislávski com os erros de um realismo ultrapassado. Nada mais injusto nem mais falso. Acreditaram rebaixar o mestre para beneficiar os homens novos que, oriundos dele, opuseram-se naturalmente a ele, fundamentando a sua originalidade numa contradição por assim dizer sistemática. Creio que seria mais razoável observar que o extraordinário movimento teatral da Rússia soviética estava totalmente em suspenso e em potência na lição de Stanislávski, da qual esse movimento deriva, deformando-a. "Os fabricantes de sistema valorizam algumas noções e, para proveito próprio, desprezam e reprimem todas as demais..." Essa frase do padre Sertillanges descreve muito bem a atitude de certos inovadores. Poderia ser aplicada a eles a frase de Pascal sobre os casuístas: "Possuem princípios verdadeiros, mas abusam deles", ou a de Talleyrand: "Tudo o que é excessivo é insignificante". Stanislávski faz alusão, em seu livro, àqueles homens "que só criam com a cabeça", e "que se pintaram com uma cor nova". Assim se expressa o sentimento dele a respeito de uma arte totalmente cerebral, simplista, sem profundidade. Com a mesma moderação, escreve o seguinte: "As primeiras tentativas para alguma coisa nova permanecem quase sempre desconhecidas e subestimadas. Aparecem outras pessoas que utilizam a novidade, a mostram ao grande público numa forma popular, e recolhem louros que não lhes pertencem". Tal é o conflito natural entre um velho mestre de formação clássica, cujo saber amadureceu lentamente, e os seus jovens discípulos imbuídos de espírito revolucionário. Estes, brutalmente impelidos pelo acontecimento, por sua vez, empurram para o primeiro plano, isolam em plena luz os elementos por eles destacados de um pensamento original em que eram menos visíveis, menos sensacionais, por causa da ligação que eles sustentavam com o conjunto e devido ao equilíbrio que os forçava a se harmonizarem. Talvez baste notar com que rapidez fulminante e com que servilismo ingênuo os encenadores do mundo inteiro se apropriaram dos procedimentos mais recentes da arte teatral soviética. Ninguém imitará a arte de Stanislávski. Ele não cabe numa fórmula. Possui segredo próprio. Para surpreendê-lo, será preciso igualar-se a ele.

Caro Constantin Stanislávski, eu nunca tive um guia na minha arte. Jamais conheci aquela presença viva, familiar e temível, rude e terna, que a cada dia, por meio da doação que nos faz de si mesma, parece ter direito de exigir de nós o melhor.

Mas entre aqueles cuja palavra me instruiu, cujo exemplo me amparou, é o senhor, caro Constantin Stanislávski, que eu gostaria de ter chamado de meu mestre. Talvez o senhor recusasse o título, já que escreveu: eu sei que nada sei... Então, eu lhe direi que o amo por causa da sua modéstia, por causa da sua grandeza e da sua intrepidez[15].

15 J. Copeau, Prefácio à Stanislávski, *Ma vie dans l'art*, p. 10-14.

Crítica

> *Caro Insubmisso... Muitas vezes chego a me perguntar se não é esta a minha verdadeira vocação: exaltar o pensamento alheio pela inteligência que tenho dele. Talvez eu seja apenas isto: uma inteligência ativa, algo intermediário entre o crítico e o criador. Tenho no coração ânsias de poesia. Talvez me falte sempre aquela decisão que é uma boa parte da faculdade criadora.*
>
> Carta a A. Gide, 7 de maio de 1912.

SOBRE A CRÍTICA NO TEATRO

Sim, é "um trabalho duro e ingrato" prestar conta, dia a dia, da produção teatral. Trabalho duro e monótono, e perigoso. É concebível que, com o passar do tempo, um talento de escritor nele se deforme, que nele se consuma a virtude de um espírito reto... Primeiro, seria necessário indicar em que meios, com que influências, um crítico dramático recebe as suas impressões e prepara os seus julgamentos. Seria preciso pintar as salas de espetáculo em que, entre a frivolidade geral, ninguém sabe – ficando no seu canto – preferir ao encanto das conversas o prazer de pensar certo, a felicidade de falar a verdade. Aí, na atmosfera mais artificial, friccionadas, fascinadas, atacadas, contrariadas por todos os lados, a atenção se afrouxa e a emoção se altera, o pensamento ainda novo e pouco seguro de si se deforma e se corrompe.

Mas o que deve, sobretudo, enfraquecer os mais talentosos dentre os nossos críticos dramáticos é, penso eu, a obrigação, a que se submetem, de se interessar constantemente pela mediocridade. Por cansaço, mais do que por bondade, eles compõem com ela. Por pudor, também, como se houvesse uma parte de louvor a si mesmo na repreensão que se inflige a outrem. Por malícia, enfim, e preocupação em não se enganar: na verdade, não seria ridículo formular as questões essenciais perante obras em sua maioria tão pouco amadurecidas, e parecer levar a sério o que é apenas uma ninharia? Quanto mais um crítico dramático tiver valor pessoal e renome literário, menos deixará de ter desculpas, obviamente, para desempenhar o seu papel com leviandade. Ele "se sai bem" com um ar de indolência, e até de negligência... Ou melhor, ele não se sai totalmente bem. Pois a sua boa-fé é um jogo: amanhã alguém o verá defender com animação as pobrezas a que, ontem, ele só pensava dispensar complacência provisória. Pelo respeito que possui de si mesmo, para fingir não se ter rebaixado no seu elogio, fingirá elevar até o seu louvor o que este fora tocar excessivamente baixo. Nesse ponto, não acredito que ele esteja muito longe de realmente confundir o bom e o mau, e de perder em discernimento o que o seu caráter se dispunha a recuperar em nossa estima.

Concedamos que convenha imputar, em parte, à indigência dos criadores o enervamento dos críticos. Mas não se vê, também, que a apatia destes últimos favorece estranhamente o nascimento, a difusão, o sucesso de uma produção deplorável?... Em que círculo estamos enredados! Pois, se o nosso teatro se tornou o lugar das mais baixas cobiças, se os seus costumes degeneraram, se a cultura, a direção, a consciência e a energia estão ainda menos presentes nele do que o talento, não teremos necessidade, sobretudo, de um rude censor, de um homem honesto e esclarecido, que sem trégua denuncie a fraqueza e a desordem, desmascare a mentira, reúna os desgarrados em torno de ambições mais puras, menos efêmeras, propondo a eles os grandes exemplos e os modelos perfeitos?

Tocamos numa questão que eu gostaria que fosse vista como essencial. Trata-se de saber em que terreno o crítico se situará e situará com ele as obras por ele consideradas, qual será o seu ponto de vista, a partir de que padrão pautará o seu julgamento, em que taxas fixará a sua estima. E antes de tudo fico admirado de que os autores, não os piores, mas aqueles que pertencem ou acreditam pertencer à literatura, mostrem ao mesmo tempo tanta vaidade e tão pouca pretensão. Eles são ávidos de elogio e até de bajulação. Se, porém, as pessoas os censuram, imediatamente as acusarão de invocar uma perfeição que não poderia, justamente, ser tida como regra; de desservi-los por meio de comparações desproporcionadas; de humilhar a boa vontade deles com golpes que desabam das alturas. E foi assim que os críticos aceitaram como palavra de ordem incensar autores fracos lembrando-se que existem outros que são ainda mais insignificantes, ressaltar as obras imperfeitas valorizando em proveito delas a mediocridade da produção corrente. Ao ouvi-los, dir-se-ia que deveríamos perder a esperança em nosso tempo, e que a época das grandes produções do espírito tivesse passado para sempre. Restringem o seu ofício a esbanjar estímulos obsequiosos à média dos escritores, enquanto tantos dentre eles devem ser desestimulados. Só os ocupam questões pessoais, questões de conveniência e de relatividade. Deixaram de se preocupar com aquela soma anônima de beleza que toda e qualquer época está incumbida de produzir. E o pior é que essa atitude dos críticos se impõe à aprovação porque parece ser – com alguma razão, admito – a mais modesta, a mais conveniente, a mais justa... Eu a considero prejudicial, e sustento que a missão do crítico não é poupar os nervos de seus contemporâneos. Por mais que parecesse mal-humorado ou ridículo, por mais que ficasse cego a certos méritos secundários, quero que, seguindo o exemplo de um clássico, ele recorra junto aos mais ilustres dos autores antigos da qualidade das obras novas; quero que ele repita para si mesmo, com Goethe: "Não se deve estimular a produção de obras supérfluas quando existem tantas necessárias que não são realizadas... Pois somente as obras extraordinárias são úteis ao mundo". Quero, por fim, que ele seja sincero, grave, profundo, sabedor de que está investido, como o poeta, de uma função criadora, digno de colaborar para a mesma obra que ele e de carregar, como ele, a responsabilidade da cultura.

Stendhal escrevia: "É impossível para franceses que moram em Paris dizer a verdade sobre as obras de outros franceses que moram em Paris". E eu me lembro da palavra de um crítico a quem eu censurava por ter estendido talvez um pouco longe demais o elogio de uma peça recente. Ele me respondeu: "Ah, meu caro, sem isso *não se poderia viver!*" Observarei, de passagem, que o tom da polidez reinante talvez tenha falseado o tom da crítica? A correção e até a cordialidade passam agora por frieza e desdém. Existe, nas relações mais exteriores, um acréscimo de dispêndio amoroso, um redobro de termos entusiastas. Pessoas que se conheceram ontem se aproximam com rostos convulsionados pela emoção, e grandes gritos e grandes gestos e declarações públicas exageram "o furor de seus abraços". Espantem-se, depois disso, de que um autor se lamente por permanecer desconhecido se, no favor público, ele não funcionar como Racine ou Shakespeare! Certo jovem foi visto invectivando certo crítico que lhe causava grande dano *por não elogiá-lo suficientemente!*

Não é só. Por estar constantemente em contato com os autores do teatro de bulevar, por cultivar por interesse, por fraqueza, por diversão, ou simplesmente por efusão sentimental, as suas camaradagens condescendentes, adquire-se um sentimento quase angustiado das contingências que os regem. E isso pode, em muitos encontros, paralisar o julgamento ou o intimidar. Ao ouvir a peça, pensa-se no dramaturgo, em sua boa vontade, a qual ele expressa de modo comovente na conversa; na excelência das suas intenções, que recentemente ele confiava às pessoas; em suas esperanças, em suas contrariedades, em suas necessidades. Ao escrever o artigo, não esqueceremos que a vida parisiense está cheia de exigências, que a carreira de um homem de letras é perigosa, em suma, que é coisa difícil escrever uma comédia, e coisa ainda mais penosa fazer o seu lançamento. E se não falsificamos o próprio pensamento, nós o exageramos um pouco, ou o conduzimos por subterfúgios que o afastarão dos pontos delicados. Em vez de requerer a beleza, argumentamos em favor de um rapaz simpático. E não posso dizer que seja muito chocante ver o elogio ser premente, o tom se elevar naturalmente no estilo de um crítico, quando se trata de fixar a atenção do público para certos homens que são do seu círculo e da sua geração. Ele se lançou com eles, compartilhando dos seus sonhos; conheceu as suas melhores promessas, assistiu à gênese de suas obras, que são um pouco as dele, sofreu com os seus dissabores. Para ele, é um dever do coração, uma felicidade sentimental trabalhar para o sucesso deles, para o sucesso que, indubitavelmente, ele próprio não requestaria, mas que deseja para os seus amigos, e cuja espera acaba por ocupar todo o seu pensamento... Novamente, talvez isso não seja muito grave. A partir de então, porém, se compreende em favor de que sentimento, louvável em si, a noção de *sucesso* usurpa um lugar indevido no espírito do crítico; de que modo o escrúpulo de atrapalhar um sucesso poderá, com excessiva frequência, fazer com que a sua sinceridade hesite; por que insensível propensão ele será levado a reconhecer que "*nenhuma ambição é mais natural*" do que a de compor uma peça que se representa 150 vezes. [...]

Que esperança teremos de ver a ocorrência de uma reação salutar e de porventura se elevar o tom dos dramaturgos, quando, espontaneamente, o mais avisado dos críticos se afina pelo diapasão da produção corrente? Existe nisso como que uma pequena traição. Escrever artigos brilhantes, disertos, eruditos, tendo um valor literário próprio: em nossa opinião, isso não é um mérito bastante grande, um mérito bastante raro. A arte de manejar os pensamentos permanece fria, se os pensamentos não vêm de mais longe do que da cabeça. Precisamos de julgamentos que envolvam o juiz, que o descubram. E se a opinião de alguém não for bastante cara a si mesma, se não for bastante íntima, se a própria pessoa a considerar de tão pouco valor, de tão pouco peso e de tão pouca oportunidade que só a possa aventar com um ar de prudência e de indiferença, então não deverá se pôr a escrever. Ou se pensar mais sobre isso do que o disser, a sua reserva nos estará enganando. [...]

Bem sei que se pode contestar à crítica mais vigorosa uma influência sobre o gosto público e sobre a moralidade dos autores, e mais ainda sobre o destino das obras dramáticas. Assim, pedirei que ela não seja considerada vã quando se mostrar perfeitamente inútil. Dir-se-á que é pouco caridoso e até bastante ridículo armar-se com toda a sua eloquência contra pequenas comédias cuja insuficiência é evidente a todos? Responderei que, em geral, a insuficiência não é evidente para ninguém; que, de resto, temos perante nós mesmos a obrigação de nos opormos, segundo os nossos meios, às empresas muito amplas que são vistas hoje em dia se fundamentar na credulidade das pessoas; que, por fim, de bom grado poríamos uma surdina em nossa indignação, se tantos assalariados e tantos tolos não incensassem cotidianamente certas asneiras, se a especulação e o blefe não estivessem tão poderosamente organizados que transformassem em obras-primas, de um dia para outro, as mais fracas improvisações. "Quando um autor" – escreve o sr. Blum – "apresentou, na mediocridade, todo o esforço de que era capaz, haveria como que uma crueldade inútil em fazer, de modo excessivamente categórico, com que voltasse para o seu lugar". Existe crueldade, por certo. Mas não inútil.

1911[1].

CONSELHO

Sei de autores, entre os mais ambiciosos em sua arte, que se gabam de não prestar nenhuma atenção à crítica. Eles pretendem até a ignorar. Não a leem. Nisso se mostram os mais vulneráveis à opinião. Eu os considero covardes. É necessário ter medo de escrever, caso se tenha medo de ser julgado. Na verdade, nada nos é mais precioso, não existe nada que procuremos mais do que um verdadeiro julgamento sobre o nosso trabalho. O que nos fere não é tanto considerá-lo severo e até injusto, quanto vago e precipitado, ou preconceituoso, ou mal informado: "O dever de quem quer que pretenda falar ao público das obras de outrem" – diz Paul Valéry – "é fazer todo o esforço que for preciso para entendê-las, e para determinar ao menos as condições ou as restrições que o autor impôs a si mesmo e que se impuseram a ele".

Tal honestidade, que vem do homem e da sua cultura, e de um espírito possuidor de método, não é comum. Principalmente na crítica de teatro. Os nomes que honram a profissão não vão além de três ou quatro. Quando se conhece um pouco sobre uma matéria, fica-se maravilhado com a inexatidão daqueles que escrevem sobre ela. Vivemos em cima de equívocos. Eu reservo a palavra mentira. Rachel não vacilava

---

1 Sur la critique au théâtre, NRF, janeiro de 1911, republicado em *Critiques d'un autre temps*, p. 209.

em utilizá-la. Tratava de assassinos para baixo alguns homens de letras, porque eles destroem. O termo é um pouco forte. Rachel amava o teatro com uma paixão que já não se encontra muito hoje em dia. De tanto falar covardemente sobre todas as coisas, acaba-se, de antemão, sem ligar para mais nada.

Eu gostaria de ver reanimados aquela paixão, aquele respeito do teatro, com o que eles implicam de conhecimentos. Se eu conhecesse o jovem escritor a quem tivesse sido confiada essa tarefa, eu lhe diria:

> Não frequente os ensaios gerais. A conversa dos profissionais não lhe ensinará muita coisa. Ela o irritará ou o dispersará. E você corre o risco de começar aí, prematuramente, os seus julgamentos. Vá ao teatro com o público. Não oponha de modo excessivamente brutal as suas reações às dele. Não analise apenas os seus próprios sentimentos. Mas queira examinar de boa-fé as razões pelas quais o espectador resiste ou se entrega ao espetáculo. Muitas vezes elas são justas, às vezes profundas.
>
> Aprenda a ouvir bem a peça, a ver bem o que acontece no palco. Entre na representação. Isso não é tão fácil. Poucos críticos sabem fazer um relato fiel dela. São distraídos, ou sem memória, ou demasiado impacientes por substituir a obra pelo seu julgamento, obra que deveriam ter primeiro a preocupação de nos dar a conhecer. Trate de prolongar em você, durante o entreato, os sentimentos nascidos da ação. Se a peça for digna disso, você até precisará voltar para vê-la várias vezes, antes de falar sobre ela. Pois não nos contentaremos com impressões, ou com uma opinião leviana. Você tem de formar um julgamento completo. Deve isso ao autor, aos intérpretes, aos seus leitores.
>
> Diga o que pensa, fielmente. É bom, em certos casos, dizê-lo com força. Mas proteja-se do azedume. Exponha claramente o que acredita ser verdadeiro. Não assuma ares de ser o único a deter uma certeza que o autoriza a pronunciar sentenças inapeláveis. O tom de suas severidades não deve fazer com que se esqueça de que você é amigo da nossa arte antes de ser o seu mentor; que a sua função é a de nos ajudar e nos convencer, mais do que a de nos ferir ou de nos prejudicar; e que, por fim, exercemos – você e nós, juntos – o mesmo ofício. Se você falar direito, as pessoas o entenderão. Não fale com muita altivez.

Há muitos anos, eu era encarregado de uma crônica em *La Grande Revue*[2]. Deus sabe que eu me desincumbia dessa tarefa

---

2 Copeau colaborou em *La Grande Revue* de 1907 (data em que sucederia a Léon Blum como crítico dramático) a 1910.

com uma intrépida sinceridade. Muitos me elogiavam porque não vacilava, por exemplo, em denunciar a arte falsa de Henri Bataille, cujo gênio era mais ou menos incontestado na época. Um dia, encontrei Berthe Bady. Por muito tempo, ela foi, como se sabe, a musa e a intérprete do escritor: "Ah, é o senhor" – me diz ela – "que escreve sobre Bataille aqueles artigos pretensiosos..." O ataque me tocou muito pouco, a tal ponto me parecia injustificado. Eu acreditava que ele fosse ditado unicamente pelo despeito. Hoje em dia distingo nele um matiz muito sutil. Eu poderia não ter sacrificado nada do meu pensamento, e ter tornado o interessado talvez mais atento à minha crítica, se tivesse falado de uma altura menor. O mínimo erro de tom pode nos desqualificar. Stendhal disse: "Os cortesãos que julgavam as obras-primas de Racine e de Molière tiveram bom gosto, porque não tiveram a ideia de serem juízes". Não decido se o fato é justo. A ideia o é. Você mesmo a põe no ponto. Não é que eu o convide à complacência. Mas existe uma espécie de prudência, um gosto que, na expressão das opiniões mais sinceras, e até mesmo das mais apaixonadas, são aptos a garantir o puro zelo pela verdade da vaidade pessoal. Paremos de enfatizar as nossas ideias no momento em que vamos começar a valorizar a nós mesmos.

É útil ter uma posição, e a manter. Não se deve abusar dela. Você não será censurado por às vezes se deixar mover pela surpresa ou pelo entusiasmo, por explorar de tempos em tempos o que você não considera certo, por renunciar provisoriamente ao que lhe parece um conhecimento adquirido, por oferecer um pouco de resistência às suas inclinações e convicções pessoais, ou por se inclinar por curiosidade para o que lhe inspira naturalmente desconfiança. É um bom meio de escapar à monotonia e de não cair na aridez. Se tiver doutrina, você não correrá um grande risco ao se deixar levar pela inspiração.

Outro ponto é se informar bem a respeito da nossa arte, pelo estudo e pela experiência, em todos os seus aspectos e em todos os tempos, não para bancar o erudito, mas para unir todas as suas impressões a ideias fundamentais e não se expor a propagar irrefletidamente essas doutrinas falsas "tão numerosas" – já dizia Goethe – "que um jovem talento não sabe a que santo se apegar"... Não despreze nenhuma forma do passado, com o pretexto de que de lá para cá nós trilhamos um caminho, quer dizer "progredimos". Conheça as obras-primas, a fim de não se deixar enganar, em nossos dias, pelo que é tão somente a sua aparência enganosa ou a sua paródia. A fraqueza da crítica vem em parte de que ela quase nunca encontra na cena contemporânea aquelas grandes obras vivas em cuja medida se estabelece a regra do julgamento.

Numa obra de teatro, você tem de julgar os costumes, os caracteres, os sentimentos e as paixões, o desenvolvimento psicológico e o desenvolvimento da peripécia material, o desenvolvimento da cena e a composição do ato, o ritmo do diálogo e o valor da língua, todo o detalhe da técnica, sem contar a qualidade do gênero e o efeito produzido no público. É muito. Isso supõe grande quantidade de conhecimento, e muito variado. Por mais escrupuloso, porém, que seja, em seus estudos, no sentido de não deixar escapar nada do espírito de uma obra, cuide para não esquecer que a arte do teatro não é totalmente imaterial. Você deve nos dar conta da técnica da representação, na medida em que ela se incorpora ao drama a tal ponto que ele se torna inseparável dela; na medida em que ela o valoriza, ou lhe permanece inferior, ou o trai. Para falar dessa técnica, importa conhecê-la e, para a criticar, conhecê-la tão bem e melhor do que aqueles que a utilizaram. Peço que não se limite a concluir apressadamente e mal, em cinco ou seis linhas, na *cauda* do folhetim, essa parte importante do seu trabalho. Quando você chegar a falar do grande ator, não diga que ele encontrou nessa peça um dos melhores papéis da sua carreira e que ele se desincumbiu dele com a autoridade habitual. Renuncie a achar a criada "buliçosa" e a ingênua "sensível". Vá ver alguns ensaios num teatro em que se trabalhe e calcule a quantidade de invenção poética e humana, de inteligência e de gosto, de cuidados minuciosos, de esforços e de cansaços que a preparação de um espetáculo exige, e a sua caneta hesitará antes de escrever com negligência que a encenação do sr. X... é "engenhosa"... Se ela for boa, diga-lhe isso em termos pertinentes. Se for má, explique-nos por que apoiando-se em razões que vão ao fundo das coisas. Se os atores representarem mal, você terá o dever, não de elogiá-los frouxamente ou destruí-los com uma palavra, mas de explicar a eles, de lhes demonstrar os seus erros, em termos de ofício. Eles precisam de você para aconselhá-los, repreendê-los, estimulá-los e defendê-los. Releia o que escrevia Musset, com uma simpatia de poeta, quando Rachel repôs *Bajazet* em cartaz[3].

Não pense, numa reação contra certos abusos e pretensões, que uma encenação sempre é bastante boa. Eu poderia lhe citar comédias que foram acolhidas sem sombra de restrição, cuja encenação e atuação – que *pareciam* muito boas por serem muito cuidadas – provinham, na realidade, de um contrassenso intolerável. É assim que o gosto se corrompe. As questões já nem mesmo são formuladas.

1932[4].

Sem resvalar até a complacência, basta ter trabalhado no teatro, naquele mundo da imprecisão e da indisciplina, muitas vezes às pressas e muitas vezes com meios ou com recursos insuficientes, para saber quanto nele tudo é difícil e precário, quanto nele tudo se opõe à perfeição do estilo e à pura expressão do pensamento. A partir daí, com um pouco de escrúpulo, a pessoa tem tendência a se mostrar indulgente, corre o risco de se tornar excessivamente indulgente para com as fraquezas alheias. Tem medo de denunciar com excessiva dureza erros e faltas cujo segredo nem sempre conhece. Digamos que a experiência, sem nos levar à frouxidão, deve pelo menos desenvolver a nossa faculdade de compreensão. E principalmente abstenhamo-nos daquele necrotério intelectual ou daquele tom de leviandade que estão, ambos, no oposto da inteligência e de um amor verdadeiro pelo teatro.

1934[5].

3 Rachel havia retomado o papel de Roxane, no Théâtre Français, em 23 de novembro de 1838. A interpretação desse papel foi muito discutida, e Musset, num artigo caloroso de *La Revue des deux mondes* (1º de dezembro de 1838), se dedicou a defender a jovem artista. (Rachel representava então o seu sexto papel e ainda não tinha dezoito anos.) Ele se dizia comovido pelo "seu encanto inimitável"; ora, concluía ele, "o coração [...] decide infalivelmente [...] É o juiz soberano" (Cf. Musset, *Œuvres complètes en prose*, texto estabelecido e anotado por Maurice Allem e Paul Courant, Paris, Gallimard, 1960, p. 901 a 909 (Bibl. de la Pléiade).
4 Artigo publicado em *Les Nouvelles Littéraires*, com a assinatura de J. Copeau, em 19 de outubro de 1932.
5 Le Théâtre, por J. Copeau, *Les Nouvelles Littéraires*, 8 de dezembro de 1934.

LUGARES-COMUNS

À vista dos costumes atuais, as pessoas se perguntam qual pode ser a função da crítica dramática – se ela não for complacente nem venal.

Na rubrica *Courrier des Spectacles*, você encontrará anedotas sobre os atores, sobre os diretores e sobre alguns autores na moda; os incidentes dos bastidores; o balanço das receitas; a propagação dos trustes e dos processos por falsificação; a correspondência injuriosa dos escritores; a descrição dos cenários; as propagandas dos costureiros; as notas e os comunicados sensacionalistas a tanto por linha... etc. – tudo o que diz respeito, enfim, à vida teatral da nossa época. O resto não é interessante.

Se, de longe em longe, ele tem de intervir para assinalar uma obra de arte que surgiu por surpresa ou por equívoco, o crítico só pode, para dizer a verdade, manifestar comumente o seu pesar monótono.

Fala-se às vezes em *movimento dramático*. É um termo jornalístico. É cômodo para certos comerciantes, para elogiar a excelência de uma mercadoria com que traficam; a alguns jovens para confiscar o futuro, em proveito das suas vagas aspirações. Não corresponde a nenhuma realidade contemporânea.

Abundância confusa de produções; emaranhado crescente de empresários, de autores, de atores, dentre os quais vários enriquecem; avidez da multidão para ir aos espetáculos; florescimento de mil indústrias parasitas, entre um lado e outro do palco... Mas deve-se consentir em chamar de *movimento dramático* essa inquieta e estéril *agitação teatral*?

Um teria por motivo a emulação dos talentos, por fruto a realização perfeita das formas sintéticas da vida. O único móvel do outro é a concorrência áspera dos apetites; sua única aposta: *o dinheiro*.

Há bastante tempo estávamos privados dos manifestos em que se fala de decadência, de apatia, de obscurantismo, em que se profetizam as libertações, os renascimentos. O grito novo dos Poetas lacera um silêncio que começava a nos pesar. Eles afirmam a supremacia do teatro em versos ou, como dizem, do *teatro idealista*. Distinguem – finalmente! – a alma do corpo. É à alma que eles vão se dirigir. Despertarão o espírito da raça, hão de enobrecê-la e guiá-la. Exercerão um sacerdócio. Serão adivinhos e apóstolos, segundo a fórmula e sob a invocação de Victor Hugo. Instalarão Patmos nos Bouffes-Parisiens*.

Que tempos!... Que a boa fé desses adolescentes, que a nobreza romântica e a incoerência de suas palavras lhes sejam propaganda suficiente! Mas teríamos a tentação de intimá-los a ser, antes de tudo – visto que escrevem para o teatro –, autores dramáticos. "Que um homem *faça a própria obra*; cuidar do fruto dessa obra cabe a alguém que não seja ele."

Nada me choca mais do que a exaltação de um gênero, a afetação de uma maneira que *a priori* e sistematicamente exclui da arte dramática este ou aquele aspecto da verdade humana, tal ambição da beleza. Teatro poético, teatro realista, peça psicológica, peça de ideias, comédia de costumes, comédia de caracteres? São classificações inventadas segundo a indigência dominante das escolas e dos temperamentos. A especialização é apenas o fracasso e não a finalidade do nosso espírito. Não afastem nada do drama. A sua capacidade é infinita. Eu gostaria de sentir na geração ascendente uma ambição total. A natureza em sua confusão; a vida em sua expansão; a realidade em sua profundidade e em seu movimento: tangível e secreta, plástica, lírica, musical; a verdade do mundo, a angustiante e complexa beleza viva do mundo, que é o nosso mundo – tal é a matéria ofertada ao criador. Certamente, um poeta saberá entrelaçar o seu gênio com ela. Só um poeta pode absorvê-la, e depois restituir a obra-prima dessa matéria. *Poeta dramático*: título perfeito que faz sonhar. Mas *teatro poético*: essa locução é vazia de sentido. Existe: *o drama*, imagem sintética da humanidade. Que todos os meios de expressão colaborem para com ele...

O homem moderno ainda não teve a sua expressão trágica.

Não influenciaram a dramaturgia os movimentos profundos do pensamento contemporâneo, as modificações de

---

* Patmos é a ilha grega em que foi escrito o Apocalipse de João. Bouffes-Parisiens (Bufos Parisienses) é o nome de um teatro fundado em 1855. Nele foram representadas, do Segundo Império à *Belle Époque*, operetas de grande sucesso. Depois de 1918, o Bouffes-Parisiens acolheu comédias de bulevar (N. da T.).

sensibilidade – nascentes, ainda incertas e tanto mais inquietantes – que eles engendram. Salvo tentativas infinitamente raras, consideradas quiméricas, o esforço dos artistas, neste tempo, não se voltou para o teatro.

Poderia ter sido de outro modo?

O teatro, mesmo aquele que se intitula *sério*, caiu para a última fila das ocupações frívolas. A inspiração mais fatal de que um artista possa ser acometido, em nossos dias, é a inspiração dramática. Ele sabe disso e dela se afasta. Se persistir nisso, seguramente será reduzido à capitulação ou à fome.

São cúmplices desse estado de coisas a leviandade do público, a indolência da crítica.

Os diretores e a sua numerosa domesticidade não têm, diante de um manuscrito novo, outra preocupação a não ser esta: a minha peça vai dar dinheiro ou não? Porque eles têm de suportar encargos pesados. Dentre eles, o mais esmagador é a avidez dos atores.

Vaidosos e arrogantes, são esses os verdadeiros mestres da hora presente. Seus caprichos e sua ignorância despótica dominam a cena. Nas mãos deles, uma obra se torna irreconhecível. Eles modificam o texto, acrescentam ou suprimem falas a seu bel-prazer, refazem cenas inteiras, transformam um desfecho. São considerados os colaboradores dos escritores, dos quais são os carrascos.

Mas os autores que são encenados só se interessam por ser representados. As concepções deles não são, de modo algum, necessárias, mas provisórias e amorfas. Inventam personagens em função dos atores que as interpretarão, que serão os seus verdadeiros, os seus únicos *criadores*. Pouco importa que as personagens mudem, se os atores permanecem.

É preciso escolher entre a arte e o teatro, que corrompe aqueles que ele acolhe. É preciso ceder, rebaixar-se até o convencional ou até o escandaloso. Poder-se-ia mencionar tal escritor, há pouco investido de nossas esperanças. Teve sucesso. Todas as suas produções novas atestam o progresso da sua decadência, daqui em diante inconsciente. Cada sucesso é para ele uma derrota.

Portanto: originalidade, sinceridade, verdade, estilo e a postura da consciência, tudo o que faz o artista como filósofo, romancista, poeta, lhe é proibido como autor dramático. O teatro é um ofício especial, uma questão de local de trabalho. Só, ele é prisioneiro das convenções, dos preconceitos, de uma fórmula abstrata, para quem a vida não existe, que não evolui, nem se transforma com ela, mas permanece imutável na morte. O "homem de teatro" é um ser à parte, detentor de certo segredo misterioso: o ofício; escravo da multidão, cujos divertimentos ele fornece, exilado do belo, condenado a falsificar eternamente as mesmas intrigas, a maquilar os mesmos fantoches, a refazer a mesma peça no gosto atual.

A abstenção forçada dos artistas parece explicar suficientemente que não haja arte dramática.

O realismo precisou, coloriu nossa visão; o simbolismo a ampliou, a abrandou. Ambos divulgaram possibilidades novas da arte dramática, ampliaram o seu campo, enriqueceram os seus meios de investigação e de expressão.

Houve Becque (principalmente o Becque de *Les Corbeaux*); houve Ibsen (cujo exemplo prodigioso não foi compreendido, ao qual seus tradutores, seus intérpretes e seus admiradores fizeram tanto mal na França; houve Hauptmann (principalmente *Ames solitaires*); houve Górki (*Les Petits bourgeois*); houve Maeterlinck (o Maeterlinck anterior a *Monna Vanna*); houve Paul Claudel – enorme, este, por sua sugestão[6].

E por que não acrescentar que Richard Wagner nos deu a vertigem e o fascínio do Drama?

No teatro, existiu um deslocamento da mediocridade. O gosto público já não se dirige exclusivamente para as peças frívolas. Ele se pavoneia com a literatura. O pensamento foi rebaixado até ele.

---

6 Os exemplos dados por Copeau vão da peça naturalista – *Les Corbeaux* (Os Corvos), de Henry Becque, cuja primeira representação ocorreu na Comédie Française em 14 de setembro de 1882 – à força e ao lirismo do drama claudeliano – *Tête d'or* (Cabeça de Ouro) foi publicada em 1890, *La Ville* (A Cidade) em 1893, *L'Échange* (A Troca) em 1900 –, passando pela primeira obra psicológica de Gerhart Hauptmann, *Ames Solitaires* (Almas Solitárias) (1890), em que se revela a influência de Ibsen, e pelo teatro simbolista de Maeterlinck – *Princesse Maleine* (Princesa Malena), 1889; *Pelléas et Mélisande* (Peleas e Melisanda), 1893; *Intérieur* (Interior), 1895. *Monna Vanna*, representada em 1902 com grande sucesso, marcou em Maeterlinck o início de uma segunda maneira, caracterizada por "um otimismo triunfante" e superficial.

Apesar da violência que às vezes aparenta, a peça de tese não perturba o burguês porque não produz imagens verdadeiras da vida. Substitui essas imagens por opiniões e por discursos. É assim que ela participa do artigo de jornal e da reunião pública. Familiariza o espectador com o autor: um diálogo se estabelece entre eles. Bajula o homem de instrução média, iniciando-o na tagarelice filosófica*. A peça de tese é fácil de acompanhar: nela tudo se explica, nela tudo se simplifica e nela tudo se resolve pela discussão. Ela é concebida segundo a fórmula do antigo teatro, e as alternativas de seu caráter patético não são de qualidade mais elevada. Nela, a peripécia do raciocínio substitui a da ação. É um melodrama ideológico. Ele excita as paixões do espírito. E ao escutá-lo o cidadão acredita cumprir um dever social.

Émile Zola escrevia, em 1881: "Nada seduz tanto a nossa burguesia quanto a pretensa audácia que geralmente termina com um sermão". E acrescentava: "O sr. Dumas deveria forçosamente se tornar o ídolo do público parisiense, que encontrou nele *o escritor de gênio que ele pode compreender e discutir*".

"É fácil" – diz Flaubert – "com um jargão convencional, com duas ou três ideias que estão em circulação, passar por um escritor socialista, humanitário, renovador... É a mania atual: as pessoas têm vergonha do seu ofício. Fazer pura e simplesmente versos, escrever um romance, escavar o mármore, ah, que horror! Chega! Isso era bom antigamente, quando não havia *missão* social do poeta; agora, cada obra precisa ter significação moral, ensinamento gradativo; é preciso dar alcance filosófico a um soneto; é preciso que um drama bata nos dedos dos monarcas e que uma aquarela abrande os costumes. A chicana se imiscui por toda parte; a fúria de discorrer, de perorar, de advogar..."

Não sei se "as pessoas têm vergonha do seu ofício". A verdade é que *as pessoas não* sabem o seu ofício. Todo mundo tem ideias, nos tempos que correm, e é menos difícil costurá-las umas às outras do que construir uma obra de arte.

---

* Em outro contexto, numa carta a uma amiga, Antoine de Saint-Exupéry refere-se à obra de Luigi Pirandello como portadora de uma "metafísica de cozinheira"... (N. da T.).

Quando também dizia, em algum lugar, que a grande arte não é fazer chorar ou fazer rir, Flaubert poderia ter acrescentado: nem fazer pensar... como fazem pensar o sr. Brieux com *Maternité*, o sr. Donnay com *Le Retour de Jérusalem*, ou com *L'Escalade*, o sr. Capus com *Notre Jeunesse*; como fazia pensar Dumas Filho, o qual, segundo um juízo profundamente justo de Zola, "abandonou o grande drama humano", e "zombava *da semelhança*".

A grande arte é pintar ingenuamente semelhanças, um "quadro, pura e simplesmente", como *Le Misanthrope*. É "fazer sonhar" evocando, sugerindo a vida múltipla e misteriosa, extrair das coisas e dos seres o seu canto profundo, não obstruir a perspectiva do mundo com um juízo pesado, não se opor aos fenômenos, ser simples, familiar, "terno, justo, o irmão igual de todos" (como Carlyle julga Shakespeare), saber, se posso dizer assim, não ter ideias, não ser espirituoso – e *ver*...

Apesar de tudo, não se consegue tomar a decisão de perder a esperança no teatro.

Talvez ele viva, com uma vida latente. Talvez um movimento se prepare, talvez exista; mas por múltiplas razões, algumas das quais apontei, só existe fora da cena.

Sei que belas ambições obcecam certos espíritos. Alguns trabalhadores desinteressados se obstinam em silêncio. "O gosto absoluto, despótico, de um ideal dramático" é, neles, como que uma "postulação perpétua". Eles o nutrem avidamente com influências diversas (nacionais e estrangeiras), que durante muito tempo brigaram pela direção de seu esforço e que eles pensam conciliar numa síntese original.

Ao abortar, tantas falsas revoluções nos instruíram. Mas elas nos inspiraram desconfiança. Não se ousa falar de renascimento.

Com todo o nosso desvelo, com toda a nossa fé, e modestamente, esforcemo-nos por prepará-lo, por motivá-lo. Uma crítica – impiedosa para com as torpezas cotidianas, competente, sincera, audaciosa, de *per si* artística – poderia secundar os artistas. Ela os manteria em contato com a tradição, ela saberia, positiva em suas próprias negações, isolar para eles as verdades assimiláveis de cada sistema incompleto, ela designaria os grandes exemplos, ela ampliaria, enfim, pela análise, as possibilidades da criação.

1905[7].

O OFÍCIO NO TEATRO

Na medida em que é sadio, o ofício não se deixa apreciar. Quando, porém, por um rangido, ele denuncia o cansaço e o desgaste, percebemos, para admirá-las tardiamente, aquelas secretas classificações da cultura que vão degenerar seja entre as mãos do artista decadente – trata-se de uma fórmula –, seja entre as de uma posteridade ociosa – trata-se de um lugar-comum. Pois se o ofício é a aquisição mais positiva da cultura, é também a mais perigosa.

Quanto mais antiga é uma cultura, tanto mais difícil é lidar com ela. Ela não chegou sem dificuldade ao ponto da sua maturidade e da sua delicadeza. A partir daí um perigo duplo a ameaça: corromper-se na multidão, ou irritar-se no âmago de uma elite.

Ela é excessivamente alarmante ou convidativa demais. Põe ao alcance de uns uma abundância, uma facilidade de recursos que os dispensam da pesquisa original e do mérito pessoal. A outros ela inspira apenas escrúpulos exagerados, desconfiança em relação a formas demasiadamente flexíveis, as quais se prestam com complacência às mais bisonhas tarefas. Por estes se instalarem de imediato, com atrevimento, numa expressão corriqueira, vimos aqueles – assumindo como um dever tropeçar em restrições voluntárias – concentrar sua nobreza laboriosa numa espécie de "impossibilidade" da linguagem. E enquanto os mais severos artesãos da técnica fingem desprezar o *savoir-faire*, mil produções indisciplinadas acusarão eternamente alguns avaros criadores de uma impotência das quais eles próprios são um tanto excessivamente desprovidos, de modo que, na opinião comum, se agrava dia a dia o divórcio abstrato entre duas noções inseparáveis: a noção de arte e a noção de ofício.

---

7 Lieux communs, *L'Ermitage*, 15 de fevereiro de 1905, texto republicado em *Critiques d'un autre temps*, p. 223.

Nenhum lugar é melhor que o teatro para esse equívoco funesto se tornar sensível. Há quarenta anos, Alexandre Dumas Filho teve condições de escrever, no prefácio de *Le Père prodigue* (*O Pai Pródigo*): "Um homem sem nenhum valor como pensador, como moralista, como filósofo, como escritor, pode ser um homem de primeira ordem como autor dramático".

Essa máxima absurda passou a fazer parte dos costumes do teatro. Ela o rebaixou, decretando que um tolo pode preceder o gênio, que uma obra vazia pode ser uma obra bem feita. Ela suscitou as cínicas cobiças, as atividades desordenadas que se misturam em cena com um fervor estéril. O artista que se perde nela se choca por toda parte com a incultura, com a ignorância, com a leviandade, com a baixeza de caráter, com interesses descomunais. E é com nojo que dá lugar à "classe teatral".

Classe teatral: os autores, os atores, os diretores, os críticos e o próprio público. Tudo o que diz respeito ao teatro é imediatamente diminuído, deformado, corrompido em sua atmosfera.

Um "homem de teatro" não deverá voltar o seu olhar para o mundo, nem familiarizar o seu espírito com os sentimentos e com as ideias. Seu conhecimento será buscado unicamente no teatro. Manterá os olhos fixos no público, a cuja avidez ele se entrega sem cessar, que é por si só o teatro inteiro, que manifestou o seu gosto de uma vez por todas, impôs receitas e quer que nos atenhamos a isso.

O que chamamos "ofício" não é uma exigência que vem do próprio autor, é uma imposição que lhe vem de fora. O culto ao ofício nada mais é que idolatrar o público. Os pretensos segredos do ofício e suas regras são, em última análise, o conjunto dos hábitos do público impostos a quem o diverte.

Assim, o dramaturgo será, algum dia, expulso do teatro pelos atores dos quais ele é escravo e que têm, em suma, ainda mais do que ele, "o hábito da cena e do público". Cada vez mais eles o suplantam e o ofício deles invade o seu. Alguns se tornam autores. Os outros propõem opiniões quando não impõem sua colaboração. A gíria dos bastidores adquire força de leis estéticas. E, em maior ou menor medida, todas as peças que representamos não são obra dos atores, que elas só glorificam? Elas possuem o jeito e o trejeito deles.

Sem arte, que é a sua razão de ser, o ofício é uma mecânica funcionando no vazio. A arte sem o ofício, que lhe assegura força e duração, é um fantasma impalpável.

Rejeitamos a velha e vã distinção, numa obra intelectual, entre o que pertence à matéria e o que depende do espírito, entre a forma e o fundo. Assim também nós nos recusamos a conceber uma dissociação artificial entre a arte e o ofício.

Para dizer a verdade, para nomear o talismã misterioso que os autores dramáticos acreditam ser apropriado, não se deve dizer: *o ofício*, e sim: *a fórmula*.

"Nenhuma natureza produz frutos sem extremo trabalho, e até sem dor" (Bernard Palissy).

O ofício é aquele trabalho da personalidade em luta com suas próprias aquisições, a arte no momento da criação. É ainda essa "longa paciência" do gênio.

Dizemos de um pintor (por que não também de qualquer artista?) que ele possui "um belo ofício". E, assim também como não se elogiaria um escritor por sua ortografia correta, um poeta por seu metro justo, assim também não se pensa em valorizar aqui o *savoir-faire* da escola, mas um método original, uma novidade que o pintor tirou do fundo de si mesmo e que só tem valor para ele – única porque pessoal.

O ofício, se devolvermos dignidade a esse termo, é o que distingue um artista de todos os outros – *a prova da invenção*.

A fórmula, ao contrário, é aquilo por meio do qual todas as produções medíocres se assemelham: a paródia do ofício em sua decrepitude. É o apoderar-se, por anônimos, duma faculdade que, a partir do momento em que é utilizada por eles, se torna procedimento e cai do campo da arte para o da indústria.

"A invenção não existe para nós. Não temos nada para inventar, só temos que ver."

Essa frase espirituosa vem também de Dumas Filho.

"Ver", para um artista, será outra coisa além de "inventar"? Assim se admitiria de bom grado que, na verdade, vocês só tivessem que ver. Mas vocês veem "teatro". Como vocês disseram, vocês têm "o olho construído de certo modo". Quer dizer que ele é pervertido, como está envenenado o seu gosto, pelo hábito do artificial e a prática das tramoias. Vocês pensam que veem. É a fórmula que lhes é evidente. É ela que traveste para vocês toda e qualquer aparência e murcha toda e qualquer sinceridade. Vocês querem fazer, antes de tudo, uma peça de teatro. Essa preocupação preside a sua escolha dos materiais, a disposição das proporções, o dispositivo dos efeitos. Ela torna afetados os seus gestos, altera a sua voz. Nas suas mãos, um bom tema, um caráter humano se reduzem logo a isto: a teatro – porque vocês preveem, no lugar deles, o burburinho e o aplauso, todas as reações do público, cujos mestres vocês acreditam ser e que regem, por assim dizer automaticamente, a sua espontaneidade. O rom-rom* teatral está antecipadamente no seu ouvido, antes das suas personagens falarem. Se por acaso vocês decepcionarem a multidão, não será por terem se afastado das regras costumeiras, será por tê-las aplicado imperfeitamente e por falta daquele virtuosismo que torna os mais felizes dentre vocês uns saltimbancos sem vergonha.

Ao condenar aqui uma literatura que é apenas teatral, não se pretende desconhecer, porém, as exigências de uma "forma especial", nem a legitimidade das regras que formaram Racine e Molière. E ninguém mais do que nós é inimigo daquilo que, no drama, pretenderia substituir indevidamente o mérito dramático, quero dizer: alguns requintes literários ou alguns raciocínios filosóficos e morais, ou até aqueles discursos psicológicos que ligam entre si certos episódios de melodrama.

No entanto, em favor do ofício de verdade, tão intimamente associado à arte que não se poderia distingui-los e sem o qual nada se pode expressar, nós nos insurgimos contra o falso ofício, aquele que se exibe só e não expressa nada. O ofício dramático retira a sua necessidade, a sua forma e a sua coesão exclusivamente da invenção dramática. Toda e qualquer criação original exige uma expressão autêntica e nova. Onde a verdade dos caracteres e a sinceridade enfraquecem, a forma perde todo e qualquer valor, esvaziando-se de toda e qualquer significação.

Enquanto não tiverem *criado* nada, enquanto remendarem as mesmas intrigas e travestirem as mesmas personagens, os autores dramáticos se esgotarão em vão revirando nas mãos

---

* Em francês, o termo tem também a acepção de monotonia, rotina (N. da T.).

um instrumento precário. Sem dúvida, ele se presta a tudo. Está a tal ponto desconjuntado que dá a ilusão de uma flexibilidade extrema. Pode-se fazer com ele o que se quiser. Pode-se fazer com ele qualquer coisa, mas não passa de algo frívolo, ilógico e supérfluo.

1909[8].

---

8 Le métier au théâtre, NRF, 1º de maio de 1909, reproduzido em *Critiques d'un autre temps*, p. 223.

Quanto às *Critiques d'un autre temps*, Henri Béraud escrevia, em *La Revue Française* de 24 de março de 1925: "São 27 estudos, escritos no tempo da sua juventude e durante os anos que precederam a fundação do seu teatro [...] seu livro no-lo mostra semelhante a si mesmo, íntegro e leal, na própria idade em que a perplexidade encontra muitas desculpas. Já na época, sua inteligência brilhava com a mesma centelha sombria que nos espanta e nos inquieta. Carregava em si suas verdades.

Em 1905, aquele que devia fundar o Vieux Colombier já denunciava as torpezas da classe teatral. Belo exemplo de unidade e de perseverança".

Apelos

> *Lançar em pistas descobertas por mim, e por onde só dei um passo, outros que irão mais longe do que eu*[1].

À JUVENTUDE

> *Há só uma solução para adotar se quiserem que a alegria de viver seja devolvida à Arte. É preciso acolher os jovens, e se regozijar com a sua coragem; é preciso aceitar os disparates deles, as suas imbecilidades, a falta de cuidado deles, e é preciso ganhar a sua confiança por uma nobre atitude com relação às magníficas virtudes que possuem e às suas lamentáveis faltas; pois apenas os rapazes e as moças podem nos restituir a alegria da vida.*
>
> GORDON CRAIG

É bem aquele sentimento de aumentar a vida em nós, aquele ardor em simpatizar, que dilata o nosso coração, tocado pela necessidade poética. Queremos conhecer e escolher nossos amigos apenas entre aqueles que são capazes de fazer algo em uníssono com o comum dos homens e que desejam ardentemente ser recrutados para o trabalho da vida. Os estetas ilustres e os psicólogos desdenhosos, os retóricos, todos os tipos de advogados sem causa e de tagarelas sem assunto nos

---

1 Diário, Solesmes, 7 de setembro de 1930.

fazem rir; assim também, aliás, os teóricos e os doutrinários incapazes de criação e até de verdadeira inteligência. Não temos o que fazer com as belas aparências de onde a vida se retirou. Não queremos mais artifícios requintados e matérias raras. A única com que nos sentíamos capazes de fazer alguma coisa é esta matéria sempre nova e palpitante: o homem, e sempre o homem. Nesta época em que se corre o risco de não ser reconhecido a menos que se use um sinal no chapéu, escolheremos uma palavra de união? Será: " Primeiro, vive". Vida longa e paciente, ativa, plena, difícil, vida embriagada por ser humana.

1912[2].

De todas as partes as pessoas se dirigem a vocês. Vocês são esconjurados e muitas vezes bajulados. Vocês são solicitados, comprados, molestados. Vocês são exortados, talvez mais do que guiados.

Vejo muitos entre vocês que sofrem porque não sabem onde se segurar, como encontrar um equilíbrio, por que ponta começar o trabalho. Eles se lamentam de só receber indicações vagas e não ter os elementos básicos. E seus mestres, seus antepassados, seus animadores lamentam só encontrar, para a modelar, um modo inconsistente e almas pouco dóceis.

Como eu gostaria de poder ajudá-los! Como eu gostaria de encontrar palavras que respondam às perguntas que vocês fazem a si mesmos, que iluminem seus espíritos e reconfortem seus corações!

Penso que vocês se encontram entre dois perigos. O de renegar cega e radicalmente o que foi dito e feito antes de vocês; o de esperar a salvação futura de outro esforço distinto daquele que vocês serão capazes de produzir por si mesmos. O desprezo, a repulsa das antigas disciplinas não é menos perigoso que a hesitação e a preguiça em formar novas.

Não sou nem um sociólogo nem um moralista autorizado. Sou apenas um trabalhador de boa fé, um conselheiro amistoso que só pode pretender tirar seus conselhos da sua experiência pessoal. Assim, posso lhes dizer duas coisas. A primeira é que toda

---

2 Resposta à enquete de Agathon sobre Les Jeunes gens d'Aujourd'hui, NRF, 1912. Sabe-se que Agathon era o pseudônimo de Henri Massis e Alfred de Tarde.

grande mudança só é válida, toda grande renovação só é durável se estiver ligada à tradição viva, ao gênio profundo da raça.

A segunda é que uma renovação dessa natureza, para dar frutos que não sejam artificiais nem efêmeros, deve começar pela pessoa humana. Sem ensimesmamento, sem egoísmo, com tanta modéstia quanto ardor, é principalmente, é primeiramente a vocês mesmos que devem se ater, pela lucidez, pela simplicidade, pela seriedade, pela aplicação e pela coragem. Sejam quais forem os desejos e aspirações de vocês, seja qual for a carreira que vocês se propõem a seguir, seja qual for a técnica que vocês têm a intenção de dominar, antes de tudo tratem de ser homens. Não se deixem endurecer, nem corromper, mas pela vontade apliquem-se para fazer reinar em seu caráter uma bela, uma sólida, uma sorridente, valente e flexível harmonia humana. Vejam, meus amigos, importa acima de tudo, importa unicamente, no meio de uma confusão dessas, fazer um pacto com a própria alma. E ater-se lealmente a ele. Não sorriam demais da gravidade de minhas palavras. Hoje em dia tudo é de uma gravidade excepcional, implacável. Vocês não têm de escolher. É preciso que cada um, no segredo de sua alma, seja um herói. Eu até diria, se não temesse ser mal compreendido, e eu o digo à meia-voz, confidencialmente: um herói... e um santo para si mesmo.

Provavelmente vocês dizem de si para si mesmos que com isso estamos bem longe do teatro e da devoção ao teatro. Longe do teatro, talvez, mas não da devoção que eu penso ser necessária e que será preciso durante muito tempo ainda suscitar, se nos propusermos a fazer reinar aí um espírito novo. Minha linguagem não variou muito de 31 anos para cá. Muitas vezes ela foi ridicularizada. E, é claro, muitas vezes pude observar que os hábitos do teatro não haviam mudado muito. Hoje ainda eu o vejo ameaçado pelos mesmos males, pelos mesmos abusos e pelas mesmas covardias a que estava sujeito quando parti em guerra, há mais de um quarto de século. Há ainda no teatro vedetes arrogantes, combinações sórdidas, baixa literatura. Temo que isso existirá sempre. Mais uma razão para multiplicar o número de seus defensores, e para cerrar fileiras. Mesmo, e sobretudo, se não nos vangloriarmos de triunfar completamente nesse aspecto, mais uma razão para tentar purificá-lo.

Esforcemo-nos por adquirir o ofício, e de não nos deixarmos devorar por ele. Atores, autores, críticos, público, prepararemos uma falange de gente de teatro enérgica, gosto sadio e elevado, cheios de fervor, de alegria e de severidade.

1944[3].

Creio que as disciplinas antigas permanecem válidas para os jovens, que certos dons brilhantes ou mesmo originais, que as ideias em voga ou as inspirações da moda não bastam para compor uma peça. Eu gostaria que os escritores novos tivessem uma ideia mais elevada e mais completa das dificuldades do ofício e da finalidade de sua arte. E confesso não ter entusiasmo muito grande por impressionismos e por expressionismos, nem pelo que chamam de as peças de atmosfera, cuja fórmula encontra ainda maior aceitação na medida em que oferece mais facilidades. Em vez deles, prefiro um diálogo escrito com vigor, traços em profundidade, simples e diretos, uma ação bem conduzida, caracteres nitidamente desenhados, à francesa. Nada existe mais profundo que a clareza, nem mais difícil que a ordem. É para ambas que eu gostaria de tender em tudo. Vocês reconhecerão aí a inclinação da maturidade para um equilíbrio ao qual não recuso dar o nome de clássico.

Isso significa que o teatro cuja figura tento esboçar rejeitaria as tentativas mais ou menos desarticuladas, mais ou menos românticas de uma juventude que procura o seu caminho, tanto na interpretação como na criação?

Bem longe disso. Sempre fui, e continuo a ser, voltado de coração e de espírito para a juventude. Até disse muitas vezes que o teatro me parecia ser sobretudo o reino da juventude. Eu estava exagerando, sem dúvida. Pois é a idade quem cria, escruta e exprime os dramas mais profundos. Uma região inteira do teatro, quando mais não fosse em Molière, está ocupada pelas figuras consumadas da maturidade. É o campo dos Caracteres, dos Gerontes, dos Crisales, dos Esganarelos, dos Arnolfos e dos Harpagãos*. O drama deles é o do confinamento no caráter,

---

3 J. Copeau, La Dévotion à l'art dramatique, conferência para as Œuvres Scolaires et Post-scolaires, Teatro Récamier, 16 de maio de 1944.

* O autor faz alusão a La Bruyère e a algumas personagens de Molière. Trata-se, mais propriamente, de tipos influenciados pela comédia latina e pela Commedia dell'Arte (N. da T.).

da condenação ao caráter. Mas se a essência da comédia de Molière é essa cristalização, essa ancilose da natureza em posturas constantes e invariáveis, pode-se dizer dessa mesma comédia que o seu móvel é um protesto desenfreado da juventude e da paixão contra o caráter*. Paixão contrariada, juventude aprisionada aos nossos grandes clássicos; elas invadem o universo de um Beaumarchais ou de um Musset, elas relegam o caráter e a maturidade para o claro-escuro do odioso e do ridículo, elas se espraiam ao ar livre em plena luz do sol nos encantamentos de Shakespeare, com uma liberdade soberana, com seus risos, apelos, cantos, zombarias e conspirações.

Revalorizar o teatro é também revalorizar esse tesouro da juventude. É mostrar figuras que nos cativam, comovem e persuadem, Rodrigo e Antíoco, Horácio e Almaviva, Querubim, Suzana, Celimena, que tenham a idade do seu papel e que devolvam à Comédia como à Tragédia seu movimento, seu brilho, sua vertigem. É compor uma família de atores cujas diferenças e oposições de natureza não sejam menos surpreendentes do que o parentesco espiritual entre eles. Quando falo de uma escola, não devemos nos enganar. Quero dizer uma escola da variedade e da vida, cujos métodos só se empregam para liberar a personalidade.

1935[4].

---

* Segundo Patrice Pavis: "No sentido (hoje um pouco arcaico) de *personagem*, os caracteres da peça constituem o conjunto dos traços físicos, psicológicos e morais de uma personagem. Aristóteles opõe esse termo à fábula: os caracteres são subordinados à ação e são definidos como 'aquilo que nos faz dizer, das personagens que vemos em ação, que elas têm estas ou aquelas qualidades' (*Poética*, 1450a). Por extensão, caráter designa essa personagem em sua identidade psicomoral. Os caracteres de La Bruyère ou os das comédias de Molière oferecem, por exemplo, um retrato bastante completo da interioridade das personagens. O caráter surge no Renascimento e na época clássica e se desenvolve plenamente no século XIX. Sua evolução acompanha a do capitalismo e do individualismo burguês; culmina no modernismo e na psicologia das profundezas. A vanguarda, desconfiada em relação ao indivíduo – esse mau sujeito burguês –, tende a superá-lo, do mesmo modo que deseja ir além do psicologismo para encontrar uma sintaxe dos tipos e das personagens 'desconstruídos' e 'pós-individuais'"; *Dicionário de Teatro*, São Paulo: Perspectiva, 1999, p. 39 (N. da T.).

4 J. Copeau, conferência no Teatro da Michodière, 14 de dezembro de 1935.

Uma coisa que não pode aparecer aos jovens, e sequer aos *meus* jovens, àqueles que foram jovens para mim, é a escolha que fiz por eles na arte dramática de meu tempo e naquele que o havia imediatamente antecedido, em que assumi o teatro e de onde o tirei, para onde eu o guiei, chegando até a explorar forças sem futuro, até a utilizar materiais que me eram fornecidos pelo meu tempo, pelo meu momento, e que toda a minha educação, a minha formação me haviam ensinado a respeitar. Aqueles que quebrarem os vidros deverão a mim o seu martelo.

1936[5].

Deixem Passar os Jovens

Não temos desejo mais ardente que o de ver a vitalidade teatral da França manifestar-se através das jovens gerações por meio de suas ideias, esforços e realizações. É tempo de se reagrupar uma vanguarda, não para trabalhar concepções novas, pois nesse momento nenhuma parece despontar no horizonte, mas pelo menos para desenvolver e enriquecer com uma energia rejuvenescida as invenções e os métodos que germinavam no ensino dos mais velhos. Dentro em breve, vai fazer 25 anos que André Antoine, prestes a terminar a sua carreira no Odéon, tomava conhecimento da fundação do Vieux Colombier; indicando-o ao seu público numa conferência e desejando estimular-nos, retomava as palavras que haviam servido para Henry Becque saudar o início do Théâtre Libre: "Avante e passem por cima do nosso corpo".

É nossa vez, agora, de convidar os jovens ao assalto, ainda que brutal, das posições conquistadas. Contribuímos para preparar tal assalto. Os criadores têm a chance de armar contra eles as companhias que formaram. Foi do primeiro Vieux Colombier que surgiram os Dullin, os Jouvet, o Théâtre du Marais de Delacre, em Bruxelas, Les Compagnons de Notre-Dame e seus inúmeros imitadores, os do Teatro do Povo Flamengo e um bom número de jovens organizações dramáticas da Europa, da América e até da Ásia. Do segundo Vieux Colombier, quer dizer,

---

5   J. Copeau, diário, 18 de agosto de 1936.

de sua escola de Pernand, saíram a Compagnie des Quinze, cuja influência se fez sentir principalmente na Inglaterra, os Comédiens Routiers e seus êmulos e, em certa medida, os elementos de um renascimento do teatro universitário[6]. Essas tentativas têm valor desigual e importância variável. Mas contribuíram para sacudir o público, despertá-lo, orientá-lo e apresentar certas ideias. Tais ideias atingiram as rodas em que a questão dos lazeres populares está na ordem do dia. Muitas vezes, o uso que se faz desses lazeres é ignorado e insignificante. A maré montante da vida está repleta de impurezas. O arrivismo se mistura nisso. Quando, porém, o ministro competente se propõe a favorecer nas províncias francesas as peregrinações de certa companhia saudável, ardente, desinteressada, capaz de levar diversões de boa qualidade aos habitantes do

---

6 O Théâtre du Marais, em Bruxelas, havia sido fundado por Jules Delacre em 1921.

Henri Ghéon (doutor Henri Vangeon), que havia começado pelo drama popular com *Le Pain* (O Pão), criado no Théâtre des Arts em 1912, continuado com *L'Eau-de-vie* (A Aguardente), criado em 23 de abril de 1914 no Vieux Colombier, após a sua conversão dirigiu-se para o teatro sagrado e fundou o grupo itinerante dos Compagnons de Notre-Dame.

Egressa dos Copeaux e dirigida por Michel Saint-Denis, a Compagnie des Quinze instalou-se em janeiro de 1931 no Teatro do Vieux Colombier. Compreendia Suzanne Bing, Marguerite Cavadaski, Marie-Hélène Dasté, Marie-Madeleine Gautier, Auguste Boverio, Jean Dasté, Aman Maistre-Julien e Jean Villard-Gilles, a quem devemos acrescentar quatro aprendizes de ator: Pierre Assy, Marthe Herlin, Suzanne Maistre e Pierre Rischmann. O nome do grupo visava a sugerir o espírito de uma *equipe* (cf. Rugby a Quinze). Montado num dispositivo cênico de André Barsacq, o primeiro espetáculo foi o *Noé* de André Obey; Pierre Fresnay se havia unido ao grupo recém-criado para encarnar a personagem principal.

De janeiro de 1931 a maio de 1933, Os Quinze montaram oito espetáculos. Entre eles, *Le Viol de Lucrèce* (O Estupro de Lucrécia) e *Bataille de la Marne* (Batalha do Marne), ambos de André Obey, *La Vie en rose* (A Vida às Mil Maravilhas), de Armand Salacrou, *Lanceur de graines* (Semeador), de Jean Giono.

Em 1935, Michel Saint-Denis fundou, em Londres, o London Theatre Studio. Em 1937, encenava *Macbeth* no Old Vic Theatre, com Laurence Olivier.

Foi Léon Chancerel quem, em 1928, criou Les Comédiens Routiers. "O coro falado, a máscara, o jogo corporal na tradição italiana, um estilo de decoração inspirado no despojamento do Vieux Colombier: tais foram as características da arte dos Comédiens Routiers" (G. Lerminier, *Encyclopédie du théâtre contemporain*, t. 2, Olivier Perrin, 1959, p. 37).

Em 1937, Copeau podia falar dos "elementos de um renascimento do teatro universitário": egresso dos Comédiens Routiers, Maurice Jacquemont, que acabava de criar, com Jean Dasté e André Barsacq, o Théâtre des Quatre-Saisons, era conselheiro do grupo do Théâtre antique de la Sorbonne e dos Teofilianos de Gustave Cohen. [N. da T.: O Teatro Antigo montou peças gregas; os Teofilianos se consagraram ao teatro medieval.]

campo e aos operários das cidades, irá se dirigir a dois de nossos jovens camaradas, Jean Dasté e André Barsacq, dois bons operários do Vieux Colombier e da Compagnie des Quinze, que logo percorrerão as estradas com o Théâtre des Quatre Saisons que acabam de fundar.

De algum tempo para cá, Paris festeja um jovem ator que conhecemos bem, porque assistimos ao início de sua carreira, e acompanhamos os seus esforços num caminho que nos é familiar. Esse caminho nasceu no Atelier de Charles Dullin. O ator se chama Jean-Louis Barrault. Ele não deu seus primeiros passos no teatro e se revelou principalmente no cinema. Seu nome se propagou em algumas semanas, nas telas de cinema. Isso possibilitou que enchesse os bolsos de dinheiro, bolsos que até aqui não estavam particularmente cheios. E com a força da sua juventude, de suas convicções novas e dos estímulos que começa a receber, nosso Barrault alugou logo um teatro, o velho Théâtre Antoine do bulevar de Estrasburgo, formou uma companhia e montou uma peça, *Numância*, de Cervantes, que hoje alcança o mais vivo sucesso. Um sucesso devido primeiramente à obra do grande espanhol e talvez também à analogia que oferece com os trágicos acontecimentos da Espanha. Mas devemos atribuí-lo acima de tudo ao magnífico vigor de sua Companhia e ao talento de Jean-Louis Barrault, que já podemos considerar um encenador admirável[7].

À medida que aprofundamos os problemas e a prática da encenação, à medida que a técnica do ator nos atraiu mais, a rotina, a insuficiência, a falta de uma educação séria no intérprete nos surpreendeu e inspirou repugnância. E então pensamos em lhe dar uma educação total, não somente cultivando o espírito, estimulando a imaginação, mas também aumentando e multiplicando a maleabilidade corporal pela ginástica, pela mímica, pelo ritmo e pela dança. Sem pensar em diminuir de modo algum a importância da palavra na ação dramática, estabelecemos que para ela ser justa, sincera, eloquente e dramática, seria necessário que o verbo articulado, que a palavra enunciada fosse o resultado de um pensamento sentido pelo ator em todo o seu ser, e o desabrochar de sua

---

7 Cf. J.-L. Barrault, *Souvenirs pour demain*, p. 119-120.

atitude interior ao mesmo tempo que da expressão corporal que a traduz. Daí a importância primordial dada à mímica em nossos exercícios. Fizemos dela a base da instrução do ator, que deve ser, em cena, acima de tudo um ser que age, uma personalidade em movimento. Levamos bastante longe esse método para que o aprendiz de ator chegue a ser capaz de "figurar" toda e qualquer emoção, todo e qualquer sentimento e até todo e qualquer pensamento pela atitude, pelo gesto e pelo movimento, sem o auxílio da palavra. Durante muito tempo, nossa escola nada mais foi do que uma escola de figuração em seus princípios e em suas pesquisas. E essa figuração renovada das formas artísticas mais antigas e até mais primitivas se inspirou, em seu vocabulário, não somente no repertório humano, mas também no dos animais e em toda a natureza, interrogando, para imbuir-se deles, a árvore e seus galhos, a água fugidia, o curso das nuvens e até o fogo em seu frenesi. É evidente que essas explorações didáticas, destinadas a dotar o ator de uma "poética" nova, só representavam, em nosso parecer, um método de renovação, uma etapa do processo pedagógico e artístico, um meio e não um fim em si. Mas para os espíritos jovens a experiência era nova e tão importante que muitos foram levados a pensar que dominavam uma arte completa e que essa formação os mantinha, no domínio das descobertas deles, nas fronteiras do drama e da dança. Combati esse erro do qual fui parcialmente responsável. Mas sem resultado. Os jovens atores de que falo só sonhavam com o "nô" japonês e com a dança do Camboja. Invejavam a técnica dos balés "Jooss", a de alguns russos animados por Meierhold ou Taírov[8], a dos palestinos formados pelos russos. A música

---

8 Lembremos que a Escola do Vieux Colombier havia preparado, para o dia 27 de março de 1924, a representação de *Kantan*, um nô japonês, adaptado por Suzanne Bing, e que era uma súmula do trabalho da Escola durante três anos.
    Claudel, em 1925, também descobria o nô (ver a *Correspondance Jacques Copeau-Roger Martin du Gard*, t. I, p. 392-393). O volume VI dos *Registres* dará toda e qualquer precisão sobre a Escola do Vieux Colombier.
    Encenador russo, amigo de Meierhold, Taírov experimentou, em particular no Teatro Kamerni, de Moscou, a fórmula de um cenário abstrato, com permanentes transformações, onde a iluminação e o som concorressem para a criação de uma "obra de arte autônoma" (cf. Frédéric Towarnicki, La Révolution des formes et le théâtre européen, em *Encyclopédie du théâtre contemporain*, p. 28).

contaminava cada vez mais o drama ou, na ausência da música, o "tantã".

Até certo ponto, pode-se desaprovar La Compagnie des Quinze por esses excessos, quando ela se libertou do meu controle. Mais justamente, pode-se desaprovar Jean-Louis Barrault por tais excessos; ele é da mesma escola e se inspirou na mesma tendência, mas leva mais longe suas consequências porque possui uma técnica mais perfeita. Toda a sua arte é figuração. Respeita o texto do autor e sua grande linha de ação, mas não perde uma ocasião de desenvolver a ação ou de enxertar nela episódios inventados por ele. Sua tendência natural é de "mostrar tudo", como no cinema, mais do que no cinema, quer dizer, com mais continuidade. Daí resulta monotonia, porque os recursos da técnica não podem ser incessantemente renovados; um alongamento excessivo, porque os signos plásticos acabam por ultrapassar aquilo que desejam significar; tensão, porque os meios são utilizados até o extremo limite; secura, porque o abuso da técnica engendra o esgotamento e até a supressão da emoção.

Apesar disso, o espetáculo é extremamente sedutor. Entre a tagarelice e as repetições surgem alguns achados de qualidade. São certamente achados que o jovem artista valorizará quando tiver abandonado seus caprichos e quando for capaz de ter concepções menos sistemáticas. Precisará compreender que a arte que pratica atualmente com tanto domínio e brio é uma arte sem saída, um meio, mas não um fim, um procedimento entre outros procedimentos, uma parte de nossa arte dramática destinada a enriquecê-la mas não a suplantá-la, exatamente como os "ruídos" e o "coro falado" (também nascido no Vieux Colombier), usados agora em certos ambientes de modo estéril e sem medida.

Seja como for, essas tentativas atestam a vitalidade do teatro que procura caminhos novos e rejuvenescidos, e que vai achá-los se puder encontrar seu poeta, aquele que tem algo que dizer e que, para dizê-lo, tirará partido, um dia, de todos

---

Foi em 1932 que os balés do alemão Kurt Jooss foram descobertos pelo público parisiense. Decididamente modernista, Jooss nega toda e qualquer cultura da dança. Sua criação mais original foi *A Mesa Verde*, paródia das reuniões da Sociedade das Nações.

os meios explorados parcialmente antes dele, de todas aquelas armas dispersas, forjadas por bons artesãos, e que ele integrará no feixe da poesia.

Serão esses ao mesmo tempo o mérito e a fraqueza de nossa maravilhosa época tão confusa, e tão dura para o homem? O mérito de haver rediscutido todos os problemas da criação, sem poder, contudo, chegar até o seu coração e sentir o seu pulsar? Nunca se terá gasto tanta inteligência, nem talvez tanta coragem e abnegação. Mas qual é a faculdade que nos falta para alcançar e para nos situar no centro divino de onde surgem todas as coisas? Como reencontrar essa harmonia misteriosa? Essa economia que não explora nada e parece deixar sempre atrás de si, intactos, recursos imensos? Aquela arte protegida, proibida por todos os lados pela sua perfeição? Aquela densidade do ser diante da qual todas as nossas especulações são apenas lugares-comuns?

1937[9].

A Respeito da Fundação do Vlaamsche Volkstooneel

Meus caros amigos,

Vocês me pedem para apresentar aos leitores de *Wendingen* um conjunto de documentos, de estudos e de apreciações a respeito do trabalho que fazem. Nada pode me dar maior prazer. Não tenho direito algum a "apresentá-los" num país e perante um público que os conhece, admira e ama. Posso, porém, tentar dar voz ao sentimento profundo que vocês me inspiram. Vivemos infelizmente muito distantes uns dos outros, e tão pressionados por necessidades de todo tipo que raramente nos é permitido voltar-nos uns para os outros. O meu contato com vocês foi breve, mas sem ambiguidade alguma. Antes de eu conhecer-lhes o trabalho, vocês me haviam concedido a honra de escrever que ele devia algo ao que vocês chamam, com uma palavra que me comove, o ensinamento do Vieux Colombier.

---

9 "Place aux Jeunes", esse artigo de J. Copeau, escrito em francês e traduzido para o espanhol para *La Nación* de Buenos Aires, em cujo periódico foi publicado em julho de 1937, não foi encontrado em sua versão original. Foi retraduzido em francês, a partir do texto espanhol, por Françoise Paul Péchère.

Pois bem, meus amigos, desde que eu os vi atuar, posso dizer que, se houve um "ensinamento" do Vieux Colombier, vocês captaram o seu espírito vivo. Vocês o nutriram, desenvolveram, animaram, segundo o seu temperamento. Vocês não imitaram nada. Vocês são vocês mesmos, como artistas de certo país, de certa tradição, de certa língua. É por isso que me agradam tanto. Se há um vínculo entre nós, como folgo em reconhecer, ele é formado desses princípios, que são essenciais, que são eternos, que tentei encontrar e seguir, que vocês mesmos seguem hoje em dia e do qual se aproximarão cada vez mais, se tiverem recursos e se permanecerem firmemente em seu caminho.

O caminho que escolheram, no qual se engajaram tão corajosamente e tão alegremente, é um caminho verdadeiro.

Vocês têm razão, porque são homens sinceros e vivem a sua verdade. Basta olhar para vocês, basta escutá-los. Essas coisas não se explicam. Ao vê-los atuar pela primeira vez, encontrei um tom que há muito tempo não ouvia, fui tocado por uma chama cujo calor não pode ser fingido. Quando vocês aparecem no final de um espetáculo – você, De Meester; você, Moulaert; você, Karel Albert; e todos os seus companheiros do "Volkstooneel" – para se inclinarem diante de uma multidão conquistada, temos diante de nós marmanjos cheios de alguma coisa que irradia e se expande como o dom de si no amor. Ao aplaudi-los, aplaudimos também a camarada Jan Boon, alma invisível desse corpo operário. Nunca percam esse espírito que os une, essa elevada camaradagem, aquele sentimento religioso da comunidade, que está na base de tudo. Aqueles que se descuidam dele ou dele zombam voltam logo para trabalhos sem virtude. Perderam a saúde espiritual.

Vocês têm razão porque querem reconstruir. Vocês saíram do teatro. É a isso que eu já estimulava os nossos confrades, em Amsterdã, em 1922. Foi o que eu mesmo fiz há três anos. Vocês abandonaram o velho edifício desativado do teatro industrial – ou oficial –, mas não se detiveram no negócio adulterado do teatro de arte que, muito frequentemente, é apenas um teatro falso, um teatro sem destinação, e uma caixa de vaidades, pior do que o outro. Vocês iniciaram a caminhada. De saída tocaram o essencial. Quiseram fazer um teatro que se dirigisse a um público, que respondesse a uma necessidade e não a uma pretensão. Construíram tudo a partir de um público que poderão tratar de satisfazer sem correr o risco de se aviltar, e pensaram como Molière, que seria o juiz infalível de vocês, cedendo de boa-fé "às coisas que nos pegam pelas entranhas". Vocês se puseram em condições de realidade e de verdadeira novidade. A razão de ser de vocês, a sua significação artística é apenas a resultante, o coroamento da sua natureza, da significação social, religiosa, nacional de vocês. Querem mostrar aos homens da sua raça e do seu tempo coisas que dizem respeito a eles e a eles interessam, falar à Flandres para que esta responda a vocês. Nisso não há espaço para artifício algum, para trapaça alguma. Portanto, vocês são um teatro de verdade!

Vocês têm razão porque não veem, como tantos estetas, um "problema" do teatro. Ou melhor: vocês não procuram percebê-lo de fora. Estão naturalmente situados no âmago dessa realidade que só se torna um problema quando deixa de ser uma realidade. Ela se impõe a vocês em sua unidade nativa: a cena, o ator, o autor, o público – vocês se debatem no centro dessa proposta indivisível, reagem a isso a cada dia por meios operários, respondem a isso como a um chamado, como a uma injunção, como Molière respondia às ordens do seu rei. Meus amigos, vocês são jovens, têm o futuro pela frente. Sejam pessoas de bem incansáveis, nobres operários inspirados pela matéria e visitados pelo espírito, bons flamengos, bons católicos. E caminhem. Não se deixem atingir nem pela dúvida, nem pelo dinheiro, nem pelo esnobismo. Ganhem a própria vida. Tratem de não depender de ninguém. E, se puderem, instruam autores. Ensinem a eles a se manter em nossas quatro tábuas, roam os autores pelas duas pontas, pela literatura e pela vaidade: que eles já não pensem em fabricar uma intriga para as duas dúzias de críticos incompetentes que bocejam nos ensaios gerais, mas em criar personagens cheias de sentido e de vida para o povo impaciente em rir do homem, e que julga obras de teatro "pela maneira correta de julgar, que é a de se deixar levar pelas coisas, e a de não ter nem prevenção cega, nem complacência afetada, nem delicadeza ridícula". Assim fala Molière. Eu o cito sempre. É um grande mestre de verdades. Que ele seja o de vocês, e os assista em seu labor. Tudo está por refazer.

CRIEM. E, por favor, continuem a ser meus amigos, sabendo que a minha amizade os acompanha.

Pernand-Vergelesses, 25 de agosto de 1927[10].

The Spirit in the Little Theatres

Senhoras e senhores, foi de propósito que escolhi para a minha conferência de hoje este tema: "The Spirit in the Little Theatres" (O Espírito nos Teatros Pequenos). Eu poderia ter-me deixado tentar por títulos mais ambiciosos: o teatro de hoje, ou a nova arte do teatro, ou as tendências do teatro novo. Creio, porém, que não poderia, tratando um desses temas, extrair daí uma ideia realmente clara. Parece-me que estamos em pleno trabalho, em plena experimentação, em plena transição. Para dizer a verdade, não vejo de modo algum com clareza a que chegarão os esforços dos trabalhadores do teatro nos dois mundos; não sei se todas as ideias deles são sadias e coerentes, não creio que sejam muito novas; enfim, creio ambicioso demais dizer que existe um "teatro de hoje", que existe uma forma de arte completa digna deste nome – mas o que sei, o que as senhoras e senhores sabem tão bem quanto eu por ser a própria evidência, é que existe um espírito novo no teatro, nesse movimento conhecido na América sob o nome de movimento dos pequenos teatros.

Esse espírito se espalhou pelo mundo inteiro. Seu principal caráter é o de ser unânime.

---

10 Lettre d'introduction de Jacques Copeau para a Fundação do Vlaamsche Volkstooneel, trecho da revista *Wendingen,* n. 3 da 8ª série, 1927.

Het Vlaamsche Volkstooneel, fundado no verão de 1920, para dotar o país flamengo de um teatro que respondesse às aspirações culturais do povo, foi sucessivamente dirigido por Oscar de Gruyter, Johan De Meester e Anton Van de Velde. De 1923 a 1932, o Vlaamsche Volkstooneel foi um teatro de combate, um teatro popular de vanguarda, fato único na Europa ocidental. Teatro itinerante que se apresentava nas menores cidades, em tablados, pelos campos, nas salas de cinema, mas que também fazia regularmente apresentações nas grandes cidades e representava para o público flamengo tanto o teatro clássico como as obras mais novas do teatro europeu, e ainda peças breves, construídas a partir de motivos da vida popular flamenga.

Na verdade, não se trata aqui da repercussão em nossa arte cênica de uma concepção literária nova, tal como as mudanças de escolas exerceram em todas as épocas; não se trata de uma dessas reações periódicas da nova geração contra a que a precedeu; não se trata sequer, no momento, de fazer com que prevaleça uma forma dramática mais jovem sobre outra forma dramática em desuso. O movimento atual é talvez mais tradicionalista do que revolucionário. E talvez seja mais moral em sua essência do que literário e estético. É uma mudança de espírito. Trata-se de insuflar no teatro uma alma nova, de sanear seus costumes, de renová-lo inteiramente. Não vemos homens novos invadir a velha cena e acomodá-la às exigências deles. Eles não querem sequer destruí-la. Não mexem nela, mas voltam-lhe as costas com desprezo, com nojo. Procuram modestamente, à parte, tão longe quanto possível da feira teatral, um pequeno lugar limpo e puro sobre o qual possam construir, com suas mãos intactas, com o suor do seu rosto, uma casa totalmente nova e digna de abrigar o sonho deles. São chamados de orgulhosos porque se conduzem como se nada mais existisse, porque, de fato, para eles nada mais existe a não ser as quatro tábuas de sua pequena cena totalmente nova e desprovida de todos os aperfeiçoamentos modernos, mas onde já vive, queima e se ergue uma coisa divina, o dom da juventude e da fé, essa promessa de vida: um espírito.

Que espírito?

Espero que os senhores não achem solene demais que eu o nomeie: um espírito de amor e de liberdade.

Quem, mais tarde, escrever a história da renovação teatral no século XX, deverá constatar, antes de tudo, que em todos os países, em datas diversas, e sem que a mínima comunicação fosse estabelecida entre os diferentes iniciadores do movimento, sem sequer que tivessem conhecimento de seus esforços comuns, as coisas se passaram exatamente da mesma maneira. A mesma necessidade, a mesma aspiração provocaram empresas idênticas. Homens se encontraram, muitas vezes por acaso. Não se conheciam na véspera. Conversaram uma noite inteira. Abrasados pela mesma chama, com o ardor e a confiança da juventude eles puseram em comum suas energias, suas inteligências, seus recursos, quando os possuíam. Reuniram em torno deles um pequeno grupo de amadores, de artistas, de artesãos, de pessoas do povo e da pequena burguesia, e tentaram a sorte. Geralmente esses iniciadores são um escritor e um ator. Embora ainda jovens, ambos fizeram experiências penosas. O escritor conheceu a altiva estupidez do pretenso "homem de teatro", que vinte vezes lhe demonstrou a necessidade de renunciar a toda e qualquer sensibilidade verdadeira, a toda e qualquer imaginação, a toda e qualquer originalidade sincera para adotar as receitas e os truques que conduzem ao sucesso certo e fazem ganhar dinheiro. Ouviu vinte vezes as teorias sobre a baixeza do público e os meios de ganhar a aprovação dele. Conheceu a condescendência da crítica para com as grosserias da produção corrente e a sua leviandade com relação às obras de mérito. Assistiu à derrota de seus camaradas de juventude, todos paulatinamente convencidos pelas exigências do teatro comercial. Mas ele não perdeu nem o respeito por sua arte, nem a fé em si mesmo. O ator já remou na galera do teatro. Aprendeu às suas custas que o ofício do ator, se não for exercido com um espírito sublime, é a mais degradante das paródias. Foi impregnado pela ignorância e tolice de seus mestres, pela vulgaridade e vaidade cômica ou feroz de seus camaradas. Mergulhou na atmosfera fétida e esterilizante do teatro profissional. Conheceu o desperdício das energias, as perdas de tempo, o embrutecimento dos ensaios, as intrigas de bastidor, a frivolidade de espírito e a miséria de coração – enfim, tudo o que resumimos com esta única palavra: cabotinismo.

Industrialismo e cabotinismo, eis a dupla peste do teatro. Eis a dupla fonte da qual a nossa indignação comum jorrou. Industrialismo e cabotinismo: o ódio que lhes dedicamos nos une a todos, tantos quantos sejamos, trabalhadores dos dois hemisférios.

A essas realidades detestadas opomos um desejo, uma aspiração; opomos outras realidades, feitas de nossa própria vida: desapego e juventude, amor e liberdade... Pensamos que não bastava protestar, batalhar por uma causa perdida, criticar ou desprezar. Pensamos que era ridículo admitir que o teatro fosse entregue para todo o sempre aos mercadores, proibido aos artistas e considerado por eles como um lugar de prostituição. Nós nos perguntamos se à coalizão dos interesses e dos apetites materiais não seríamos capazes de opor uma coalizão das boas vontades, se o sacrifício de si, guiado pelo espírito, não venceria esses egoísmos espessos atolados na matéria, e resolvemos reconquistar aquele campo da nossa arte, aquela região que nos pertence e onde estávamos a ponto de já não encontrar um lugar onde pôr os pés.

As senhoras e os senhores sabem o que significa esta expressão: industrialismo do teatro.

Mas que será o cabotinismo?

Já não sabemos muito bem o que seja, a tal ponto estamos saturados disso, infectados por isso. Todo mundo se lamenta do cabotinismo, e todo mundo é um pouco cabotino. O cabotinismo é uma doença que devasta não só o teatro. É a doença da insinceridade, ou, antes, da falsidade. Quem foi atingido por ela deixa de ser um indivíduo autêntico, deixa de ser um ser humano. É desmonetizado, desnaturado. A realidade exterior já não atinge o cabotino. Ele já não sente os seus próprios sentimentos. No momento em que nascem, destacam-se, de certo modo, de sua personalidade. Ele implica fraqueza, pobreza, mais do que perversidade. Comporta todos os graus, todos os matizes. Por isso eu digo que estamos envenenados por ele e que só o reconhecemos onde a sua careta é a mais grosseira e a mais ofensiva: no teatro, e ainda nem sempre. Mas se tivéssemos de fato noção do que seja a simplicidade, em sua graça, em sua liberdade, em seu equilíbrio, do que seja a ausência total, não digo de convenção, mas de afetação, do que seja a harmonia no caráter, nas proporções, no sentimento e no gesto, não poderíamos sequer dar uma olhada na direção da cena porque veríamos que aí tudo é corrompido, sofisticado, mentiroso.

Não falo somente das "so called stars" (assim chamadas estrelas), daqueles fenômenos, daqueles pobres monstros cujas deformidades são tão visíveis que não há necessidade de descrevê-las. Falo de todo e qualquer ator, do menor ator e de seu menor gesto, daquela mecanização da pessoa inteira, daquela ausência absoluta de inteligência profunda e de verdadeira espiritualidade. Não devemos pensar que resolvemos o problema da interpretação banindo as *stars* de nossos pequenos teatros e adotando o princípio do grupo coletivo. Estamos bem longe de haver atingido a simplicidade. Não digo: o realismo, a verdade, sequer a naturalidade. Digo a simplicidade, aquela qualidade superiormente humana que dá à obra de arte toda a liberdade de movimento, toda a força patética, e que se encontra igualmente na alta poesia e na grande estatuária, num vaso grego e numa dança popular, na interpretação da farsa mais excessiva, da comédia mais circunspecta ou da mais nobre tragédia.

Para reencontrar essa simplicidade vívida, devemos lavar-nos de todas as nódoas do teatro, despojar todos os seus hábitos. E obteremos tal resultado não tanto ensinando a nossos jovens atores uma nova técnica quanto lhes ensinando a viver e a sentir, mudando seu caráter, tornando-os seres humanos. Que o ator volte a ser um ser humano, e todas as grandes transformações no teatro decorrerão daí. Conhecem Eleonora Duse. Lembram a mulher que é, que qualidade humana possui. Pois bem: sem dúvida não podemos esperar que tornemos todos os nossos atores e todas as nossas atrizes personalidades comparáveis à de Duse. Mas talvez consigamos pôr em cada uma das almas jovens que queremos formar uma centelha daquele espírito cuja encarnação mais elevada é Duse.

A tarefa mais útil e mais imediata que os pequenos teatros possam realizar é trabalhar para o *refrigério* da cena chamando (para o seu palco) os não profissionais.

Se os pequenos teatros só servissem no momento para nos mostrar atores sem pretensão, com figuras jovens não deformadas pela careta profissional, pela horrível mímica dos rostos habituados a expressar demais, já seria muito. Recentemente, eu assistia à representação de um dos pequenos teatros de vocês e observava em cena uma jovem de aspecto modesto, com um rosto sensível, uma voz terna e um pouco velada. Ela não tinha técnica nenhuma. Não tinha a menor ideia do que fosse isso. Por exemplo, ela não sabia caminhar em cena, nem entrar, nem sair. Ela também não sabia acompanhar a palavra com os gestos apropriados à ação do diálogo, e mantinha constantemente os dois braços um pouco febrilmente apertados contra o corpo. E só no final da sua longa fala afastou os dois braços simplesmente, e se calou de repente, olhando diante dela como se continuasse a acompanhar o seu pensamento no silêncio. Pois bem: aquele gesto era admirável, e havia naquele olhar uma emoção humana que me encheu os olhos de lágrimas. Diante de mim havia uma mulher de verdade, e as lágrimas que arrancava de mim não eram dessas lágrimas involuntárias que às vezes a excitação nervosa do teatro nos faz verter. Também eram lágrimas verdadeiras, naturais, humanas.

Eis o que se deve preservar no intérprete do drama futuro. E para isso é preciso mantê-lo em contato constante com a vida, com os deveres, os prazeres, as obrigações, os trabalhos da humilde vida cotidiana. É preciso desenvolvê-lo harmoniosamente. É preciso proibir que se especialize, que se mecanize pelo abuso da técnica. Em minha opinião, a técnica do intérprete dramático não deve ser desenvolvida além de certo limite. Assim que se sente capaz de expressar demais, torna-se um virtuose. Já não é o servidor de sua arte. Brinca com seus meios. Brinca consigo mesmo. A interpretação sincera e respeitosa deve ter a *qualidade* do drama interpretado, mas deve permanecer-lhe inferior em grau, deve permanecer meio tom abaixo dele. Quero dizer que, para dar um prazer poético completo, a interpretação deve deixar pairar algo superior a ela, intangível, que é o espírito impalpável do drama, que é a presença indizível da alma do poeta.

Parece-me que podemos alcançar essa discrição, esse pudor dos rapazes e moças que vêm a nós para consagrar suas vidas a uma obra desinteressada, com o pensamento de não ser somente atores mas trabalhadores modestos, prontos a aceitar todas as lidas do teatro. Tudo no teatro nasce da engenhosidade do espírito deles, do concurso da vontade deles, do trabalho das mãos deles. Nada mais salubre que esse trabalho em comum, que esse esforço unânime e anônimo. Ele nos leva de volta a essa ideia de confraria, a esse espírito corporativo de que saíram as mais elevadas obras-primas do passado. Lá onde reina, cria a alegria e a concórdia. Torna o homem mais belo e a vida mais preciosa. E as senhoras e senhores reencontrarão à noite em cena essa alegria do ateliê, esse acordo exaltado da comunidade. Em cena, eles se transformam em beleza.

Se o espírito do pequeno teatro não fosse o que acabo de dizer, não seria absolutamente nada. É essencialmente um espírito de abnegação, de disciplina e de fervor.

Cabe a nós preparar o futuro, oferecer um lugar de asilo às obras-primas futuras, tornar possível uma grande eclosão dramática.

Quem vê com inquietação multiplicarem-se as suas tentativas e o desenvolvimento de seus esforços, aqueles que os atacam, jovens artistas do teatro americano, pretendem insinuar que falta a vocês modéstia. Atribuem a vocês a pretensão de representar uma grande perfeição artística. Não deixem esse boato se espalhar. Desmintam-no por todos os modos. O espírito do pequeno teatro não teria nem significação nem futuro se não fosse um espírito de expectativa. Não devemos ter receio de manter durante muito tempo aquele ar um pouco desvairado daqueles que procuram. O olhar de quem acredita que encontrou se extingue. Não é preciso ter pressa em se tornar "um teatro de verdade". Mil influências, sutis, dissimuladas, desconhecidas, espreitam vocês e, se não tomarem cuidado, elas os atrairão insensivelmente para os hábitos de rotina e de vulgaridade de onde vocês pensaram escapar.

Desconfiem, portanto, do sucesso. Desconfiem do homem da Broadway que lhes dirá: "Pois bem, vejamos o que é o teatro novo?" Desconfiem do amigo que os obriga a crescer, e de quem aconselha "apesar de tudo, um pouco mais de acabamento técnico", insistindo no fato de que "afinal de contas, a imperfeição não é uma qualidade".

Eu lhes digo, ao contrário, que numa época em que sofremos especialmente de refinamento, de complicação, a imperfeição – quando ela própria não é um refinamento e uma afetação –, a imperfeição é a mais preciosa, a mais fecunda das qualidades. Não vão rápido demais. Não se apressem em concluir e em se cristalizar. Deem para si o tempo de preparar a terra, de surribá-la e de fecundá-la, e tratem de fazer com que se enraíze nela alguma planta de germinação lenta e difícil, mas robusta. Tudo brota um pouco forte demais, um pouco rápido demais no jovem solo americano de vocês. Olhem como os pequenos teatros de vocês já têm sucesso. Vocês me dirão que é por serem excelentes. Creio que é principalmente por serem novos. Vocês me dirão que eles respondiam a uma necessidade do público. Talvez. Mas tomem cuidado para eles não se tornarem uma *moda*, para não fazerem furor, como se diz. O ponto em que a novidade entra em contato com a moda é onde a necessidade interior afrouxa sob a pressão do exterior. Pode-se considerar uma aspiração o que é apenas um entusiasmo.

Desconfiem do ator que, expulso pela porta, quiser entrar pela janela. E desconfiem também desta doença moderna, desta doença do teatro novo: a doença da encenação. É um ponto que me preocupa extremamente e sobre o qual creio não estar de acordo com a maioria de meus jovens confrades. O desenvolvimento da arte da encenação, em si, da elaboração cênica em si, tal como se viu na Alemanha, por exemplo, durante os últimos quinze ou vinte anos, é mórbido. Não tem razão de ser. Invade o equilíbrio cênico. Não é uma arte, mas uma pretensão. É uma nova espécie de cabotinismo. Fizeram grande estardalhaço a respeito dos seus princípios, das suas teorias, da sua novidade. A melhor das suas teorias e dos seus princípios é apenas um chamamento à harmonia da antiga vida teatral. Mas justamente: no tempo em que essa vida era um fato, não se proclamavam os seus princípios. No tempo em que ela era, por assim dizer, regulada pelos batimentos cardíacos do homem Shakespeare ou do homem Molière, não se afetava tanta originalidade. Onde falta a vida abundante do coração, ela é substituída por magras intenções intelectuais. Nosso campo teatral está envenenado pelo joio das intenções. A necessidade de fazer algo novo nos leva a cada instante à careta. E em que encontramos essa novidade? Quase sempre em bens materiais, quer dizer, em afetações, em deformações mais ou menos audaciosas. Com razão quiseram que a simplicidade substituísse no palco o acúmulo de pormenores sem expressão de que o naturalismo a havia carregado. Mas aí residia mais uma visão do espírito do que uma necessidade sinceramente sentida. E o espírito se apossou da ideia de simplicidade. Construiu em torno dela teorias, todo um arcabouço, todo um aparelho de intenções e de refinamentos. Fez dela essa coisa pretensiosa e ofensiva, aquela simplicidade sintética bem alemã, aquela magra dama langorosa que passeia em nossos palcos e nos pisca o olho repetindo sem cessar: "Veja, veja como eu sou simples".

Não há nada verdadeiro nem espontâneo nisso tudo. E nada está mais distante daquele vigor que deve ser o próprio espírito do pequeno teatro.

Repelimos com horror essa espécie de ator que no drama só vê a si próprio e procura, em todas as coisas, se valorizar. Cuidemos para não cair num outro tipo de presunção, a do *producer* artista, que põe a mão na obra poética, apodera-se dela e, com o pretexto de servi-la, se dispõe a fazer com que diga mais e outra coisa além do que ela tem a dizer; com o pretexto de exaltar-lhe o estilo, esquarteja-lhe o espírito e a composição. Certos grandes atores, graças à sua técnica fulminante, estiveram entre os maiores inimigos da arte dramática. Possuíam a terrível faculdade *de* "fazer alguma coisa com nada". A pretensão do encenador de hoje, se não tomarmos cuidado, não é de natureza muito diferente.

Penso – e vocês pensarão certamente comigo – que o papel do pequeno teatro, por mais modesto que seja o seu espírito, não consiste somente em receber as obras dramáticas que lhe são trazidas de fora e em lhes dar vida cênica. Nossa finalidade é principalmente recriar no meio de nós, no interior do teatro, as condições mais favoráveis para o nascimento da obra dramática, para a formação e para o desenvolvimento do escritor dramático. Todos os esforços dispersos estão voltados para o aparecimento desse herói do futuro. O dia em que aparecer, a sua personalidade dará resposta a tudo. Todos esses problemas do teatro que nos atormentam por assaltarem nosso espírito desordenadamente reencontrarão a unidade deles, quer dizer, a sua solução. Que digo eu? Eles já nem sequer serão formulados. O homem de teatro inato, o poeta realizador de uma forma dramática nova imporá o seu modo de interpretação, criará o seu instrumento, quer dizer, certa disposição cênica fixa que sempre, nas grandes épocas teatrais, correspondeu às exigências da obra.

À primeira vista, não parece que nossa cena de pano e papelão, do alto da qual pendem tantos ouropéis díspares, nossa cena eclética, nossa cena informe, impressionável em relação a todos os gêneros, tenha uma tendência a se cristalizar, a se fixar. Os teatros de repertório fundados diariamente parecem desmentir a nossa visão. No entanto, todos aqueles que refletiram profundamente sobre o futuro da forma dramática, iniciadores e juízes como Craig e Appia, pensam como eu que o ecletismo do teatro atual não pode conduzir a nada, que a variedade de sua *"scenery"** é um indício de pobreza

---

* A referência aqui é ao cenário, à cenografia (N. da T.).

interior. Eles pensam que falta direção, falta alcance no empenho dos pequenos teatros, que se distraem um pouco demais com a variedade de seus esforços, que a sua juventude vai passar e eles devem imaginar desde já deixar algo que sobreviva à sua juventude, à sua vivacidade. "Algo", quer dizer, uma cena reconstruída, uma cena nova para um drama novo, e não aquele lugar infinitamente plástico, mas sem nenhuma beleza própria, que é a cena moderna do século xx. Quanto a mim, senhoras e senhores, minha convicção é que o drama não reencontrará um ponto de partida, só retomará forma original e juventude submetido à pressão de uma cena ao mesmo tempo rudimentar em meios e rica em possibilidades estéticas, como a cena grega ou a cena de Shakespeare.

A tarefa que incumbe aos jovens teatros da América é particularmente urgente e difícil, mas é particularmente bela. Eles têm tudo por fazer. A matéria é magnífica. Ela é absolutamente virgem. Porém, se me for permitido dirigir-lhes um pedido amistoso, jovens artistas americanos, meus colegas, eu lhes direi: Sejam vocês mesmos, humilde e modestamente. Não sejam nem russos, nem alemães, nem escandinavos, nem franceses, nem sequer japoneses. Sejam americanos, dos pés à cabeça. E sejam do tempo de vocês, do tempo de uma América que procura a sua alma, que sofre e se irrita porque não a encontra, mas que talvez já esteja se aproximando dela às cegas. Saúdo os esforços de vocês com uma amizade sincera. Vocês me honraram e deram prazer ao me convidar hoje para vir à sua casa. Muito obrigado. Sinto prazer ao pensar que no ano que vem estarei trabalhando no meio de vocês.

1917[11].

Conferência na Drama League of America

Somos muitos, nos dois mundos, a perseguir, seja isoladamente, seja em grupos, a renovação do teatro, cujo programa é tão simples e tão claro, mas cuja realização é tão complicada

---

11 The Spirit in the Little Theatres, conferência de J. Copeau para os Washington Square Players, 1917.

e tão espinhosa. Entre nós existem teóricos, espíritos absolutos e intransigentes, desligados da vida, pouco preocupados em lutar com ela e em sofrer os seus danos, hostis a tudo o que existe, críticos impiedosos, semeando ideias fecundas e ainda irrealizáveis, profetizando um teatro do futuro cujo primeiro alicerce ainda não está assentado no solo do real.

Outros trabalhadores, talvez menos geniais, mas mais modestos, mais humanos, mais apaixonados pela vida e por suas realizações precárias, querem tentar a sorte do combate com as armas de que dispõem, e trabalhar com os instrumentos imperfeitos de que estão providos. Correm o risco de serem desconhecidos, repudiados ao mesmo tempo pela massa estagnada cuja rotina eles perturbam, e por aqueles pioneiros intratáveis cuja elevada exigência não satisfazem. São os sacrificados, aqueles que respiram um ar empestado, mas sabem se defender contra a sua malignidade, aqueles que avançam passo a passo por terreno intransitável, aqueles que defendem dia a dia o seu trabalho ameaçado e as suas conquistas, pobres e pequenas, disputadas amargamente. Mas eles mostram o caminho. E aumenta pouco a pouco a trupe daqueles que os seguem. Alguns caem. Outros os substituirão. O mesmo espírito conduzirá mais longe os recém-chegados, desde que tenham força, perseverança, abnegação. Nada vital, nada grande nem durável se realiza na terra se não for fruto do sacrifício e da comunhão. Para criar, é preciso, antes de tudo, ter o dom humano, ser um homem entre os homens. [...]

A minha vocação teatral sempre foi apenas a necessidade imperiosa de me dedicar a um culto. Toda a minha vida foi consagrada à paixão, ao respeito da arte dramática. Mas até a idade de 33 anos eu me afastei do teatro e não pus os pés no palco. O dia em que entrei nele foi unicamente para fazer com que ali prevalecesse aquele ideal que eu tinha e amadurecia em mim desde a infância. Foi para nele exercer a minha arte sem coação, livre e puramente, com uma honestidade e uma sinceridade que situo acima do próprio talento. Por esse empreendimento, que muitos julgavam insensato, sacrifiquei tudo: o meu ofício de crítico e de escritor, a minha solidão, o meu lazer, a segurança material e o encanto da vida familiar. Mas jamais sacrificarei a ele a minha consciência de artista. Se a existência do meu teatro se mostrasse incompatível com o meu ideal, eu romperia com ela imediatamente. Se deixasse de ser para mim o que eu quis que fosse, o teatro já não seria absolutamente nada, e eu sairia dele como nele entrei, com a cabeça erguida. [...]

Considero que estamos no início da nossa carreira. Por mais que já tenhamos mobilizado algum grande esforço, resta tudo por fazer. E a nossa ambição é imensa. Eu disse isso, ao começar: somos daqueles que aceitam as imperfeições provisórias, as insuficiências impostas para a realização cotidiana, e que já se consideram satisfeitos se o seu trabalho paciente ajudar na a evolução lenta de uma matéria que deve ser inteiramente refeita e remodelada.

    Mas para prosperar é preciso primeiro existir. Primeiro a vida, a presença da alma, o sopro do espírito. Até agora lutamos pela vida. Por falta de meios e de instrumentos, por falta de tempo, às vezes por falta de força, o que podemos realizar está sempre atrasado com relação à nossa inspiração. Cada dia nos traz uma decepção, um sacrifício relativo à exigência do nosso ideal. Mas não se pode dizer que esse ideal seja menos elevado nem menos absoluto do que o dos teóricos puros. Com a experiência, ele se declara e se precisa cotidianamente. E todas as nossas experiências concorrem para o mesmo objetivo, que é – posso confessar isso a vocês sem que comecem a sorrir? – uma renovação total da coisa dramática, na interpretação, na apresentação cênica, na dramaturgia. Sim, ouso dizer que nada é vivo, justo, autêntico, na vida do teatro moderno. Ouso dizer que ainda não há um teatro moderno, porque nele tudo é falso, viciado, mentiroso. De cima a baixo, é uma afetação pura e simples. Houve três ou quatro grandes épocas dramáticas na história humana. A época moderna ainda não produziu a sua forma. Todo o mundo fala de renovação. Mas que eu saiba, ninguém ainda teve a coragem ou o gênio de trabalhar para isso eficazmente, começando pelo começo.

    Por quê? Porque cada um se deixa corromper pela ambição pessoal e pela necessidade do sucesso imediato. É fácil surpreender e conseguir originalidade com teorias clamorosas e efêmeras. Difícil é a paciência, a continuidade, a abnegação; é trabalhar no escuro, construir lentamente. E só isso é fecundo. É fácil minar as tradições do passado. Difícil é criar uma tradição nova, uma escola, um estilo, algo que tenha direito à vida e que mereça ser continuado. O essencial é saber renunciar ao egoísmo, é se doar sem esperança de recompensa, é se livrar da noção de sucesso. Em suma, é preciso ter a fé invencível e totalmente pura, e o sentido da comunidade no trabalho.

Que nós queremos? Para resumir, queremos restituir ao teatro o caráter religioso, os ritos sagrados, a pureza original dele. É preciso, portanto, primeiramente, expulsar os vendilhões do templo, ou então erguer um templo novo ao lado dessas lojas sacrílegas que são os teatros comerciais. Esse problema está na base de todos os outros. O problema econômico comanda o problema artístico.

O problema do ator não é menos difícil de resolver, mas também é simples. Falta-me tempo para tratar aqui da questão. Tudo o que posso dizer é que importa mudar radicalmente o seu espírito, o seu humor, a sua mentalidade. Um teatro novo requer um ator novo, e por isso, desde o início, dirigi todo o meu esforço para a instrução do ator. Vocês conhecem a piada de Eleonora Duse, declarando que para salvar o teatro seria preciso primeiro matar todos os atores. Há algo verdadeiro nisso. E vocês sabem também que Gordon Craig pensou em resolver o assunto afastando o ator do seu teatro do futuro para o substituir pela marionete. A minha ambição pessoal é educar uma geração de artistas do teatro que fossem iniciados em sua arte desde a mais tenra infância e recebessem, no teatro, não aquele treinamento exclusivamente técnico que os deforma e os desnatura, mas uma educação completa que desenvolvesse harmoniosamente o seu corpo, o seu espírito e o seu caráter de homens.

Tudo isso será longo, difícil, e sabemos que não nos será dado marcar mais do que uma etapa no caminho que leva a esta meta sublime: livrar a cena de toda e qualquer afetação, de quaisquer aparências enganadoras, de qualquer mentira. O autor mente para ser aplaudido, o ator mente, o cenário mente, a maquinaria mente e o encenador e o decorador mentem também quando, a pretexto de defender o drama ou de o embelezar, eles o sobrecarregam e o deformam com suas intenções excessivamente visíveis. É preciso que a cena reencontre a sua austera nudez. É preciso que – lavados, purificados de qualquer requinte e de qualquer contorção – os artistas do teatro reencontrem mais do que a simplicidade: a ingenuidade. E o nosso papel – o daqueles cujo futuro preparamos – é limpar a casa, é afastar da cena tudo o que nela suja, sufoca, desonra o pensamento do poeta, a fim de que naquele mesmo teatro em que hoje tantas pequenas vaidades e apetites baixos se entrechocam, um dia possa reinar, sem restrição, o homem de gênio que o futuro talvez nos reserve.

Mas ainda não chegamos lá. E, enquanto esperamos, seja qual for o estado da questão, existe um problema prático, mais urgente do que todos os outros, vinculado ao da nossa própria existência. Trata-se do problema do público. O teatro é essencialmente uma arte popular. E não estou de modo algum entre aqueles que gostariam de torná-lo um prazer de delicados. Não podemos dispensar o público, um público sensível, ávido, com reações fortes. Nós amamos o público. A sua simpatia, e até a sua hostilidade nos são necessárias. E diante da sua indiferença ou da sua futilidade, o melhor da nossa coragem e da nossa força recai.

Toda a questão consiste em saber se o público moderno tem necessidade do teatro que queremos dar a ele, se não erramos totalmente o caminho procurando provocar o renascimento de uma grande arte, pura, livre e religiosa, numa sociedade materialista, unicamente apaixonada pelo bem-estar, fragmentada pela complicação crescente da vida moderna, e cujas forças criadoras estão, todas, orientadas para o progresso científico e industrial.

Somos os representantes de um passado irreparável? Somos, ao contrário, os anunciadores de um futuro que mal se pode discernir no limite extremo de uma época que se acaba?

Deixemos para os filósofos a preocupação com as ideias gerais. Trabalhemos. Experimentemos. Sigamos em frente. Tratemos de manter até o último dia o nosso espírito claro, a nossa sensibilidade viva, o nosso coração puro e inabalável.

1918[12].

---

12 Trechos de uma conferência proferida por J. Copeau em 26 de março de 1918.

Conferência no Laboratory Theatre

É um espírito de pesquisa mais do que um espírito de criação que preocupa o teatro há vinte anos. Muito se destruiu. Muito se redescobriu. As pessoas se lançaram por mil pistas. Tudo foi rediscutido, às vezes com uma arrogância selvagem. Passaram-se em revista os métodos dos séculos passados. Quiseram associar ao teatro os movimentos mais avançados, e frequentemente os mais passageiros, da arte moderna. O teatro conheceu requintes, barbáries, excentricidades. Resulta daí uma confusão bastante grande, muitos apelos e solicitações, muitas curiosidades, um imenso acúmulo de materiais, de conhecimentos, de problemas.

A última vez em que encontrei Gordon Craig foi na Exposição Internacional de Teatro, em Amsterdã, há quatro ou cinco anos. Ele estava amargo. Sofria a olhos vistos. Disse-me com força: "Gostaria de parar esse movimento do teatro. Ele vai demasiado rápido. Desde o primeiro dia senti que ele escapava a qualquer direção".

Sim. E é talvez necessário que assim seja. Pois assim é a vida. Ela tem mais prontidão do que nós, é mais generosa e mais pródiga. Ela nos arranca das mãos o que ainda não sonhamos em lhe oferecer. Às ideias e às formas que gostaríamos de acabar e só entregar ao mundo terminadas, ela muitas vezes comunica uma velocidade irresistível e uma potência indisciplinada.

Sabemos, porém, que uma grande obra é isto: é a perpétua confrontação do homem com as reações do seu tempo, de um ideal com a vida, a perpétua demanda de ordem e de unidade, a incansável reelaboração de um propósito que se altera e parece desfazer-se logo que escapa do operário.

É bem verdade, no entanto, que os mais sinceros dentre nós, o reduzido número daqueles que só trabalham para o progresso de sua arte e o preferem à felicidade e reputação próprias, gostariam de se entender e se unir, se consultar durante alguns instantes, examinar juntos a questão: o que fizemos? A que ponto chegamos? Para onde vamos?

Fizemos todo um grande trabalho preliminar, todo um trabalho de transição. Chegamos ao ponto de perguntar a nós mesmos se a liberação do teatro que os nossos antepassados e nós próprios empreendemos, se as perspectivas que entrevimos são compatíveis com a época em que vivemos, se elas têm um futuro, se elas se imporão à maioria.

Para dizer a verdade, a força da época e a sua originalidade criadora não parecem, no seu conjunto, orientadas para a criação artística, em particular para a criação dramática. Se considerarmos as grandes mudanças ocorridas no universo de cinquenta, de 25, de dez anos para cá, constataremos que houve mais novidade na maneira de construir um automóvel do que na de compor uma peça, que há mais diferença entre uma diligência e um aeroplano do que entre dois autores das épocas correspondentes, e a vista de um *skyscraper* (arranha-céu) ou de uma usina moderna provoca em nós um sentimento mais novo, uma admiração mais espantosa que o teatro construído mais recentemente. No ponto exato em que constatamos mudanças e melhoramentos no teatro, revelam-se acessórios. Não implicam uma orientação nova e fundamental. Parece que a expressão dramática está atrasada no conjunto da cultura e da civilização. Exatamente quando essa expressão é tentada em cena, nós a consideramos inferior em força à emoção que nos concede a realidade moderna cotidiana. Quer dizer, sem dúvida, que o sentimento dramático moderno ainda não encontrou *a sua forma*.

Que forma será essa no futuro? Para onde vamos?

Para responder a essa pergunta, ou para somente esclarecê-la, precisaríamos ter algumas luzes sobre o futuro da sociedade e do mundo. O teatro é a mais social de todas as artes. Sua forma e sua qualidade estão intimamente ligadas à finalidade a que se destina.

A sociedade de certa época tem o teatro que merece. Bem mais: ela quase sempre tem o teatro que pede. E do encontro entre a demanda do público e a resposta que o teatro lhe dá é que resulta a incalculável pujança da nossa arte. Disseram que os russos pós-Revolução rebaixaram a arte do teatro, fazendo-a servir à propaganda de suas ideias. É possível que eles a rebaixem, mas eles a rejuvenescem. Uma arte que responde à demanda de milhões de indivíduos, uma arte que busca unidade de tendência na unanimidade da carência a que responde é uma arte viva de onde sairá, sem dúvida, uma grande arte. É mais o requinte do que a rudeza que põe a arte em perigo.

Não devemos confundir nossas necessidades e nossas aspirações de artistas com os sintomas de um renascimento, nem sequer de uma renovação. Mas o fato de que aspiremos a essa renovação é um primeiro passo dado, é uma primeira posição conquistada; baseados nela, devemos organizar-nos e defender-nos. Não podemos prejulgar o futuro, mas podemos prepará-lo. E, para prepará-lo, podemos entender-nos quanto a algumas ideias simples, firmes e precisas. Enfim, se essas ideias nos parecem fecundas, só nos restará adaptar a elas todas as nossas ações e dar a nossa vida por elas.

Não faço hipóteses teóricas. Só lhes exponho modestas verdades, verdades de bom senso. A primeira delas é precisamente esta: é preciso dar nossa vida. Dirijo-me a vocês, jovens atores e estudantes, e lhes digo que não farão nada extraordinário se não derem a própria vida. O teatro está cheio de seduções falsas. Exerce sobre bem poucos a sedução profunda que lhe é própria. O teatro novo, com suas cores vivas de adolescência, está cheio de seduções fáceis. Ele atrai muita gente. E, particularmente neste país, vejo muitos jovens, muitas moças, sobretudo, "interested in the theatre" (interessados no teatro). Censuramos tanto o teatro profissional que vocês transformaram a sua juventude e a sua ignorância num título peremptório, e talvez achem de bom grado que basta ser inocente, não ter nenhum conhecimento profissional para fazer algo belo. Aqueles que acreditam não ter talento para ser atores revelam facilmente a pretensão de ensinar o que são incapazes de praticar. Tomem cuidado: se é um jogo, trata-se do jogo mais difícil, do mais perigoso. Nele arriscamos nossa alma. E isso não é bem um jogo, eu lhes garanto. Não existe ofício mais completo. Não existe ofício mais empolgante, mais belo, se for bem exercido. Talvez não exista nenhum mais degradante. E para a obra que vislumbramos: para a pureza do teatro, sua grandeza viva e sua poesia, não é apenas da inteligência e do talento de vocês que precisamos, mas da pessoa inteira de vocês, de toda a vida de vocês, de um jubiloso sacrifício.

Fixemos o olhar nos maiores exemplos. Já tivemos sucessos bastante belos, alguns de nós se aproximaram tanto da perfeição em algumas circunstâncias que podemos ter uma ideia do grau de beleza que o teatro pode alcançar. E sabemos que para atingir esse grau de beleza na interpretação é preciso que uma inspiração soberana impulsione a respiração, os discursos e os movimentos de um grupo de homens e de mulheres transportados e transfigurados pelo amor ao que fazem. Sabemos que o teatro de hoje pode ser ainda a celebração que era nas grandes épocas, que pode nos afetar com uma emoção que denomino religiosa, desde que se reencontre o espírito, desde que uma força espiritual anime o saber e o dom, e sabemos que a pujança de um jogo assim e sua força persuasiva estão na proporção direta da convicção e do amor na alma de quem joga.

Sabemos, portanto, ser preciso reencontrar o espírito, que sem isso é inútil tentar fazer qualquer coisa. Ele precisa ser reencontrado, e precisa ser comunicado. É preciso escolher os seres a quem ele será comunicado, e escolhê-los na idade, no momento da vida em que estão em condições de ser educados, em que são, conforme a expressão da antiga escolástica, seres dóceis: *pueri docibiles*. Insisto neste ponto: não somente as aptidões físicas e intelectuais, não somente o entusiasmo da vocação e a autenticidade do dom devem ser considerados na escolha dos companheiros de um teatro novo, mas também, e talvez acima de tudo, pelo menos para começar, o valor humano de cada pessoa, sua resistência moral, sua faculdade operária como membro de uma comunidade em que tudo deve tender à criação e à harmonia na criação.

Se tal comunidade pode ser formada e se ela encontrou o seu chefe, é preciso dar-lhe o tempo de se estabelecer, de se desenvolver e de crescer naturalmente, como uma planta ou como um ser humano. É preciso sacrificar tudo à possibilidade da sua duração. Não se deve nem exaltá-la nem condená-la cedo demais. Não devemos nos abandonar prematuramente à crença em seu sucesso ou fracasso. Pois o fracasso comporta muitas vezes uma parte de sucesso. E o sucesso final muitas vezes é garantido somente mediante uma série de fracassos. É tão difícil suportar o sucesso quanto o fracasso. Aí está a pedra de toque dos homens fortes e das empresas sólidas. A história dessas últimas é uma história de alternativas repetidas. Não se percebe à primeira vista a obra a que se está destinado. Quando São Francisco de Assis ouviu a ordem de reconstruir a igreja, acreditou que se tratasse simplesmente de reerguer as ruínas da capela de São Damião e se pôs a trabalhar com coragem.

Começou *imediatamente*, como os apóstolos haviam *imediatamente*, diante do chamado do Salvador, deixado seus barcos e suas redes. Somente mais tarde foi que Francisco compreendeu que devia reerguer a cristandade inteira.

Gostaria que não achassem excessiva e mesmo ridícula a comparação de nossa tarefa profana com uma missão divina. Tenho tanto amor à minha religião que detesto a pieguice em forma de religiosidade. Há uns dez anos, a primeira vez em que tive de expor diante de um público americano meu sentimento sobre as possibilidades de uma renovação dramática, um jornalista saiu da minha conferência dizendo: "Eu pensava que se tratasse de teatro, mas estou vendo que se trata do exército da salvação". Esse homem espirituoso não estava muito mal inspirado em sua zombaria. De fato, trata-se da salvação da nossa arte. Não esqueçamos que o teatro foi chamado "a mais desconsiderada de todas as artes". Se quisermos purificá-la, nunca a abordaremos com um sentimento bastante grave, bastante nobre, bastante ardente.

Tal espírito não se enraíza, não se desenvolve e não produz frutos em algumas semanas.

Os homens deste país foram habituados, no prazo mais curto possível e por vezes quase instantaneamente, a ser ressarcidos por seu trabalho. Sentem instintivamente necessidade disso. Este aqui é um país que não conhece madrugada nem crepúsculo – e que não gosta muito do repouso. Aqui, o clima e a inquietude brutalizam as pessoas. Aqui se luta contra a inquietude por uma afirmação de violência que nem sempre é vigor. Paul Claudel disse que este é "o país da tarde, dado aos homens para a exploração". Acrescento: e para o consumo. Não lhes parece que toda e qualquer criação aqui é realizada com vistas ao consumo? Esse "*waste*", resultante da superabundância e da pressa extrema em consumir, "*waste*" das coisas, dos homens, torna-se até consumo dos "*ideals*". Consumo e produção sobre-excitam-se mutuamente e engendram necessidades cada vez maiores, cada vez mais tirânicas e cada vez mais imperfeitas, "busy needs, and idle needs out of them, and business for these busy idle needs" (necessidades atarefadas, e necessidades ociosas em torno delas, e negócios para essas outras necessidades atarefadas).

Vocês trabalham para o sucesso. Vocês pedem sucesso, mesmo para o ideal. E sucesso rápido. O grande idealista que não tem sucesso vai à falência. A América seduz, com razão, os seres jovens e valorosos. Cada um encontrará aqui a sua chance de sucesso, mesmo o artista. Para cada um se abre uma oportunidade de sucesso ou de morte. Eu me pergunto se o lugar da criação não está entre os dois. A sociedade diz ao artista: "Vamos, agarre a sua chance, aqui está o dinheiro e o prazo, mostre-nos o que é capaz de fazer". Eu gostaria que se pudesse oferecer ao artista uma chance de não responder a tais perguntas, de não ter de mostrar, sob pressão, o que sabe fazer. Se quiserem ajudá-lo e servir a verdadeira cultura, deem a ele, junto com o afeto e o respeito de vocês, a chance de não ser um sucesso, mas de trabalhar em silêncio, na solidão e na obscuridade. Não estou advogando em favor da falência, mas do trabalho que é humilde por natureza, do operário que às vezes é lento e caprichoso, de uma vida de trabalho, semelhante à da semente no sulco, que não se desenterra a cada instante para lhe perguntar em que ponto está. Não digo que tenhamos razão, em nosso país, de abandonar o artista a si mesmo. É bem verdade que nós nos interessamos muito pouco por ele. Muitas vezes ele é isolado. Mas não é incomodado. Vejam, a única coisa com que se preocupa de fato o artista sincero, que vive unicamente para a sua arte, é não morrer de fome e dominar o instrumento do seu trabalho. Quem se interessa pelo artista só tem sobre ele o direito de lhe garantir o pão e um instrumento. E, quanto ao resto, deixem que faça por si. Não se deve deixar o artista morrer. Também não se deve *provocar* a sua morte pedindo cedo demais o fruto do seu trabalho. Não desperdicem dinheiro com o artista. Não estraguem o próprio artista com dinheiro. Deem a ele apenas o dinheiro de que precisa para viver, para pertencer a seu trabalho, a suas ideias, não ao sucesso. Antes de conseguir formar um homem de gênio, talvez seja preciso garantir a existência de várias gerações de artistas livres.

Peço encarecidamente que sejam pacientes, modestos, severos com vocês mesmos. Não perguntem sequer se o esforço que fazem, circunscrito como é, vale a pena. Enquanto permanecerem puros e absolutamente livres, valerá a pena. Não se apressem. Não se deixem arrastar, seduzir ou intimidar. Só prossigam o seu desenvolvimento no interior e em profundidade. Dediquem todos os seus recursos ao aperfeiçoamento do seu trabalho, dos seus métodos, do seu pessoal. Nunca renunciem a este belo título: *laboratório*. Ele significa que vocês trabalham, que vocês criam. O papel de vocês, se cumprem sua missão, é criar formas exemplares, métodos robustos, perspectivas novas, uma tradição e, sobretudo, homens perfeitamente preparados e providos para continuar a tarefa. É preciso repovoar o teatro com homens novos – como é preciso repovoar a cena com personagens novas. E para isso é preciso considerar a criação pelo lado certo, é preciso submeter-se às condições de toda criação, é preciso começar pelo começo. Vocês são um começo. Não abdiquem desse privilégio por nenhum outro. Eu renunciei a todos os demais para ficar com aquele.

Para empreendimentos como o de vocês e como o meu, o problema fundamental não é um problema artístico, mas um problema social, o da *existência*. Eu o conheço a fundo. Tentei a vida toda resolvê-lo. É preciso permanecermos flexíveis para permanecermos vivos. Um teatro regular fatalmente se cristaliza. O problema comercial fatalmente precede o problema artístico. O sistema do repertório não é uma solução. É apenas uma adaptação do problema artístico ao problema comercial, um acordo. Até esse acordo a nossa época torna cada vez mais precário. Um teatro de repertório, com base comercial, esgota seus colaboradores, esgota seu poder de criação, se não for completado por uma escola ou laboratório, onde possa constantemente buscar forças novas e revigorantes.

Pois o problema é, no fundo, o da conquista do grande público por um teatro renovado. E que vemos até agora? Ou pequenos teatros à margem – como se diz na França –, que são promissores, cintilam com um brilho fugaz e desaparecem, deixando por dois tostões sua influência nos teatros regulares, que a desnaturam completamente ao assimilá-la ou quando o pequeno teatro à margem tem sucesso, tende a tornar-se um teatro regular, quer dizer, a se comercializar. Ele começa a decair com a primeira concessão que faz, consciente ou inconscientemente.

Essa capitulação, esse desbotamento da juventude, esse amortecimento do vigor – resumindo, toda aquela parte de embrutecimento que existe na prática do teatro não tem sua fonte simplesmente na rotina? Teatro de arte ou não, teatro de repertório ou não, a partir do momento em que de determinada criação vocês procuram tirar o maior partido possível – vocês estão perdidos. Vocês pensam que estão trabalhando muito porque acumulam o número das representações. É então que o verdadeiro trabalho começa a se retirar de vocês. Dizer que o teatro não deve, não pode ser comercial não é dizer o suficiente, é dizer uma coisa que se tornou banal e que se repete hoje em dia maquinalmente sem aprofundar o seu sentido. É preciso dizer que o teatro não deve ser cotidiano. Quanto mais ele é frequente, mais ele tende a se degradar.

A dignidade original do teatro reside em sua solenidade. O divertimento cotidiano que o dinheiro pode comprar, não somente em qualquer temporada, mas a qualquer hora do dia, perde toda significação, não tem outra razão de ser senão a de nos desviar de nós mesmos. A imaginação individual para colaborar na celebração dramática requer uma preparação, uma iniciação.

Para melhor compreender essa necessidade, voltemos a nossas lembranças de infância. A promessa do espetáculo, a antecipação do espetáculo como uma recompensa, liberava em nós as fontes mais delicadas da imaginação. Lembrem o que era a expectativa de vocês e o que as esperas acrescentavam de impaciência deliciosa e de amor. Lembrem com que sentimento vocês iam dormir na véspera do espetáculo, com que sentimento despertavam no dia do espetáculo, venciam a distância que os separava do teatro, transpunham o umbral do teatro, entravam na sala, respiravam seu cheiro, sentavam, esperavam o sinal, viam enfim a cortina subir para lhes descobrir outro mundo, e que ressonância encontrava no coração de vocês a primeira palavra dita. E passada a magia, feito o silêncio, fechada a cortina, retomada a vida normal, que prolongamento infinito da lembrança fazia vocês reviverem emoções mais reais que as trazidas pela existência cotidiana, que não tem nem a harmonia, nem a continuidade, nem a plenitude do espetáculo inventado.

1927[13].

---

13 Terceira conferência de J. Copeau no Laboratory Theatre, 1927.

AOS AMADORES

> *Amadores. Esse frescor é o de que temos mais necessidade. Mesmo desajeitado, ele é comovente.*
> *Regresso ao primitivo.*
> *Não atitude. Necessidade*[14].
>
> 1917.

Se o teatro francês está morrendo, é porque os profissionais o mataram.

Cada vez que é feita a tentativa de um esforço, cada vez que surge certa renovação no teatro, em qualquer época e em todos os países, é aos *amadores* que isso é devido. Sem eles, a rotina e o artifício em cena nunca seriam perturbados. No início da sua carreira, com os jovens de boa família que compunham a sua companhia, L'Illustre Théâtre, Molière era amador. Goethe, em Weimar, era amador, e Antoine, quando fundou o seu Théâtre Libre, e Stanislávski nos primeiros dias do Teatro Artístico de Moscou, e tantos outros...

Não se deve ter vergonha de ser amador. Seria preferível que, por maior que fosse, o artista nunca deixasse, durante a sua carreira, de ser amador, se dermos a essa palavra pleno sentido: *aquele que ama*. Aquele que não se doa à sua arte nem por ambição, nem por vaidade, nem por cupidez, mas unicamente por amor e, subordinando toda a sua pessoa a essa pura paixão, faz voto de humildade, de paciência e de coragem.

1925[15].

Noitada no Provincetown Players

Estamos num apartamento, em Washington Sq., com alguns bancos de madeira diante de um palco minúsculo, mal e mal protegido por uma fina cortina que se desloca ao mínimo vento. A qualidade das peças é muito medíocre. Pouco se compreende por que esses atores se reuniram. Seu desajeitamento é extremo. Não se pode imaginar menos arte. Mas aqui, pelo

---

14 Trecho de uma conferência de J. Copeau em Harvard, 14 de abril de 1917.
15 Trecho do artigo Pour les Amateurs, em *L'Est dramatique*, Troyes, 1925.

menos, as intenções pretensiosas não substituem a ausência de realização. E por medíocre que seja o conjunto do espetáculo, é, no entanto, algo delicioso, e que me comove às lágrimas, ver em cena jovens rostos intactos, que não são estragados por nenhum artificialismo, que não são desfigurados por nenhuma careta. Eles não sabem se manter em cena, nem entrar, nem sair, e o palco soa oco embaixo dos seus passos mal medidos. E não gosto que nada depure a sua naturalidade involuntária, que nada os guie. Mas mrs. Susan Gaspell, que é a autora de uma das peças representadas, mrs. Gaspell, em certos momentos, no meio de toda aquela desordem, me toca no fundo da alma pela simplicidade de sua atitude, pela pura qualidade da sua pessoa, pelo sentimento inimitável num matiz de entonação.

Nunca compreendi tão bem quanto em certos momentos daquela representação até que ponto é importante renunciar à técnica atual do teatro, ainda que a custo de um longo período de novos balbucios.

1917[16*].

---

16 "The great hope of the future lies, I think, in the fertilization of the large by the little theatre, of Broadway by Provincetown. In the region of Washington Square and Greenwich Village, or, ultimately, among the sand dunes of Cape Cod (Provincetown), we must look for the real birthplace of the new American drama" (O grande desejo do futuro reside, penso eu, na fertilização do grande teatro pelo pequeno teatro, a fertilização da Broadway por Provincetown. Na região de Washington Square e de Greenwich Village, ou, recentemente, entre as dunas arenosas de Cape Cod [Provincetown], devemos buscar o verdadeiro lugar de origem do novo teatro estadunidense). (William Archer.)

Os Provincetown Players foram dos primeiros grupos de atores e autores principiantes a se reunir num local improvisado, The Wharf Theatre, em Provincetown, Massachusetts (1915). Dois anos mais tarde, de acordo com os Washington Square Players, eles se instalaram num estábulo desativado de Greenwich Village.

* O Provincetown Players iniciou suas atividades no verão de 1914, com George Cram (Jig) Cook e Susan Gaspell, no "Saint-Tropez de Massachusetts", em Provincetown. Seus integrantes alugaram um velho depósito e o batizaram de Wharf Theatre (Teatro do Cais). Montaram então uma sátira do recalque segundo Freud, *Suppressed Desires* (Desejos Recalcados). Em 1916, Eugene O'Neill entra para o grupo, que obtém um grande sucesso com *Bound East for Cardiff* (A Caminho de Cardiff) e *Thirst* (Sede). A seguir, o Provincetown se instala em Greenwich Village, em Nova York, com o nome de Playwrights' Theatre (Teatro de Autores ou, como se diria ainda, Teatro de Arte e Ensaio). O grupo encena todas as primeiras peças de O'Neill – que se tornará codiretor em 1924, juntamente com Kenneth MacGowan e com o decorador Robert Edmund Jones – e divulga Paul Green – *In Abraham's Bosom* (No Seio de Abraão), 1926. Sua finalidade: "Dar aos autores dramáticos – particularmente

Com a maior frequência possível, é preciso pôr novamente perante o público obras primitivas – obras que não ofereçam nenhum atrativo de perfeição.

1914-1915.

---

aos autores estadunidenses – a possibilidade de fazer as ideias deles passarem para a cena com toda a liberdade". O grupo se dispersa em 1929. V. M. C. Pasquier, Provincetown Players, p. 736, em Michel Corvin, *Dictionnaire Encyclopédique du Théâtre*, v. 2, Paris: Bordas, 1995 (N. da T.).

O Público

Duas Comédias de M. Sacha Guitry no La Michodière

Há muito tempo eu não havia assistido a uma "estreia" num teatro de Paris. A do Teatro da Michodière me pareceu bem elegante. Muitos peitilhos, *smokings* e até casacas pretas com grandes condecorações. Havia também costas e braços. E sobre tudo isso rostos que, à primeira vista, não pareciam muito marcados por outra coisa a não ser por uma maturidade melancólica. Pouca juventude e pouco brilho. No teatro, o público me interessa tanto quanto a peça, talvez mais. Eu o observava, antes de subir o pano, tentando ter uma ideia dos seus sentimentos e das suas disposições. A atitude, o olhar, o tom das vozes revelavam apenas uma grande indiferença. Comecei a folhear o programa. Ele me informou muitas coisas que eu não sabia: que monsieur Victor Boucher acaba de comprar um DS Panhard-Levassor* e que o seu camiseiro é David, 32, Avenue de l'Opéra; que Jenny veste Madame Huguette Duflos; que os atores da peça, na vida e no palco, fumam charutos e cigarros da Régie

---

* Trata-se de um carro da marca Citroën, considerado um automóvel muito elegante. Na sigla DS, há um trocadilho: em francês, DS soa como a palavra "déesse", ou seja, deusa (N. da T.).

Française*, e que o porto que eles bebem nos primeiro e segundo atos é o Porto Roll's da casa Hanappier Peyrelongue...

Depois, houve um roçar de roupas, um esgueirar-se, um burburinho. A pequena peça estava começando. E tive logo a impressão de que a densidade do diálogo estava admiravelmente proporcionada à capacidade dos ouvintes, de que a indolência dos últimos mais uma vez era poupada e depois cativada pela preciosa, pela inimitável facilidade do autor. Assim que madame Germaine Risse abriu a boca, imediatamente, exclamações como "fascinante", "extraordinário" foram murmuradas atrás de mim, e a sala começava a sorrir. Há, no entanto, nesse ato, bastante amargura. Mas esta se destila gota a gota, como um remédio numa infusão e o seu gosto só se revela no último gole. Trata-se de uma pequena rã que se deixa amar, quer dizer, cobrir de joias e de títulos de renda, por um cinquentão. Ela o engana e o explora, ainda por cima. Poderíamos pensar que ele é um otário. Como uma raposa velha, porém, ele a desmascara e a aniquila: "Os homens que mais gostam de pagar pelo corpo das mulheres são aqueles que menos gostam de que riam da cara deles". Esta fala categórica é a última da comédia. Ela esfria um pouco o aplauso.

1933[1].

O público, em sua maioria, é distraído. Ele é apático, pouco tenso. Não tem febre. Falta-lhe febre. Solicitado por todos os lados, farto de divertimentos, saturado de espetáculos, mistura e confunde tudo, subestima gravemente os esforços mais autênticos, já não percebe distintamente as marcas da sinceridade nem as da grandeza, os limites que separam a arte verdadeira do artifício agradável. Baixa do gosto, baixa da inteligência, mas, sobretudo, baixa da *alma*. Quando perguntavam o segredo dos saltos extraordinários que fazia a sua montaria

---

* Régie Française de tabacs: empresa pública francesa que tem o monopólio do tabaco naquele país (N. da T.).
1 J. Copeau, resenha do espetáculo de Sacha Guitry no Théâtre de la Michodière, *Les Nouvelles Littéraires*, 11 de novembro de 1933. A "pequena peça" de que fala Copeau é *Le Renard et la Grenouille* (A Raposa e a Rã), um ato. A outra comédia, na qual Victor Boucher atuava, comporta três atos: trata-se de *Un Tour au Paradis* (Uma Volta no Paraíso), espetáculo estreado em 6 de novembro de 1933.

executar, já não sei que cavaleiro emérito respondeu: "Começo por jogar o meu coração por cima do obstáculo".

Já quase ninguém encontra em si mesmo esse impulso, hoje em dia. A energia de que cada um dispõe é excessivamente fragmentada, excessivamente dispersa. Ela é consumida por um excesso de inquietações. Nada mais é feito facilmente. Precisamos coragem a cada manhã para consentir em levar até à noite os nossos passos por um terreno que se revolta ou se esquiva, levar nossos pensamentos através de uma desordem de interrogações. A vida é por demais urgente, as necessidades por demais amargas, o espetáculo do mundo é por demais patético para que o homem de uma classe ou de um ofício pense em outra coisa além dos problemas da sua classe ou do seu ofício. A consideração desinteressada pela natureza, pelo indivíduo e pelo seu destino o deixa frio. Ele busca a evasão vulgar ou o alívio fácil. Para ele basta que a música mecânica lhe arranhe os nervos e que imagens efêmeras lhe distraiam os olhos, adormecendo-lhe o espírito. A época é marcada pela indiferença e entorpecida pela paralisia. E, nesse estado de diminuição espiritual, ela corre o grande risco de ser desencaminhada por falsos pensamentos e por falsos artistas. Pois as camadas sociais que a indiferença e a paralisia não atingiram – quero dizer: as camadas mais jovens e as mais humildes, que têm em seu favor a sua própria novidade, a sua revolta e sua esperança – ainda não estão formadas ou, pelo menos, o que elas pensam, o que elas querem e o que elas reclamam ainda não pesa muito nas decisões do gosto e no balanço das forças criadoras.

1937[2].

Sem depositar na massa do público uma confiança exagerada, e sem a bajular, pode-se dizer que ela ainda abarca elementos insatisfeitos, elementos saudáveis e elementos generosos. É esse fermento que faz um dia a massa crescer. É preciso levá-lo em consideração. É preciso poupá-lo, estimulá-lo, nutri-lo e desenvolvê-lo. Há também uma juventude que assedia os ingressos baratos quando se representa Shakespeare num teatro pequeno

2   J. Copeau, Heur et malheur du théâtre, trecho de um artigo publicado em *La Nación* de 4 de abril de 1937.

de bairro. É a ela que devemos dar lugar em salas espaçosas, diante de uma cena viva.

1935[3]

Coriolano no Théâtre-Français

Coriolano atraía à Comédie-Française um público numeroso. Em tais circunstâncias históricas, essa obra, que não é atual, mas do passado, tirava a multidão da sua letargia habitual e a forçava a reagir com vivacidade. Uma parte da vida social se concentrava ao redor de um teatro e se misturava com a vida dramática. A famosa "comunicação" entre palco e plateia, que às vezes se tentou suscitar por tantos meios artificiais, se estabelecia espontaneamente. Enfim o teatro, pela primeira vez há tanto tempo, cumpria o seu ofício mais elevado e finalmente encontrava a sua razão de ser. *Coriolano* foi retirado de cartaz e tudo voltou ao normal. Isso não é muito estimulante para os jovens autores dramáticos cuja ambição seria – como a leitura de muitos manuscritos me certifica – inscrever em suas obras os problemas mais ofensivos para a rotina das ideias. Toleram-se quadros de costumes extremamente ousados. As pessoas não têm medo de desmoralizar. Contudo, ficam alarmadas com qualquer palavra altiva, com qualquer tom de revolta, como se fosse um levante sedicioso. No entanto, é preciso tomar o seu partido nisso tudo. Aí reside um dos aspectos do futuro do teatro. Ou continuará o seu caminho medíocre na baixeza e na insignificância, até a decrepitude derradeira, ou, se for para reviver e se elevar, se tornará novamente perigoso.

1934[4].

---

3 Trecho da resenha feita por J. Copeau da peça de Henri-René Lenormand (1882-1951) intitulada *Crépuscule du Théâtre*, representada no Vieux Colombier de René Rocher, em *Les Nouvelles Littéraires*, 5 de janeiro de 1935.
4 *Coriolan au Théâtre Français*, artigo de J. Copeau, em *Les Nouvelles Littéraires*, 24 de fevereiro de 1934.
  Estreada em 9 de dezembro de 1933, numa encenação de Émile Fabre, com cenários de André Boll e figurinos de Bétout, a peça foi representada até o dia 4 de fevereiro de 1934 e depois retomada de 11 de março a 30 de novembro. Foi retirada de cartaz definitivamente após um total de 52 representações, por causa das reações muito fortes do público, que percebia alusões à política

Eu gostaria, sobretudo, que o teatro não fosse objeto de nenhuma prevenção de esnobismo mundano nem de ostracismo popular. A meu ver, uma das causas da decadência da nossa arte dramática é aquela distinção fatal que foi feita, aquele abismo negro que se cavou entre o que se dirige aos delicados e o que só é bom para a multidão. Só teremos teatro vivo no dia em que tal divórcio tiver acabado. Ele recua bem longe em nossa história. Boileau censurava Molière por se rebaixar a deleitar a gentalha. Aquele Molière que pretendia não seguir outra regra a não ser a de agradar ao público; que, durante a sua primeira visita à Corte em representação, não temeu arriscar diante do rei uma dessas pequenas farsas bastante cruas com que regalava as suas plateias da província; aquele Molière permaneceu o mais atual, o mais ativo de nossos velhos autores[5*]. Ele havia percorrido a província por muito tempo. Fiz como ele durante anos. Atingi, nas pequenas cidades e nos campos, um público realmente popular, quer dizer, uma mistura de todas as classes: desde o operário dos campos até o castelão, passando pelo funcionário e pelo comerciante. Público

---

contemporânea no texto, adaptado por Piéchaud. Foi um dos acontecimentos da administração de Émile Fabre.

5   Lembremos a reação de Boileau, que, lamentando que Molière voltasse, em 1671, ao herói da farsa e da *Commedia dell'Arte*, escrevia, em 1674, em sua *Art Poétique*:
Dans ce sac ridicule où Scapin s'enveloppe,
Je ne reconnais plus l'auteur du Misanthrope.
(No saco ridículo em que Escapino se enrola ,
já não reconheço o autor do Misantropo)
        (III, versos 399-400).
Para a sua volta a Paris, Molière representou diante do rei e da corte, em 24 de outubro de 1658, o *Nicomède* de Corneille e uma farsa em um ato de sua composição, *Le Docteur amoureux* (O Doutor Apaixonado), que não foi conservada.

*   Célia Berretini assim traduziu, em prosa, o mesmo trecho: "Neste saco ridículo em que Escapino se envolve, não mais reconheço o autor de *O Misantropo*" (p. 53). E na nota 122 escreve o seguinte: "Alusão à peça *As Artimanhas de Escapino*, de Molière, embora seja outra personagem, e não o valete Escapino, que é envolvido num saco" (p. 122). Ver Nicolas Boileau-Despréaux, *A Arte Poética*, São Paulo: Perspectiva, 1979. Uma edição francesa da mesma obra traz esta nota (n. 48), referente ao mesmo passo: "Este verso famoso alude ao saco que Escapino enrolava na cintura, já quando Molière interpretou o papel pela primeira vez" (p. 69). Ver Jean-Clarence Lambert; François Mizrachi (orgs.), *L'Art Poétique de Boileau suivi de L'Épître aux Pisons (Art Poétique) d'Horace et d'une anthologie de la poésie préclassique en France (1600-1670)*, Paris: Union Générale d'Édition, 1966 (N. da T.).

espontâneo, que compreende tudo, que sabe rir e se emocionar, que não tem medo de aplaudir, que se entrega ao espetáculo como os atores se entregam à atuação. Então, será que só em Paris seria impossível essa fusão popular? Público difícil, dizem. Sobretudo público enfastiado, que nenhum apetite real sacia, que nenhuma convicção norteia, que passa do gracejo mais vulgar, em que se compraz frouxamente, aos jogos literários mais inumanos, em que se pavoneia sem prazer. Confunde-se muito facilmente a qualidade do prazer dramático com a dificuldade que se tem de usufruir dele. Sente-se uma satisfação de vaidade em tornar essa fruição um deleite solitário. Creio ser um erro e uma pequenez. A qualidade do prazer dramático de verdade é ser partilhado, multiplicado por mil ou mais, e de o ser instantaneamente. O destino do nosso teatro não está na rota do requinte, do esoterismo. Eu o vejo na esteira da grandeza e da universalidade. Numa sala de espetáculo, a gente não pensa duas vezes para se divertir ou para se comover. Assim também o ator, em cena, não pensa duas vezes para encontrar e passar para o público a sua expressão cômica ou dramática. Só nos comovemos com o que nos toca franca, direta e imediatamente, por aquilo que nos escolhe, nos visa e nos atinge em nossa pessoa sensível, inteligente ou racional. Para reagir, para participar, para protestar, para rir ou para chorar, é preciso compreender. É preciso que todo mundo compreenda. Queríamos fazer um teatro que fosse compreendido por todos, ou pelo menos que pudesse ser compreendido por todos e pudesse se tornar o alimento de todos. Sem nada sacrificar da sua qualidade. Mas essa qualidade é mais profunda e de uma essência muito mais rara do que aquela que se atribui aos maneirismos da moda ou às excentricidades, aos preciosismos intelectuais. A originalidade real é apenas uma forma da sinceridade.

1935^6.

Às vezes somos injustos para com o nosso público. E é frequentemente por desconhecê-lo, por subestimá-lo, por não o respeitarmos bastante, que nasce no ator aquele desleixo de

---

6 Trecho da conferência pronunciada por J. Copeau no Théâtre de la Michodière, em 14 de dezembro de 1935.

sua atitude, aquele deslizar para uma preferência derrisória pelos efeitos mais fáceis e mais vulgares. Ele deve pautar o seu esforço pela mais alta exigência que possa supor por parte de um público dotado ao mesmo tempo do maior gosto e da mais cordial simpatia.

Falo de simpatia porque ela é o próprio calor da nossa vida, o fogo em que se reacende o nosso ardor, em que se reabastece o dispêndio perpétuo de nós mesmos, de nosso sangue e de nossa alma.

Compreendemos, então, fora de qualquer vaidade, de qualquer cabotinagem, de que custo pode ser para o ator a mínima prova distinta que lhe vem desse mundo desconhecido, o do público, além do seu silêncio ou do seu aplauso. Quero dizer: uma carta que o elogia sobre um ponto de sua interpretação, secreto e verdadeiramente digno de elogio; uma crítica pertinente e bem expressa, uma palavra de recompensa e de afeto.

Um público não é uma reunião de homens reunidos ao acaso, que vêm aqui ou ali procurar uma distração mais ou menos capitosa. Há noites em que a sala de teatro está cheia, e em que não encontramos público diante de nós. Chamo de público o conjunto daqueles que uma mesma necessidade, um mesmo desejo, uma mesma aspiração conduzem a um mesmo lugar, para satisfazer um gosto que eles têm de viver juntos, de experimentar juntos as paixões humanas, o encantamento do riso e o da poesia, por meio de um espetáculo mais consumado que o da vida. Eles estão aí numa expectativa comum, armados de uma exigência comum, e as lágrimas que derramam ou as gargalhadas da sua alegria os incorporam quase fisicamente ao drama ou à comédia que representamos apenas para dar a vocês um sentido mais forte e um amor mais verdadeiro da própria humanidade de vocês.

Dirigir-se a um público de verdade é um prazer muito raro e muito exaltante. E é uma satisfação mais perfeita ainda discernir uma expectativa, sentir uma disposição de acolhida e de amizade num público que não conhecemos, e o abordar com um frêmito de emoção e com o pressentimento de sua simpatia.

1923[7].

---

7 Trecho de um Discurso ao Público proferido por J. Copeau em Genebra, em 1923.

Medimos a força do teatro pelo público simples, que é o verdadeiro público, quer dizer, sobre a fração menos privilegiada, menos afortunada do público. O abuso quase cotidiano do prazer dramático cria no público uma rotina análoga àquela que embota e destrói o ator profissional, o ator estafado pela sua profissão. Há um público profissional como há atores e autores profissionais, no mau sentido da palavra. Eles perderam a sinceridade. O teatro precisa de sinceridade, de autenticidade, no palco. Igualmente precisa de sinceridade, de autenticidade, na plateia. Um público artificial engendra uma representação artificial. Atuamos com o público, e o público atua conosco. Um público enfastiado, que vai ao teatro com indiferença, sem saber por que, sem sentir necessidade de ir ao teatro, sem amor nem respeito, que chega atrasado, faz barulho ao entrar, não espera sequer o final do último ato para dar as costas ao palco vestindo o sobretudo, esse público não é um público. Ele nos despreza. E nós lhe damos o troco. Por isso, com tanta frequência, só encontramos nossa recompensa na simpatia das pessoas do último andar, que realmente quiseram vir ao teatro, que não vêm ao teatro todos os dias, que fizeram um sacrifício para vir, que vieram de metrô ou a pé. Encontro num grau ainda mais intenso aquela expectativa prévia, aquela raridade da emoção, aquela preparação através da expectativa, aquele frescor e aquela sinceridade na simpatia, junto aos meus camponeses franceses, quando a minha pequena companhia vai celebrar no meio deles, em suas aldeias, por ocasião de tal ou qual solenidade da estação, a terra, os trabalhos, os costumes deles. Assim a nossa arte reencontra um pouco da significação perdida, toma novamente lugar na cidade, posição na cultura, dignidade, força e nobreza, cada vez que se aproxima das condições primitivas que, na Grécia Antiga, nas Grandes Dionísias, tornavam a representação uma festa religiosa.

1927[8].

---

8 Trecho da terceira conferência de J. Copeau no Laboratory Theatre (EUA), 1927.

Aos Autores

*Onde falta a rica vida do coração,
ela é substituída por magras intenções intelectuais.*

Se os verdadeiros escritores não vierem me socorrer um pouco e não tentarem, junto comigo, não só elevar o nível, mas modificar o próprio sentido e a inspiração da produção dramática, para que servirá eu estar, há anos, me desdobrando para criar uma cena livre... As pessoas continuam a repetir que o Vieux Colombier é uma capela. Eu não rejeito esse nome e gostaria pelo menos que o Vieux Colombier fosse digno dele e se impusesse pelo número e pela qualidade de seus admiradores... Era para os escritores que eu apelava, a partir de 1913. É preciso confessar que até agora esse apelo não foi muito ouvido.

1921[1].

APELO DO TEATRO À POESIA

A própria atmosfera do drama é *o silêncio*. Quanto mais esse silêncio for poderoso, tanto mais será rebelde, tanto mais intenso será o acento dramático que o ataca e dilacera. O drama começa pelo silêncio e acaba por ele. Sai dele, para voltar a ele.

1 Carta de J. Copeau a André Salmon, 15 de novembro de 1921.

É como uma ruptura, um fugitivo despertar, como uma exclamação discordante entre duas margens de silêncio. No começo, ainda não havia *nada dito*. No final, já não há *nada a dizer*. Tudo está consumado, tudo está terminado, *por meio da ação*. Esse é o sentido da "purgação" trágica. Não há conclusão por meio da palavra. E leio uma grave lição nesse silêncio inapelável, nesse silêncio de morte que os grandes trágicos fazem pairar sobre o palco, na hora do *desfecho*...

1913[2].

O apelo do teatro à poesia é essencialmente um apelo à liberdade. Não digo: à fantasia; porque a fantasia é um dom eminentemente pessoal, um dom estranho e espontâneo, um dom divino que nem todo poeta possui necessariamente e que seria tão perigoso quanto absurdo considerar como regra do jogo. Mas o jogo teatral vive de liberdade, de todas as liberdades. Liberdade do assunto, quer dizer, evasão da rotina. Não é verdade que tal assunto seja teatral e que tal outro não o seja. Todo assunto assumirá a forma dramática, desde que submetido à técnica conveniente. Essa abertura a todos os temas é um dos refrigérios de que nossa arte tem mais sede. A grandeza dos mais consideráveis dramaturgos é ter assimilado tudo à virtude dramática: o amor e a política, a história e a fábula, o jogo gratuito. Liberdade dos caracteres, desde os mais comprometidos com a exatidão histórica e psicológica, como Marco Antônio, Alceste ou Berenice, até os produtos da mais maravilhosa imaginação, como Ariel. Liberdade de tom, quer dizer, na forma do diálogo e na cor da linguagem, na conduta da ação e no desenvolvimento dos caracteres, invenção e mais invenção, uso de todos os recursos possíveis do teatro, em franca oposição a todos os entraves do realismo. É aqui que a verdade poética se opõe às mentiras do realismo. É aí que surge a realidade espiritual, a verdadeira criação, o verdadeiro dom da vida. Mas para este ser suscitado em cena, para desenvolver no palco todas as inspirações que tem, não deve chocar-se com obstáculos, com complicações, com encargos materiais. [...]

2   J. Copeau, crítica da representação, no Odéon, de *La Maison divisée* (A Casa Dividida), de André Fernet (NRF, 1º de maio de 1913).

Nós desentulhamos o campo dramático, despojamos o palco. Mais ou menos na mesma época, Meierhold, na Rússia, e eu próprio, na França, expressávamos a mesma opinião dramática ilimitada, pedindo *um tablado nu* para servi-la. Esse famoso tablado fez correr muita tinta. Foi censurado por sua severidade jansenista*. E quando transporto meu espírito para aqueles tempos heroicos, parece-me que os mais favoráveis entre os críticos, os autores e o público sempre viram naquele instrumento apenas uma solução que substituía outra melhor. Seja como for, e só isso importa, tal purgação de qualquer superfluidade cênica, tão rigorosa, repôs em liberdade a poesia de Molière, a poesia de Shakespeare. Ela nos permitiu fazer com que renascessem obras que eram consideradas mortas, e permitiu devolver seu deleite a obras que eram consideradas irrepresentáveis. [...]

Aqueles que se afastam do teatro e o desprezam, a pretexto de que ele é uma arte convencional, não entendem absolutamente nada dele. Pensam em artifícios baixos, em truques grosseiros que nada têm a ver com o teatro vivo. O que chamamos convenção é uma elevada criação do espírito, um fruto da cultura, uma das fontes eternas do estilo. É o que dá ao cômico de Molière sua força e elevação, ao trágico de Racine sua pureza; é o coro antigo e a estrutura do nô japonês; é a cena de Shakespeare livre da escravidão do tempo e do espaço e sobre a qual a intensidade do drama rivaliza com a grandeza da epopeia.

---

* Por alguns, Copeau era considerado muito rigoroso, ascético, despojado, exigente. Por isso, recebeu a denominação de *jansenista*, como sinônimo de rígido, austero. Cornelius Jansen, dito Jansenius (1585-1638) foi um teólogo holandês, bispo de Ypres. O jansenismo provém das dificuldades que os teólogos sempre tiveram para conciliar o dogma da graça e a crença no livre-arbítrio. Jansen decide estabelecer uma teoria completa sobre a graça segundo Santo Agostinho e redige o *Augustinus* (1640). Suas ideias são defendidas, entre outros, pelos seus amigos do mosteiro francês de Port-Royal e, depois, por Blaise Pascal, que ataca a moral dos jesuítas em suas *Lettres provinciales* (Cartas Provinciais). O governo não aprecia muito a austeridade das regras jansenistas e a independência de seus adeptos em relação à autoridade decorrente dessas regras. Ele manda queimar *Les Lettres provinciales*, dispersar os *solitários* de Port-Royal e, depois, arrasar o mosteiro (1711). O papa, em sua bula *Unigenitus* (1713), condena mais uma vez o movimento e o pensamento jansenista. Quando os jesuítas são expulsos da França em 1764, o jansenismo perde a razão de ser e desaparece. Hoje ainda há alguns partidários dele nos Países Baixos (N. da T.).

Chamo convenção no teatro o uso e a combinação infinita de signos e de meios materiais muito limitados, que dão ao espírito uma liberdade sem limites e deixam total fluidez à imaginação do poeta.

Vocês acreditam que Shakespeare teria sequer concebido, sequer sonhado a cena da tempestade no *King Lear* se tivesse de depender de meios materiais, de artifícios de iluminação e de ruídos de bastidor para realizá-la em cena? Não. Lutando, porém, com a tempestade, sendo o seu eco, ao mesmo tempo que a desafia, Lear torna-se para nós, sem deixar de ser ele mesmo, uma imagem, uma encarnação dos elementos em fúria. Ele *cria dramaticamente* a tempestade. Eis o que um naturalista, por mais habilidoso profissional que seja, não compreenderá nunca. Toda a sua arte visará apenas a substituir a poesia shakespeariana pelo virtuosismo de seus maquinistas, e o resultado será que, ao invés de abrir a nossa alma para as sublimes expressões de uma angústia humana, pensaremos apenas em fechar os olhos e tapar os ouvidos.

Esta é a diferença entre uma convenção respeitosa da poesia e uma poesia abafada por um naturalismo teatral grosseiro.

Quanto mais grosseiro for, menos perigoso será o excesso de naturalismo. Ele não engana ninguém. É fácil condenar o seu procedimento. Às vezes, porém, ele é sutil e até insidioso. Só com dificuldade é possível detectá-lo, até por aqueles que se comprometem a desprezá-lo e bani-lo de seu meio. O naturalismo não está morto. Ele renasce por toda parte. Insinua-se, faz concessões e mistura-se com mais de um autor e mais de um encenador que pensam estar livres dele. O que se pode dizer disso é que se trata de um naturalismo mais distinto que o de nossos antepassados, mais artístico, se preferirem. Isso é devido à época. Nosso gosto de hoje talvez seja melhor que o de ontem. Aquele naturalismo se tornou mais leve. Tem mais espírito. Conheceu os Balés Russos[3]. Passou por Reinhardt; frequenta os pintores, convida-os para ir a sua casa e, digamos, ele os acolhe geralmente bastante bem. Mas – é bom também dizer – não é menos perigoso por isso. Ao contrário. O

---

3 Lembramos que os Balés Russos de Serguêi Diághilev deram seus primeiros espetáculos no Théâtre du Châtelet em maio-junho de 1909. (Estreia: 18 de maio.)

excesso de bom gosto, em cena, não vale muito mais do que o excesso de mau gosto. O público se habituou agora a aplaudir os cenários e as iluminações. Quando o pano sobe, ele hesita por um instante, percebe-se que aperta os olhos como diante de um quadro, analisa as relações e calcula os valores, e... upa! aplaude. Não consigo me acostumar com isso. Isso me jogaria nos piores excessos no sentido inverso, e quero a fogueira do inferno para aqueles colegas meus que buscam tais efeitos. Meu velho mestre Gordon Craig tinha razão ao dizer que antes de tudo devemos banir o pintor do teatro. Graças a suas preocupações excessivas, os atores já não parecem viver em seu cenário, mas serem expostos nele. E a mania do quadro restabelece como vencedores o figurinista, a modista, todos os nossos velhos inimigos, e por trás deles o móvel autêntico, o bibelô, o bricabraque. Não estamos muito longe dos métodos de Antoine, de David Belasco[4], de Stanislávski. Nada resiste a essas prodigiosas astúcias de indumentária e de decoração. Nem o sentimento dramático, nem a veia cômica. Tudo é congelado por tantas premeditações, tantos cuidados, tanta ciência e tanto pedantismo. É a condenação da arte viva e a morte de toda poesia.

Outro abuso: a maquinaria. Por mais perfeita que seja a sua afinação, por mais elegante que seja o seu funcionamento, por mais curiosa que seja a sua invenção, nada é mais desalentador do que uma máquina que se repete. E ela só consegue se repetir. É um divertimento em si, feito para maravilhar os tolos. Não é um princípio de representação dramática. Há confusão dos gêneros. Pequeno ou grande, banal ou prodigioso, o espetáculo, ainda que servido pelos truques aperfeiçoados da técnica moderna, possui exigências que podem satisfazer ou camuflar unicamente na Ópera ou no *music hall*. Ele causa rupturas e vazios que nem as cenas de cortina, representadas no procênio, nem o uso intemperante da música, terceira calamidade do teatro de hoje, conseguem satisfazer.

A poesia no teatro é algo muito mais simples, muito mais direto, muito mais nu.

---

4   Diretor de teatro e encenador estadunidense, David Belasco aplicou os princípios de Antoine e do Théâtre Libre entre 1890 e 1914.

Para que os autores, os encenadores, os atores da época tomassem consciência disso, talvez fosse necessário que tivessem de conquistar plateias menos insensíveis que as nossas e menos incoerentes. Precisariam de salas mais amplas, de cenas mais rudimentares, e diante deles um público mais verdadeiro, um público ansioso por ouvir dizer algo e pouco preocupado em aplaudir habilidades espetaculares. Dizem que era o público da plateia, que, na época da rainha Elisabete, reclamava acima de tudo o drama poético e também a farsa. Foi ele quem preservou o drama elisabetano de ficar excessivamente requintado, e lhe conservou a força e a universalidade, apesar dos teóricos, dos espirituosos, das pessoas na moda, dos experimentadores como Ben Jonson. Esse público da plateia quebrava nozes, comprava cerveja em garrafa e a bebia, e às vezes brigava a socos. Tinha, contudo, uma ideia, um gosto e uma necessidade de poesia. E Shakespeare, em plena comunhão com homens da mesma espécie que ele, escrevia, ao menos, tanto para eles quanto para os de uma classe superior, e reconciliava uns com os outros num deleite único e exclusivo.

1938[5].

Estamos no extremo limite da exploração comercial excessiva do teatro por todos os tipos de exploradores: o negociante, o ator, o autor, o figurinista, o pintor ou o tapeceiro, todas as variedades de cabotinos, aos quais acrescento o encenador. Estamos no auge do descuido e do desgaste do teatro pelos profissionais do teatro. Já não se pode bordar em cima desta trama podre. O que precisa mudar é a própria trama.

Se o teatro deve ser salvo, não há de ser por artimanhas, por arranjos mais ou menos engenhosos, por combinações mais ou menos elaboradas e mais ou menos felizes de velhos materiais, de velhas ideias e de velhas figuras. O velho teatro está desmoronando. Mas o que, de vinte anos para cá, se chama o teatro novo, o teatro artístico, já não tem muita saúde nem futuro. Não temos nada diante de nós. E já não importa a vivacidade de espírito. Importa uma firme vontade que abra espaço para o gênio.

5   L'Appel du Théâtre à la Poésie, artigo de J. Copeau em *La Nación* de 24 de abril de 1938.

De agora em diante, nada nos contentará, nada será refrescante para nós, a não ser simplesmente a voz de um poeta, de um homem que fale por ter algo que dizer.

Para devolver o teatro a si mesmo, é necessário tão somente devolvê-lo ao poeta. Não ao poeta de ontem. Mas ao criador dramático de amanhã que, tomando consciência de si mesmo, compreenderá que é o mestre da cena que tivermos construído para ele. É preciso que nessa cena sinta-se em casa, sem restrição alguma, totalmente livre. É preciso que tudo obedeça a ele e sirva a ele: o operário, o artesão, o ator de corpo e alma, o pano que veste as personagens, a luz que as inunda. Ele precisa saber, no momento em que cria, que a criação será em cena o que era na cabeça dele, e não deixará de lhe pertencer a partir do momento em que a deposita nas mãos do intérprete para ser dotada do divino movimento. É preciso trazer o que temos de mais precioso para suprimir o abismo que se abriu entre o autor dramático e o teatro, entre a obra dramática e seus intérpretes.

1920[6].

O POETA NO TEATRO

Se estiver de acordo comigo, entremos juntos no teatro. E vamos ver como o poeta trabalha nele. Convido você a assistir a um ensaio. É um privilégio que o público inveja nos profissionais. Suponho que você seja sensível a isso, que se alegre por captar ao vivo os segredos de nossa arte, e que você tenha feito todo o possível para chegar na hora... Fomos convocados para a uma e meia. É uma e trinta e cinco. Entremos... Naturalmente, você entra na ponta dos pés, retendo a respiração, com medo de perturbar o trabalho que sem dúvida está em andamento... A plateia está mergulhada no escuro. Tenuemente iluminada, despojada de seus cenários, mobiliada com uma mesinha e duas ou três cadeiras, a cena está completamente deserta. Nossos olhos, que começam a se habituar ao escuro, distinguem agora, na quarta ou quinta fila da plateia, uma forma sentada e

---

6 Renouvellement: texto publicado no programa do *Paquebot Tenacity*, de Charles Vildrac, e do *Carrosse du Saint-Sacrement*, de Prosper Mérimée. (Estreia no Vieux Colombier em 5 de março de 1920.)

encolhida. Uma capa a envolve. Um chapéu de abas caídas a domina. Creio que é o poeta aquele solitário, aquele exilado. Voltou a cabeça para nós, ao entrarmos. Mas em seguida ele a vira para o outro lado, agita-se um pouco em sua poltrona e consulta o relógio. O tempo passa. Um gato atravessa o palco. É o gato da zeladora. Como caminha bem! Como tem ares de estar em casa! Como tem naturalidade!... Mas eis que, do lado do *jardim**, quer dizer, à sua esquerda, no prumo do pano de boca, uma figura se debruça, de cachenê e chapéu, depois se desfaz imediatamente na coxia de onde o seu corpo nem sequer havia emergido. Provavelmente um dos atores, e certamente um ator jovem, um pequeno ator, um ator sem nenhuma importância, já que leva o trabalho a sério e chegou na hora. Compartilha aquela espécie de ingenuidade, aquela espécie de acanhamento cândido, com o autor, que também dá certa importância, e até uma importância totalmente excepcional, ao ensaio da sua peça. Teve muita dificuldade para escrevê-la. Teve ainda mais trabalho em atrair para ela a atenção do diretor e para fazer com que fosse aceita. Ele nunca teve, talvez nunca mais tenha, em sua vida, a ocasião de ser representado. É um acontecimento. Aquele pequeno ator e aquele autor estreante ainda não são totalmente profissionais. É o que desculpa neles as impaciências do amor e seu fervor. Mas para os profissionais do teatro – desde a zeladora e o gato da zeladora, que viram sair tantos cenários e maquinistas, tantos manuscritos e autores, até os atores que representaram tantas peças, que ainda ontem à noite estavam representando, que ensaiarão e representarão todos os dias e todas as noites da vida deles, até o último – você não pode pedir que levem o assunto para o lado trágico, nem sequer que o levem totalmente a sério. Eles vão levando a seu bel-prazer. Têm boa memória, uma rotina mais ou menos segura. Sempre se sairão bem. Há entre eles e o autor a diferença que existe entre o caixeiro de uma grande loja, que

---

* No teatro francês, fala-se em *côté cour* (lado do pátio) e *côté jardin* (lado do jardim) para referir-se à direita e à esquerda da cena, por alusão aos espetáculos de Molière no Palácio Real, em Paris, onde os atores entravam e saíam por um pátio ou por um jardim (até hoje existentes). Catherine Dasté, neta de Jacques Copeau, me contou que, por motivos mnemotécnicos, as iniciais de *cour* e de *jardin* são associáveis (e associadas) a Jesus Cristo e, em sua família, por brincadeira, às iniciais de Jacques Copeau... (N. da T.).

vende a cada dia do ano cem pares de calçados – e o faz com grande desapego – e o cliente – como você e eu – que, a cada ano, com o coração batendo muito forte, compra um par de sapatos entre todos os pares de sapatos.

Portanto, há cerca de uma hora que estamos esperando, nada aconteceu ainda. Mas os atores chegam pouco a pouco. Formam agora grupos animados em cima do palco. Os cavalheiros fumam cigarros. As damas fazem com que respirem o aroma de seus corpetes, ou propõem à sua admiração bolsas novas. O autor faz esforços visíveis para se interessar por essas peripécias... O autor é muito simpático. É o mínimo que se pode dizer. Tenta ficar bem com todos. Elogia todo o mundo. Aliás, acham a sua peça bastante bonita. Não totalmente "teatro", talvez. Em todo caso, há momentos em que ela se arrasta. Certamente vai ser preciso cortar. *Cortar* é a grande preocupação do ator. É a chave da sua estética. Ele é como Polônio, cujos sentimentos em relação à poesia se reduzem, todos, a esta fórmula: "*Um pouco longo*". Hamlet diz a respeito dele: "É a favor de uma jiga ou de piadas obscenas, senão pega no sono"*. Cada ator tende a achar o conjunto da peça demasiado longo, e o seu próprio papel demasiado curto... "Veremos, veremos", diz o autor, "talvez tenha razão... daremos um jeito nisso"... Faltam quinze para as três. – "Que tal começarmos?", diz o diretor de cena. Os sobretudos voam. As brochuras saem dos bolsos. Suas folhas zumbem. Vai começar... Mas a grande atriz não está lá. Nunca está lá. Ora, seu papel é o principal, naturalmente. Começarão sem ela. Por um instante o diretor de cena largará o charuto para ler as falas da grande atriz. Começam... O autor voltou para a sombra. Percorre a passos largos o corredor das poltronas rolando os ombros, e fazendo de vez em quando a careta de um homem a quem se arranca o melhor dente... A grande atriz chega. Recomeçam. Ela se desculpa. Mas todo o

---

* Cf. William Shakespeare, *Hamlet*, II, 2. "POLÔNIO: Isso é muito comprido. / HAMLET: Levamos ao barbeiro com a tua barba. (*Ao primeiro ator.*) Por favor, continua – esse, se não é uma farsa ou uma istória [sic] obscena, dorme logo. [...]" (tradução de Millôr Fernandes. *Hamlet*, Porto Alegre: L&PM, 1988, p. 80). "POLÔNIO: Como é comprido! / HAMLET: O mesmo dirá o barbeiro a respeito de vossa barba. Continua, por favor. – Ele só gosta de uma jiga ou de uma canção picaresca, caso contrário, acaba dormindo. [...]" (tradução de Oscar Mendes. *Obra Completa*, v. 1, Rio de Janeiro: Nova Aguilar, 1989, p. 564) (N. da T.).

mundo se desculpa por ela ter que se desculpar. O autor lhe beija a mão. O jovem galã quer ajudá-la a tirar a capa. "Não, ainda não..." Ela está tremendo. Está sem fôlego. É toda uma história... Mas trabalhemos, trabalhemos! Ela se põe a trabalhar, corajosamente, dando-se apenas o tempo de abrir e de fechar o *nécessaire*, de sacudir o pompom, de passar um pouco de batom nos lábios, de alisar a sobrancelha com um dedo úmido. Ela nada em seu texto, com grandes braçadas, apesar dessa horrível dor de cabeça que lhe comprime as têmporas, apesar daquela costureira que merece que ela fique com raiva, apesar de estar nervosa por estar atrasada, ela que tem tanta consciência – ah, essa peça em que ela não confia, e esse papel que, em suma, não é nem um pouco feito para ela e cujo texto ela não consegue pôr na cabeça...

São quatro e quinze...

Tenho um pouco de vergonha por trair os meus colegas desvendando diante de você o espetáculo bufo que eles nos oferecem. Peço perdão por ter trazido você aqui. Mas adivinho o seu pensamento. Você diz para si mesmo: "Ele está exagerando para nos divertir. Não é assim que as coisas acontecem na realidade..." Perca as ilusões. Meu pequeno quadro só lhe mostra uma parte bem tênue da desordem que preside habitualmente ao trabalho cênico. Eu poderia exagerar e torná-los testemunhas* de muitas outras extravagâncias. Vocês assistiriam a conflitos, a ataques de riso, a interrupções na encenação causadas por dificuldades inexistentes. Vocês ouviriam sugestões ridículas do encenador. Vocês não poderiam continuar sérios diante da pobreza dos métodos e da incongruência do material. Pois, durante os ensaios, é hábito que nada corresponda às condições que devem ser as da representação. Não falo somente do cenário ausente, das entradas e saídas indefinidas, do figurino com que se representará sem ter tido o tempo de ajustar-se a ele, da luz que só brilhará na noite da estreia. Mas o menor acessório, no decorrer dessas jornadas ditas de trabalho, parece se encarregar de dar ao ator uma ideia falsa da sua

---

* O texto oscila entre utilizar o pronome pessoal reto *vous* (vós, o senhor, a senhora, os senhores, as senhoras, você, vocês) no singular ou no plural. Assim, registra, inicialmente, "vous... sensible", no singular, e, aqui, "vous... témoins", no plural (N. da T.).

destinação e convidá-lo a não levar a sério o que ele faz. É assim que uma poltrona será quase sempre representada por um tamborete. Substitui-se uma mesa retangular que deve realmente medir um metro e setenta e cinco de largura por uma mesinha redonda de sessenta centímetros de diâmetro, de modo que os atores que sentam em torno dela e representam hoje uns sobre os outros encontram-se bruscamente, na representação, separados por um espaço que já não será preenchido pela atuação... Precisamos de um objeto pesado? É um leve que nos é fornecido, provisoriamente. E se for necessário um leque, trazem um espanador para representar o leque, enquanto o leque real está em outro lugar, usado para fazer de conta que é um espanador.

Ao serem parodiadas, essas coisas provocam riso. Até fazem parte, quando percebidas de fora, daquela espécie de poesia empoeirada que se atribui aos bastidores do teatro. Não é triste, porém, o trabalho mal feito? Para quem respeita o ofício, não é revoltante vê-lo, um dos mais belos, por exaltar o real, exercido sem razão, desperdiçado? Para quem consagra à arte do teatro um amor verdadeiro, não é uma humilhação ver a obra do poeta caricaturizada dessa maneira, assim que se aproxima da cena?

E o poeta, no meio disso tudo, que faz? É o ponto que nos interessa. O poeta?... Se for fumante, fumará. Se for namorador, ele se interessará intimamente por aquela senhorita cuja ação não está sendo requerida pela cena. Fará isso com ardor e desajeitadamente quando for jovem e, quando já não for jovem, com indolência e cinismo.

Ai! Lamento ter de dizer isto: o poeta, no mais das vezes, aceita tudo para ser representado. Aceita os atrasos e as improvisações perigosas. Aceita as substituições e as mutilações do texto. Geme com as traições, mas não resiste muito a elas. Até acaba adotando-as e sabe inventar belas razões para achá-las legítimas. Às vezes intervém, com um tom inseguro. É logo convencido de que não entende nada do ofício cênico. E não tendo nenhuma influência naqueles que se apoderaram da sua obra, ele a recita para si mesmo, silenciosamente, à guisa de consolo. Caso sinta-se muito mal dos nervos, faz um escândalo que dura pouco e, depois, sai para ir chorar num canto. Se restar um pouco de dignidade a esse poeta infeliz, acabará por sair... Irá respirar, tentando conciliar seu devaneio não mais com intrigas de teatro, mas com temas de romance. Estão vendo: o poeta é expulso do teatro.

Mas, dirão vocês, o senhor nos pinta, aqui, o retrato de um poeta sem autoridade nem coragem, de um covarde que não sabe defender a sua obra e impô-la àqueles que devem servi-la. Um verdadeiro poeta, um grande poeta domina a raça dos cabotinos. Em sua presença, não se ousa sequer levantar a voz.

....

Convém fazer com que os atores ouçam a voz de um mestre. Às vezes ela ressoa pela cena. Escutem esta:

> Por favor, digam este longo texto como eu o pronunciei, de uma só vez, na ponta da língua. Mas se o disserem aos berros, como fazem muitos dos seus atores, eu preferiria fazer com que meus versos fossem ditos pelo pregoeiro da cidade. E não serrem demais o ar com a mão, assim, mas que o jogo de vocês, em tudo, tenha doçura... Oh! Eu me sinto perfurado até a alma quando ouço esse grandessíssimo patife de peruca dilacerar uma paixão em frangalhos para encher os ouvidos de uma plateia... Gostaria de mandar açoitar um biltre assim... Não sejam tampouco demasiado moles, mas que a própria discrição de vocês lhes sirva de guia. Acomodem o gesto à palavra, a palavra ao gesto, com a recomendação especial de não ultrapassar a modéstia da natureza... Oh! Há atores que vi representar e ouvi serem louvados por outros – e muito! –, os quais, seja dito com todo o respeito, não tendo nem o aspecto de cristãos, pagãos ou humanos, se pavoneavam e vibravam a ponto de eu pensar que tivessem sido fabricados por algum operário da natureza, e mesmo assim bastante mal, a tal ponto imitavam abominavelmente a humanidade... E aqueles que representam os criados não acrescentem nada ao papel escrito para eles, pois há alguns que se riem por conta própria para provocar o riso em alguns espectadores tolos, muito embora alguma questão fundamental da peça deva então ser considerada. Isso está cheio de baixeza e mostra uma ambição bem lamentável no imbecil que age assim. Vão, vão se preparar!*

---

* Na tradução de Millôr Fernandes, op. cit., "HAMLET: Peço uma coisa, falem essas falas como eu as pronunciei, língua ágil, bem claro; se é pra berrar as palavras, como fazem tantos de nossos atores, eu chamo o pregoeiro público pra dizer minhas frases. E nem serrem o ar com a mão, o tempo todo (Faz gestos no ar com as mãos.); moderação em tudo; pois mesmo na torrente, tempestade, eu diria até no torvelinho da paixão, é preciso conceber e exprimir sobriedade – o que engrandece a ação. Ah, me dói na alma ouvir um desses latagões robustos, de peruca enorme, estraçalhando uma paixão até fazê-la em trapos, arrebentando os tímpanos dos basbaques que, de modo geral, só apreciam berros e

A voz que acabam de ouvir falava assim em 1602. É a de Shakespeare, dando uma lição aos atores pela boca do príncipe Hamlet.

E aqui está a outra voz que responde a ele, com sessenta anos de distância, igualmente imperiosa e imortal – a de Molière:

Você faz o papel do poeta; e deve imbuir-se dessa personagem, marcar aquele ar pedante que as pessoas usam nas relações da alta sociedade, aquele tom de voz sentencioso, e aquela exatidão de pronúncia que apoia em todas as sílabas e não deixa escapar nenhuma letra da mais severa ortografia.

Quanto a você, fará um homem de bem da corte, como você já fez em *La Critique de l'École des femmes*; quer dizer que você deve usar um ar ponderado, um tom de voz natural, e gesticular o mínimo que lhe for possível.

Para você, não tenho nada que dizer.

Você representa uma daquelas mulheres que, desde que não façam amor, acham que todo o resto lhes é permitido; daquelas que sempre se entrincheiraram orgulhosamente em seu pudor, olham a todos de cima a baixo, e querem que todas as mais belas qualidades que os outros possuem não sejam nada em comparação com uma honra miserável com a

---

pantomimas sem qualquer sentido. A vontade é mandar açoitar esse indivíduo [...]. Mas também nada de contenção exagerada; teu discernimento deve te orientar. Ajusta o gesto à palavra, a palavra ao gesto, com o cuidado de não perder a simplicidade natural. Pois tudo o que é forçado deturpa o intuito da representação, cuja finalidade, em sua origem e agora, era, e é, exibir um espelho à natureza; mostrar à virtude sua própria expressão; ao ridículo sua própria imagem e a cada época e geração sua forma e efígie. Ora, se isso é exagerado, ou então mal concluído, por mais que faça rir ao ignorante só pode causar tédio ao exigente; cuja opinião deve pesar mais no teu conceito do que uma plateia inteira de patetas. Ah, eu tenho visto atores – e elogiados até! E muito elogiados! – que, pra não usar termos profanos, eu diria que não têm nem voz nem jeito de cristãos, ou de pagãos – sequer de homens! Berram, ou gaguejam de tal forma, que eu fico pensando se não foram feitos – e malfeitos! – por algum aprendiz da natureza, tão abominável é a maneira com que imitam a humanidade! [...] E não permita que os jograis falem mais do que lhes foi indicado. Pois alguns deles costumam dar risadas pra fazer rir também uns tantos espectadores idiotas; ainda que, no mesmo momento, algum ponto básico da peça esteja merecendo a atenção geral. Isso é indigno e revela uma ambição lamentável por parte do imbecil que usa esse recurso. Vai te aprontar" (William Shakespeare, *Hamlet*, III, 2, p. 94-95. V. também, entre outras, as traduções de Oscar Mendes, op. cit., p. 570-571; e de Anna Amélia Carneiro de Mendonça, *Hamlet*, Rio de Janeiro: Nova Fronteira, 1995, p. 93-95: "Repeti o trecho, por favor, como eu o pronunciei, com naturalidade; mas se o dizeis afetadamente, como muitos atores fazem, admito até que o pregoeiro público vá bradar pelas ruas as minhas linhas" etc. (N. da T.).

qual ninguém se preocupa. Tenha sempre esse caráter diante dos olhos, para fazer bem as caretas dele.

Você fará uma daquelas mulheres que pensam que são as pessoas mais virtuosas do mundo desde que mantenham as aparências, uma daquelas mulheres que acreditam que o pecado só reside no escândalo, que querem levar na maciota os galanteios que consideram inclinações honestas, e chamam amigos o que outros chamam galanteadores. Entre bem nesse caráter...

Quanto a você, representará uma daquelas pessoas que são caridosas com toda a gente, daquelas mulheres que sempre falam mal só um pouquinho, como quem não quer nada, e ficariam bem zangadas por terem que suportar que se falasse bem do próximo. Creio que você se sairá bastante bem nesse papel.

E você é a criada da *Précieuse**, que se intromete de vez em quando na conversa, e se apodera como pode de todos os termos da sua patroa.

Eu lhes digo todos os seus caracteres para que vocês os imprimam no espírito com vigor. Comecemos agora a ensaiar..."**

Não lhes posso dar uma ideia sobre a mímica e sobre o tom com o qual Molière animava o seu discurso, ao representar esta cena de *L'Impromptu de Versailles* (O Improviso de Versalhes). Via-se cada personagem inventada sair dele: só cabia aos intérpretes adaptar-se ao esboço. É o que faz com que a pequena Armande lhe diga: "Quer saber de uma coisa? Você devia fazer uma comédia em que representasse sozinho". E Molière lhe responde: "Cale-se, minha mulher, você é uma besta".

Com Molière, com Shakespeare, circunscrevemos o objeto do nosso discurso: o poeta no teatro, e o teatro feito homem – o poeta vivo e, por ele, a obra viva em cena. Eles nasceram nela, eles a possuem, eles a dominam. Para eles, já não há intermediário entre a criação poética e a sua realização própria e tecnicamente teatral. A invenção dramática e a sua encenação constituem apenas os dois momentos de um ato único. Já não existe, portanto, conflito, nem sequer diferença, entre as ideias do poeta, as do ator, as do encenador. Bem mais do que isso: há

---

*   Mulher afetada, sabichona, sabe-tudo (N. da T.).
** Du Croisy fazia o papel do poeta; Brécourt, o homem de bem da corte; Molière não especifica o papel de La Grange; Mademoiselle Béjart representava a falsa pudica; Mademoiselle de Brie desempenhava a que quer salvar as aparências; Mademoiselle Molière atuava como "a mesma personagem que em *La Critique*, sem ter nada que lhe dizer, nem a Mademoiselle Du Parc" (Copeau saltou esse parágrafo da cena 1); Mademoiselle Hervé era a criada da *Précieuse* (N. da T.).

entre eles identidade de meio, identidade de expressão. O poeta carrega nas entranhas não uma obra-prima inerte e distante, que só fala ao espírito, mas a respiração do texto, seus menores movimentos, suas cintilações e silêncios – não somente das personagens, mas de tantos atores quantos a peça comporta, e encontra naturalmente na voz, no rosto e no corpo todos os meios de falar aos olhos e de impressionar os sentidos.

Não digo que o ator deva esperar tudo do poeta, que, diante dele, seja como algo inerte que precise ser sacudido para se mover. Não. E deve até subsistir sempre, entre a indicação do poeta e o jogo do ator, certo intervalo, um espaço de liberdade para a inflexão original, para uma inspiração natural. Mas quero que o poeta, tendo que se expressar por meio do ator, esteja tão próximo dele quanto possível, tão associado, tão incorporado a ele quanto possível, e que a arte de um se reúna à do outro.

Pode acontecer que vocês expressem a própria satisfação de ouvintes e de espectadores dizendo que uma companhia representa *no tom*. Vocês querem dizer que todos os atores da companhia, sejam quais forem as suas diferenças individuais e a sua originalidade própria, se afinam com certo tom que parece comandado pela natureza da obra que interpretam. E que é esse *certo tom* da obra senão a própria voz do poeta que, dividido entre inúmeros intérpretes, não renunciou, porém, à sua unidade? O que você admira, numa representação perfeita, é a fidelidade dos atores ao poeta, é até mais do que isso: a presença do poeta no meio deles... Pois bem: digo que para reconhecer assim a delicada soberania do poeta, antes de tudo, o ator precisa ser conhecido por ele. Para que o ator represente para o poeta, o poeta precisa saber escrever para o ator. Se exigirmos do ator que tenha que compreender a particularidade de um caráter, o sentido de uma situação, o mecanismo de uma cena, o fraseado de uma réplica, em suma: se exigirmos que ele entre até certo ponto nos procedimentos da arte do poeta, será justo – e mais ainda: necessário – pedirmos ao poeta para assimilar bem profundamente os procedimentos da arte do ator, para não contrariá-los, mas, ao contrário, para impulsioná-los, convidá-los a chegar à perfeição, tocando o teclado no ponto mais sensível e mais justo.

Não se deve confundir esse bom entendimento dos meios de expressão, instintivo no grande autor dramático, com uma condescendência do poeta em seguir a rotina do ator. Ao contrário: quanto mais o poeta conhecer o ofício da cena, tanto mais apto estará para revelar no ator as resistências que vêm da sua preguiça ou da sua incompreensão, tanto melhor saberá ditar a ele o jogo mais novo e mais ousado, utilizando a técnica que está ao seu alcance. Cada vez que, perdido, o ator para, com ar de grande cansaço e desânimo, para dizer ao poeta: "Meu senhor, não posso fazer isso", é preciso que o poeta possa responder ao ator – não como muitas vezes faz: "Pois bem, meu amigo, que é que se pode fazer... faça outra coisa... eu não sei", em vez de dar explicações psicológicas ou metafísicas e razões tiradas da pré-história para justificar o seu "Bom dia, minha senhora" –, é preciso que o poeta se levante, suba à cena e responda ao ator: "Meu senhor, o que lhe peço é muito simples, e aqui está como é preciso proceder para expressar tal matiz ou tal movimento que eu quis, insubstituível: ele e nenhum outro".

Se tantas vezes os atores nos mostram o *déjà vu*, se o público, em decorrência deles, se torna tão rotineiro, em grande parte isso se deve à incompetência técnica do poeta, que fica se lamentando de terem traído a sua peça, que estraçalharam o texto dele, mas que seria incapaz de evitar os erros que condena.

O poeta não precisa apenas dominar o ser humano que se torna seu instrumento. Para instalar o seu jogo naquele pedestal que é o palco para ele, e para torná-lo inteligível e impactante para uma plateia inteira, precisa tratar com conhecimento de causa este ser inanimado: a cena.

O teatro é um mundo. Um mundo perfeito, como se diz que uma figura geométrica é perfeita, e como toda criação de uma arte consumada. Ele se comunica com o mundo real, lhe pede emprestado formas, cores, acentos, mas para restituir deles apenas uma imagem recomposta por meios que lhe pertencem.

Eu diria melhor que o teatro é uma arquitetura, com suas dimensões, seus planos e volumes, suas resistências e acidentes, sua perspectiva, sua acústica e sua iluminação, uma atmosfera própria, um sistema próprio. Ele refaz o mundo e o tempo, o homem e a vida, como a catedral traduz a natureza, a alma e Deus. É preciso pertencer a esse mundo para conhecer seus símbolos e para praticar seus ritos.

O teatro é uma arte tão enraizada quanto a arquitetura, e o seu equilíbrio é tão controlado pelo cálculo quanto o seu. Ele não admite cálculos falsos. Não pode dispensar um ofício muito sutil e muito forte, como todas as artes que se apoiam numa confiança do espírito na matéria.

O poeta que vem ao teatro, que aborda esse edifício, ou esse tablado, sem ter tomado bem as suas medidas, sem ter previsto bem as suas durações – dentro do tempo que lhe dispensam avaramente –, seus movimentos – sobre uma área implacável em que tudo é feito para ser visto –, o poeta que não possui, como um ator e como um maquinista, o mecanismo da cena, ao confiar-lhe a sua obra corre o risco de vê-la deformada assim que a interpretar. A configuração de uma obra-prima, em cena, está à mercê do acidente mais trivial. A pureza de execução repousa numa disciplina requintada de todos os elementos materiais. Quanto mais a arte do poeta for elevada, mais o seu ofício deverá ser infalível. É a perfeição do ofício, invisível e profunda, que permite que a arte se eleve sem se enfraquecer.

Uma obra dramática bem feita não precisa ser adaptada à cena. Não se deve forçá-la em nada para que a cena a adote. E em cena o seu proceder parece natural como o do dançarino perfeito, cujo pé se move com tanta justeza que parece dotado de inteligência. Os antigos poetas-atores sabiam bem disso, pois trabalhavam em cima do palco, e nos transmitiram todas as fórmulas da nossa arte, de tal modo que nossas invenções são, no máximo, apenas as combinações novas, as variações de um ofício eterno.

Que, portanto, o poeta não ceda ao orgulho fácil de desprezar as leis da cena, suas escravidões e até suas pequenezas. Que ele não vá revoltar-se contra elas. Ele não as romperá, como também o músico sem escola não conseguiria quebrar as de um instrumento que ele toca contrariando as regras.

Lembre-se, no drama de Shakespeare, da cena impressionante em que Hamlet, importunado por Rosencrantz e Guildenstern, dois falsos amigos que gostariam de surpreender o seu segredo para o trair, de repente pega de uma flauta e, apresentando-a a Guildenstern:

— Toque esta flauta, por favor.
— Não posso, Monsenhor.
— Eu lhe peço.
— Acredite em mim, não consigo.
— Eu lhe imploro.
— Não conheço as notas, Monsenhor.
— É tão fácil quanto mentir: aperte os furos com os dedos e o polegar, dê a eles o ar de sua boca, e ele destilará uma música muito eloquente. Veja, aqui estão os buracos.
— Mas não consigo obter nenhuma expressão de harmonia; não sei como fazer.
— Pois bem! Veja, então, a que coisa indigna me reduz. Você gostaria de dar a impressão de conhecer os buracos das minhas notas; você gostaria de arrancar o íntimo do meu mistério; você gostaria de fazer com que eu emitisse do som mais baixo do meu registro até ao mais alto. E há muita música, uma excelente voz nesse pequeno tubo. No entanto, você não consegue fazer com que ele fale. Meu Deus! Você acredita que é mais fácil tocar em mim do que tocar uma flauta. Dê a mim o nome do instrumento que você quiser: você bem poderá me arranhar, você não conseguirá me tocar...*

Retenho essa expressão forte. Quantos daqueles que arranham o instrumento não estão em condições de tocá-lo. E quanto mais o instrumento se tornar complexo, tanto mais se acentuará essa incapacidade técnica. [...]

Em breve fará vinte anos que iniciamos uma campanha penosa cujo único objetivo era este: devolver ao poeta seu lugar eminente no teatro. Estou dizendo: nós, porque esse movimento nasceu ao mesmo tempo em diversos pontos da Europa.

---

* Na tradução de Millôr Fernandes, op. cit.: "HAMLET: Não quer tocar esta flauta? ◆ GUILDENSTERN: Não o saberia, senhor. ◆ HAMLET: Por favor! ◆ GUILDENSTERN: Acredite-me, eu não sei. ◆ HAMLET: Mas eu suplico. ◆ GUILDENSTERN: Não sei nem onde pôr os dedos, meu senhor. ◆ HAMLET: É tão fácil quanto mentir. Governa-se estes buracos com estes dedos e o polegar, dá-se ar com a boca, e ela nos discursa uma música eloquente. Veja só: aqui estão os registros. ◆ GUILDENSTERN: Mas eu não consigo comandar daí qualquer declaração harmoniosa, me falta a perícia. ◆ HAMLET: Pois veja só que coisa mais insignificante você me considera! Em mim você quer tocar; pretende conhecer demais os meus registros; pensa poder dedilhar o coração do meu mistério. Se acha capaz de me fazer soar, da nota mais baixa ao topo da escala. Há muita música, uma voz excelente, neste pequeno instrumento, e você é incapaz de fazê-lo falar. Pelo sangue de Cristo!, acha que eu sou mais fácil de tocar do que uma flauta? Pode me chamar do instrumento que quiser – pode me dedilhar quanto quiser, que não vai me arrancar o menor som... (op. cit., p. 110-111). V. Anna Amélia Carneiro de Mendonça (op. cit., p. 106) (N. da T.).

Formulamos a pretensão de purgar a cena de seus prestígios mentirosos, de livrá-los dos cabotinos que, em nome do conhecimento do ofício, abafavam a obra de arte sob as tiranias mais baixas. Tentamos reencontrar e honrar os grandes princípios do teatro, suas leis eternas. E, para atingir esse resultado, alguns homens buscaram reassumir a direção da cena. Quiseram que, daí por diante, todas as partes do organismo teatral, todas as forças da representação, toda a matéria cênica obedecesse a uma ideia mestra. O que esses homens possuíam de inteligência e energia não deixou de abrir um caminho novo na desordem do teatro contemporâneo, não deixou de corrigir os seus erros, não deixou de consertar, de certo modo, a extraordinária baixeza dele, e não deixou de recriar uma espécie de harmonia revigorante. Mas o seu domínio, que se exerce às custas de tantos combates, não basta para determinar um renascimento dramático. Só consegue prepará-lo. Se regenerou os meios de expressão, se retomou o controle dos meios de expressão, foi apenas para o repor nas mãos do poeta. O teatro de hoje só poderá voltar a ser uma grande arte mediante o advento de um grande poeta. Que ele não demore demais a chegar. Pois já vemos o instrumento agitar-se nas mãos daqueles que o reconstituíram e buscam febrilmente uma destinação digna dele. Para lhes dizer tudo o que penso, temo que muitos encenadores modernos, depois de ter muito justa e utilmente combatido a cabotinagem do ator, estejam se tornando, por sua vez, cabotinos perigosos. Com uma audácia, uma vaidade, uma pretensão cada dia crescentes, tendem a tornar a encenação uma arte em si, o que ela não pode ser sem enganar. Trabalhamos recentemente para reconduzir a cena à simplicidade e à honestidade, a fim de que ela fosse obediente ao jogo preciso e transparente – o mais difícil de todos – do espírito e da sensibilidade. Tal cena, que acreditávamos ter reconquistado para o ator verdadeiro e para o poeta sincero, receio que a compliquem novamente, que se ponham novamente a tocar músicas muito comuns com um instrumento muito sofisticado, e se recaia em virtuosismos da técnica material, que são a coisa mais fácil do mundo.

    Há dezessete anos, escrevi uma frase cujos inúmeros comentários eu estava então longe de pensar que suscitaria. Dizia simplesmente "que para a obra nova, deem-nos um tablado nu"… Por causa dessa frase, fui tratado, mais ou menos em todas as línguas do globo, de calvinista, de jansenista, e às vezes de beneditino. Nenhum desses adjetivos é injurioso, embora pareçam ser um tanto contraditórios. Bem vejo que é com a minha austeridade que as pessoas se irritam. Ela faz com que até o ministro das Belas Artes e os membros estáveis da Comédie-Française tremam. No entanto, após muitas experiências e reflexões, que ocuparam a maior parte da minha vida, faço questão desse tablado nu, desde que nobres atores o utilizem e um grande poeta os ensine.

Não procuremos tanto, não procuremos tanto. Se fôssemos de boa-fé, teríamos encontrado há muito tempo. E tenho certeza, aliás, de que depois de ter procurado muito, depois de ter adotado muitas fórmulas e de ter rejeitado muitas fórmulas pelas quais, por um instante, a moda possa ter-se apaixonado, voltaremos a esta verdade, por ser muito simples, muito segura, muito sólida, fundamental, ao mesmo tempo ingênua e solene, e por não admitir trapaça: o pequeno tablado nu, os "quatro bancos dispostos num quadrado", e as "quatro ou seis tábuas colocadas por cima"... de que fala Cervantes num dos seus prólogos, o dispositivo mais simples de todos, símbolo da maior liberdade, e aquele que faz o apelo mais urgente e mais puro à imaginação do poeta. Nesse dispositivo, a farsa jorra de um salto, a tragédia galga os seus degraus em passos comedidos, o feérico vem aí pousar com um frêmito de grinaldas e de plumas; nele o mistério não compromete sua majestade, o próprio sobrenatural pode descer até aí, ao nosso apelo o universo o ocupará, e bastarão seus três ou quatro degraus para superpor, segundo a sua condição, o demônio, a flor e a besta, o homem, suas paixões e seus deuses.

1930[7].

Vezes sem conta as exigências do encenador só traduzem rotinas ou pretensões. De onde provém que elas encontrem tão pouca resistência? Alguns autores têm, na verdade, uma covardia incrível com relação às suas próprias peças. Cedem à menor objeção, capitulam diante da primeira dificuldade. É que nada irresistível, nada profundamente necessário, os levava a escrever isto em vez daquilo: é também porque não exploraram, não

---

7   Le Poète au théâtre, trechos do artigo de J. Copeau publicado em *La Revue des Vivants*, n. 5 e 6 (maio e junho de 1930).

habitaram esse universo perfeito do teatro. Eles o atravessam como estrangeiros. Vivem nele uma aventura. No teatro, não estão em casa. Sua embriaguez por se verem representados é tal que encontram as melhores razões para exaltar todas as recusas com que se deparam, e adotarão, gratos, a própria obra desvirtuada. É preciso defendê-los contra si mesmos.

Outros, pelo contrário, professam com relação ao seu texto uma idolatria desmedida. Não conseguem nem afastá-lo de si mesmos nem separar-se dele. Recusam deixar que suba à cena, recusam deixá-lo aos atores, a essa vida nova que ele vai pedir a eles. Não chegam a impor silêncio a si próprios para ouvir suas personagens, e acusam o ator por qualquer inflexão que não reproduza servilmente a deles. É preciso operá-los desse egotismo.

O autor se lamenta de não ser livre? É no jogo de suas sujeições que está o acento próprio da sua arte. Podemos dizer tudo no teatro, desde que o expressemos segundo a forma do teatro. Basta pouca coisa para iluminar o espírito do espectador, tocar seus sentidos, apoderar-se de sua imaginação. Mas aquela característica escolhida, aquela palavra ou aquele movimento necessários serão como se não existissem, a não ser que ocupem tal lugar, em tal momento da duração.

Em nossos dias, quando o talento está tão divulgado, muitos autores vêm à cena, desde a mais tenra idade, com o intento de inventar tudo... Muitas vezes acham que o instrumento do teatro, seu pessoal e seu material lhes resistem mais brutalmente do que o fazia a página branca em relação às ideias deles costuradas com palavras. Um deles me dizia, certa vez: "Já não farei teatro. Cada vez em que me arrisquei a fazer teatro, fiquei com o sentimento de uma diminuição...". – "Por mais músico que seja", lhe respondi, "tente tocar violino sem ter aprendido. Eu ficaria surpreso se não sentisse alguma diminuição..." – O livro aceita tudo, provisoriamente. O que não é feito para caminhar sobre a cena, nela tropeça imediatamente[8].

---

8   J. Copeau, trecho de Metteur en scène, artigo publicado em *Les Nouvelles Littéraires* de 15 de outubro de 1932.

CONVITE AO POETA CÔMICO

> *Se o teatro oferece o espetáculo da alma, é possível que a verdade humana só possa tornar-se objeto teatral inspirada pelo acontecimento e estimulada pela fantasia; que o movimento, o tom, o clima mais favoráveis à sua expansão sejam aqueles que chamamos, por falta de um termo melhor, a comédia pura.*
>
> 1934[9].

Só vou acreditar no desenvolvimento da arte dramática no dia em que houver um teatro, em que os autores formem um todo com os outros artistas do teatro, em que a pesquisa for comum. Então assistiremos a uma evolução rápida e original... Em que sentido acontecerá tal evolução? É difícil dizer. Creio que num sentido muito diferente daquele em que ela está engajada. Creio, na verdade, que a forma dramática que nossos jovens autores têm nas mãos está completamente evoluída, que eles jogam com um instrumento cansado, e cada vez que fazem um esforço é fatalmente no sentido do refinamento, da complicação, da elaboração. Creio que se deva voltar atrás, regressar às fontes, e que em vez de pedir (como Henry Bataille) aperfeiçoamentos técnicos, uma multiplicidade de meios, devemos, ao contrário, privar-nos deles, rejeitá-los, consagrar-nos, em todos os sentidos, àquela austeridade, àquela pobreza da cena que é mania minha, mas que, a meu ver, é a única possibilidade de frescor, de renovação, de liberação.

O espírito puro, o espírito de fantasia e de imaginação, aquele espírito cômico e livre de nossos antepassados, que esmagamos sob tantas intenções literárias e requintes cerebrais, soprará unicamente num tablado nu.

1917[10].

Reflexões sobre a matéria do drama contemporâneo e sobre a pobreza em ação, em costumes, em personagens de nosso

---

9 Trecho da resenha, por J. Copeau, de *L'Indiscret* (O Indiscreto), comédia em três atos de Edmond Sée, criada no dia 5 de março de 1903 no Théâtre Antoine, e reprisada em junho de 1934 na Comédie-Française (*Les Nouvelles Littéraires*, 16 de junho de 1934).

10 Les Auteurs dramatiques nouveaux, quarta conferência de J. Copeau no Little Theatre, 22 de março de 1917.

teatro contemporâneo. O drama a que multidões se interessarão quer heróis, em quem e por quem se representa a tragédia do mundo. O drama de ideias não será, como tampouco o de Shakespeare, um drama com ideias. Para que possa desenvolver-se a forma que poderá abarcar tal matéria, penso mais do que nunca ser preciso quebrar a forma existente e voltar primeiro a formas primitivas, como a forma com personagens fixas, na qual as personagens serão *tudo*.

1920[11].

Que forma? Ainda não sei. Mas seremos conduzidos até ela. Não quero levá-los além do ponto ao qual a experiência me levou. Mas esvaziei a cena, sobre a qual uma forma nova pode livremente dar seus primeiros passos e construir. [...]

Posso apenas dar uma síntese da perspectiva que se abre diante de mim. Criação completa, em colaboração com os atores, de uma comédia moderna inteiramente nova, improvisada, com tipos extraídos da sociedade atual. Uma farsa francesa do século XX.

1917[12].

A Improvisação

É uma arte que não conheço, que vou estudar em sua história. Mas vejo, sinto, compreendo que devemos restaurar esta arte, fazer com que renasça, ajudá-la a reviver, que somente ela nos devolverá um teatro vivo: uma comédia e atores.

Sair da literatura. Estou em cena, no meio de meus atores, no meio dos futuros artistas do teatro que educo doando-me a eles.

Criar uma confraria de atores. Eu bem sentira, desde o início, que era esse o problema. Homens vivendo juntos, trabalhando juntos, representando juntos. Mas eu havia esquecido este outro termo, ao qual devia fatalmente chegar: criando juntos, inventando juntos os jogos deles, tirando deles próprios e uns dos outros os jogos deles. O pouco que já realizei me conduzia a esse ponto...

---

11 Diário inédito de J. Copeau, 29 de agosto de 1920.
12 Le Problème du théâtre moderne, sexta conferência de J. Copeau no Little Theatre, 29 de março de 1917.

Uma Nova Comédia Improvisada

Mas aqui é preciso evitar, desde o início, o maior perigo: agir como curiosos, como diletantes, como literatos apaixonados por uma forma de arte abolida.

Não se trata, de modo algum, de fazer reconstituições, de exumar, como se fossem curiosidades históricas, os antigos roteiros da farsa italiana ou dos tablados franceses. Nosso objetivo é criar uma nova comédia improvisada, com temas e tipos do nosso tempo [...]

Treinamos sem descanso, mas sem nunca retomar o mesmo roteiro mais de quatro ou cinco vezes. Treinamos a cada instante, sob qualquer pretexto, passeando, durante as refeições, consultando a personagem sobre todo e qualquer incidente. A pessoa se torna a sua personagem. Confronta-se com as personagens dos colegas. Começamos a fazer uma obra coletiva. Logo as personagens se desenvolvem totalmente fora de mim. Escapam completamente de mim. Os roteiros se engendram uns aos outros por si mesmos. Em relação a eles, só tenho agora um papel de crítico. A nova comédia está madura. Ela aparece em cena. Se for bem-sucedida, vencerá todos os outros gêneros, e em breve, novo desenvolvimento, ela se enriquecerá com as contribuições exteriores: contribuição do público que acaba de modelar as figuras apresentadas a eles; contribuição dos poetas que pedem emprestado suas personagens à comédia nova, para desenvolvê-las ou deformá-las segundo a imaginação deles. Um gênero nasceu. Ele se desenvolverá, depois decairá e finalmente morrerá. Mas terá devolvido a liberdade à imaginação criadora, à fantasia dramática. Terá sido realmente uma criação autêntica, um gênero dramático (e não somente uma pálida variedade literária) e o dia em que for destronado talvez o seja por algo mais vivo e mais consumado que ele, por esse "teatro do futuro" de que alguns tanto falam sem ter a menor ideia dele. Tudo reside nisso.

1916[13].

---

13 Notas inéditas sobre *La Comédie improvisée*, datadas de Limon, 28 de janeiro de 1916.
  Cf. a importante carta sobre a Comédia Nova que Copeau dirigia a Roger Martin du Gard em 5 de agosto de 1919: "Essa ideia, ou esse sentimento de

Neste mundo em que os espíritos cada vez mais se preocupam com a dificuldade material e com a angústia social, neste mundo perturbado que nos rodeia, reconheçamos pelo menos que os conflitos, de todos os tipos, formam o espetáculo mais movimentado, mais apaixonante. Sofrendo com a falta de readaptação e de reorientação, nunca a sociedade apresentou maior interesse para o observador, pela extravagância e extraordinária confusão de seus costumes e de suas modas. Ela nunca produziu tipos mais variados, mais novos, mais acentuados. Se, pois, a tragédia da época, como a epopeia, nos fez falta, por que não assistimos, pelo menos, ao nascimento de uma *comédia*? Por que não temos um grande poeta cômico?

Talvez simplesmente porque uma sociedade desconcertada, inquieta, desorientada, não favoreça o espírito cômico. Ela pode produzir pinturas documentais, obras de imaginação e de fantasia, divertimentos, dramas e talvez farsas. Não a Comédia. Porque esta é flor de cultura, testemunho da ordem, prova de equilíbrio. A Comédia quer ser baseada na razão. A força cômica tem sua origem numa filosofia. Repousa numa concepção bem estabelecida do homem e no assentimento da maioria do público para com essa concepção. Chama-se "ridículo" tudo o que se afasta disso, por deficiência ou por excesso. Para que todos os espectadores tenham prazer com a Comédia, para que riam nos lugares certos, e nos mesmos lugares, é preciso estarem todos de acordo, sem ter de se consultar, sobre aquilo que é ridículo e, consequentemente, cômico. Ora, em nossos dias, o espectador dito "culto" tem uma tendência a se distinguir, a se singularizar degustando numa obra dramática somente o que lhe pareça raro, perfeito, eu não teria dificuldade em dizer: desviado do senso comum; enfim, pouco ao alcance da maioria, e especialmente destinado à sua notável inteligência... Haverá

uma comédia nova, que eu chamava inicialmente comédia improvisada (e que certos atores serão talvez capazes, um dia, de improvisar), nasceu em meu espírito – no extremo oposto de minhas preocupações essenciais de crítico e autor – no próprio teatro, em contato com os atores, no jogo. Ela me foi revelada pela experiência das possibilidades cênicas. Ela se enraizou em mim à medida que eu avançava na necessidade e na pesquisa de uma purgação cênica e de um ponto de partida..." (A carta inteira deve ser relida: *Correspondance Jacques Copeau-Roger Martin du Gard*, t. I, p. 311 a 317. Ver *La Comédie Improvisée*, *Registres III*, p. 352-353; ver também, infra, p. 217).

ridículos enquanto houver conveniências. Haverá uma comédia enquanto essas conveniências autorizarem um julgamento sobre o mundo. Quando todas as tendências convergem para a liberdade dos costumes, para o capricho do indivíduo, para o nivelamento social, para o desprezo da cultura e da tradição, quando tudo é permitido ou, pelo menos, merece ser tentado, quando tudo tende para a confusão, o senso do ridículo se perde, o espírito cômico está em baixa. Ele se pulveriza.

Já faz três séculos que a França não tem um poeta cômico: desde o dia 17 de fevereiro de 1673, exatamente. Molière estava morto. E Boileau exclamava:

> *Mais, sitôt que d'un trait de ses fatales mains,*
> *La Parque l'eut rayé du nombre des humains,*
> *On reconnut le prix de sa muse éclipsée.*
> *L'Aimable comédie, avec lui terrassée,*
> *En vain d'un coup si rude espéra revenir,*
> *Et sur ses brodequins ne put plus se tenir*.*

A expressão de Boileau quase não é metafórica. Diz bem o que quer dizer. Daí por diante a comédia já não se mantém em seus borzeguins. Perdeu a estatura. O grande plano cômico é abandonado. E nem Regnard, nem Marivaux, nem Beaumarchais, nem Le Sage, nem Diderot, por mais notáveis que esses escritores sejam pelo talento, não restituirão o prestígio e o nível ao gênero que Molière, levando-o à perfeição, parece ter esgotado.

Se remontarmos ao século XIX, não pensaremos que nem Émile Augier nem Alexandre Dumas Filho, esses continuadores da "comédia burguesa" cujas obras já não têm público, hajam reencontrado aquele grande tom cômico ao qual os gregos e os latinos se haviam elevado, cujo diapasão tentou se restabelecer na *Commedia dell'Arte,* e do qual Molière tirou, em dez obras-primas, acordes inigualáveis e definitivos.

---

* Mas assim que com um traço de suas mãos fatais
  A Parca o riscou do número dos mortais,
  Foi reconhecido o valor de sua musa eclipsada.
  A amável comédia, com ele enterrada,
  Em vão de um golpe tão rude esperou voltar,
  E em seus borzeguins já não conseguiu ficar (N. da T.).

Procuremos mais perto de nós, no teatro de ontem. O naturalismo, com o que se chamou a escola do *teatro livre*, depois de Balzac e sob a influência de Zola e dos Goncourt, se mantém diametralmente oposto ao tom da comédia, e de tudo o que essa palavra comporta de liberdade, de desapego, de movimento e, por assim dizer, de espiritualidade. Ele aponta para baixo e se rebaixa até o seu objeto. Tem muito mau humor, e substitui a ironia pela *aversão*. Henry Becque é forte. Ele é diserto. Tem franqueza e peso. Opõe-se aos costumes, considerando-se um discípulo de Molière, que venera e que acredita seguir. Mas carece de respiração, variedade, ânimo. Está maculado pelo pessimismo e pelo "negrume". Sua inspiração não é elevada. É engolida. Partindo da comédia ligeira e do quadro de gênero, passando pelo melodrama, chega a uma pintura em dois tons, de matéria ingrata e "tapada".

Não respiro o ar da comédia no psicologismo pessoal de Porto-Riche e de seus imitadores, nem na indolência de Donnay, nem na brutalidade sumária de Bernstein. Jules Renard é demasiado seco, demasiado minucioso e restrito. O gentil de Flers, e Capus – tão parisienses que são um pouco frágeis – haviam herdado de Meilhac e de Halévy algo bem cuidado e agradável que estou longe de desdenhar, e a prática mais habilidosa, que lhes garantia o sucesso, e nunca foram perturbados por inspirações ousadas. Brieux, no fim das contas, teve aspectos de moralista primário, mas honesto, preferiu assuntos simples, à maneira de Molière, e uma de suas antigas comédias, que acaba de ser retomada, faz pensar que, embora careça estranhamente de originalidade, um pouco de sua técnica bem comportada não seria inútil a muitos jovens originais que não sabem sequer a primeira palavra da nossa profissão[14].

Não é na geração simbolista que devemos procurar o poeta cômico. Nem em Maeterlinck, nem em Claudel. Também não é em François de Curel, que subordina tudo à reflexão e à eloquência, e faz com que nos relembremos da palavra de um velho autor: a cena francesa é "um verdadeiro parlatório".

---

14 A antiga comédia de Eugène Brieux de que fala Copeau deve ser *Les Hannetons*, criada em 1906 no Théâtre de la Renaissance.

Feydeau tinha todo o fogo de um farsante. Mas suas intrigas muito cômicas e bem compostas são habitadas apenas por fantoches.

Tristan Bernard não quis ou não pôde subir a esse nível da comédia que suas melhores obras deixavam entrever. E Courteline, cujo acento é tão francês, a verve tão densa e o movimento tão clássico, excetuando *Boubouroche*, não nos deu muito mais do que pequenos quadros.

Não se deveria pensar que eu despreze os autores que acabo de enumerar. Quase todos têm talento. Alguns têm muito talento. Quis apenas dizer que não encontro entre eles o grande poeta cômico que conclamo, e que a comédia na França, desde Molière, não reencontrou o seu grande jogo. Mas eu poderia também dizer que existe, entre nós, uma tradição cômica ininterrupta, uma veia cômica latente. Ela pode, segundo a época, se deformar ou minguar. Não desaparece nunca. Nós a temos no sangue. E quando falamos da renovação possível do nosso teatro, quando nos empenhamos em estimulá-la, parece ser em direção a ela que devamos nos voltar. Reside aí o nosso ponto de orientação. Reside aí o nosso vigor secreto. É à nossa tradição que devemos pedir o remédio para os nossos males, e não às drogas exóticas com que pretendem galvanizar um doente que talvez não esteja tão doente assim.

1928[15].

A comédia terá chance de se oxigenar, de ter bom sangue e de crescer, cada vez que quiser buscar sua inspiração fora das pequenas histórias parisienses, e seus modelos longe dos meios teatrais, literários e cinematográficos que nossos autores frequentam quase exclusivamente.

1934[16].

Talvez a comédia desta época ainda seja escrita. Só poderá sê-lo com um grito de libertação. Precisará revelar-nos não somente

---

15 L'Invitation au poète comique, artigo publicado em *La Nación*, 2 de novembro de 1928.
16 Aux Ambassadeurs, artigo de J. Copeau em *Les Nouvelles Littéraires* de 19 de maio de 1934.

o envenenamento, mas o veneno. Enquanto isso, o romance, o cinema, o teatro, nos confiam documentos, intimações, confissões. Não trazem conclusões. *Mostram*, até o fundo. Denunciam o pior, com uma segunda intenção: a de nos inspirar o gosto e o desejo do pior. Eles nos mantêm curvados, com o nariz na infecção, como se não tivéssemos nem o direito nem a força de nos afastar, de nos reerguer e contemplar em outro lugar, ou pelo menos dentro de nós mesmos, aquilo que vale mais do que nós.

1934[17].

---

17 Le Théâtre et les mœurs, idem, 24 de março de 1934.

Ao Encenador

> *Quando o encenador está diante de uma obra dramática, o seu papel não é dizer: "O que eu vou fazer com isso?"; o seu papel é dizer: "O que ela vai fazer de mim?"*
>
> 1920[1].

Na falta do autor, o encenador é seu assistente ou seu substituto em matéria de realização cênica. O seu trabalho se baseia num acordo, numa espécie de contrato ao qual a sua inteligência o autoriza e a sua honestidade o vincula. As coisas se deterioram no momento em que ele se prevalece de algumas de suas superioridades profissionais para deformar a obra do poeta, para introduzir em todas as juntas dessa obra as suas ideias, as suas intenções, as suas manias, o seu pedantismo pessoal.

1935[2].

A arte de ajudar o ator, de lhe revelar, de lhe desobstruir o caminho, talvez seja a que eu pratiquei com o maior prazer e sucesso. É uma arte delicada. Para isso é preciso um ator, mas que não o seja em excesso. As indicações devem ser leves. Quanto mais forem leves, tanto mais serão eficazes. Devemos conhecer bem o homem ou a mulher a quem nos dirigimos, e os tratar com tato. Importa também que eles o conheçam bem, que eles o amem e

---

1   Trecho da conferência de J. Copeau sobre Le Vieux Colombier. Lyon, 21 de dezembro de 1920.
2   J. Copeau, trecho da *Encyclopédie*, dezembro de 1935, capítulo 2, L'Interprétation dramatique.

que depositem em você toda a confiança. É algo relativamente fácil quando se trabalha sempre com os mesmos. Com a minha trupe do Vieux Colombier, os ensaios eram apenas uma espécie de divertimento. Conforme o meu humor e o deles, eu sabia empurrá-los, repreendê-los, estimulá-los.

Eu sabia também defendê-los contra os autores. Porque os autores sempre têm excesso de pressa. Ou se esforçam por excitar os atores por suas bajulações, ou os desestimulam pedindo a eles desde o primeiro dia coisas que se deve deixar que eles tenham o prazer de encontrar por si mesmos, que talvez só encontrem no vigésimo ensaio, e talvez só diante do público. A primeira virtude do encenador é a paciência. Não imaginamos quanto de paciência é preciso para que amadureça num intérprete um estado interior, o movimento mais simples, o gesto mais elementar.

A segunda virtude do encenador é a sua discrição. Nunca se deve, a pretexto de ajudá-lo, se pôr no lugar do ator. Basta chamar, despertar nele certos sentimentos, acenar para certas ações que os expressarão, mas sem executá-las, pois há coisas que só se expressam plena e realmente, segundo os meios e segundo o temperamento, segundo a personalidade do ator. Por isso eu dizia que um bom encenador deve ter parcelas de ator, mas não deve sê-lo totalmente. Ele está aí para aplainar o caminho que leva à personagem, para afastar as macegas. Contudo, ao chegar a certo ponto, convém deixar o ator totalmente sozinho se embrenhar na personagem. Aliás, sempre chega um momento em que o encenador já não pode fazer nada pelo ator...

O papel do encenador, ao mesmo tempo seu dever e seu privilégio é, portanto, o de estar presente por toda parte, e não obstante invisível, sem oprimir a personalidade do ator nem melindrar o pensamento do poeta, empregando o seu gênio tão somente para servir a um e a outro. Todos os seus esforços tendem a compor e a edificar um objeto perfeitamente coerente e proporcional, sólido e harmonioso, comparável àquelas pequenas catedrais que o doador, de joelhos, apresenta diante de si nos antigos retábulos. [...]

1945[3].

---

3 Trecho de Souvenirs pour la radio, janeiro-fevereiro de 1945 (documentos: discoteca da ORTF [Organização Rádio e Televisão Franceses]).

A INTERPRETAÇÃO
DAS OBRAS DRAMÁTICAS DO PASSADO

> A matéria mais dura, o mármore mais puro não proibirá a estátua de se desfazer se o olhar que nela pousarmos não for um olhar vivo. Nossos olhares fazem e desfazem a Afrodite antiga. E caso se trate de uma obra de poesia, nossa responsabilidade não será menor.
>
> 1937[4].

Sob inúmeras influências, mais ou menos profundas e mais ou menos duráveis, que são de ordem intelectual, religiosa, moral, social e política, não somente a arte dramática viu a sua inspiração degenerar, mas podemos dizer que ela perdeu o seu rumo.

Tenho a convicção de que o futuro verá a realização de uma forma de teatro que há de expressar a idade moderna, como o drama grego e a grande comédia italiana expressaram a sua. E esta forma renovada terá, talvez, um caráter de universalidade desconhecido até ela.

Vivemos um interregno que remonta ao século XVIII, e até para além dele; até Racine e Molière, que disseram a última palavra da arte deles.

O romantismo, o naturalismo, o burguesismo nos transmitiram uma forma exaurida.

Isso não quer dizer que em nosso tempo já não exista nenhuma vida dramática. É, porém, uma vida infecunda.

Pelo menos podemos reivindicar para o nosso século a honra de ter, entre tantos outros problemas, escrutado de novo o do teatro.

As questões essenciais foram formuladas. Muitas vezes foram deturpadas. Não foram resolvidas.

Aqueles que sonhavam com uma forma teatral que expressasse a própria estrutura do mundo; aqueles que procuravam conceber o universo moderno como drama; aqueles que trabalhavam para tornar a cena e o ator capazes de realizar tal concepção; aqueles que convidavam os escritores a tomar posse de um instrumento renovado, e o público a perceber esse renascimento – esses inovadores, enfim, de que se fala com tanta

---

4   Notas de J. Copeau para os Entretiens d'Athènes, 1937.

frequência, só foram inovadores pela metade. Nem os escritores nem o público os seguiram.

Uns se deixaram desviar e debilitar por meio de experimentações sem fim, de rebuscamentos externos, de pesquisas técnicas sem destino.

Outros ficaram perplexos e como que desorientados entre sua aspiração espiritual insatisfeita e o vão domínio de seu ofício.

Por isso, na falta de um emprego mais urgente, suas faculdades se voltaram para as obras do passado, embora soubessem que, como todas as outras energias do homem, as da arte viva, para fecundar o futuro, devem procurar resolver o presente.

Mas eles encontravam na tragédia grega e na do século XVII, no drama de Shakespeare, na comédia de Molière, a solidez de estrutura e a riqueza de matéria, a amplitude de desenho e a segurança de execução, enfim, o impulso poético, os quais permitissem que o seu próprio gênio se medisse com a força e com a grandeza, e que inspirassem, às suas faculdades de intérpretes, emulação e até ebriedade.

Essa embriaguez não deixa de ser perigosa. Aconteceu com os encenadores mais bem intencionados o fato de cederem a falsas inspirações.

Sem dúvida é inconveniente, é injusto e até ímpio interpretar as obras-primas do passado sem respeito, sem inteligência nem imaginação, sem o mínimo domínio. Mais vale deixá-las descansar no livro, no qual as pessoas cultas poderão reencontrá-las a seu bel-prazer, talvez um pouco inanimadas, mas pelo menos preservadas de toda deformação, quer dizer, de toda injúria.

No entanto, visto que os princípios de interpretação foram redescobertos, uma vez que os métodos foram reinventados por criadores de verdade, um novo perigo aparece: esses princípios e esses métodos passam a servir a executantes bem instruídos, mas sem alma.

Com efeito, é muito fácil desenvolver uma encenação. Muito fácil multiplicar os signos do espetáculo, até com certa disciplina de meios que dá ilusão de harmonia. Muito fácil inventar mil coisas engraçadas ou sensacionais a respeito de uma obra-prima literária ou externas a ela.

O que é difícil, o que é a marca da arte e a prova do talento, é inventar interiormente, é preencher de realidade, saturar de poesia tudo o que se faz e diz em cena, sem nunca exagerar a significação, sem nunca ultrapassar o que chamo "a pura configuração das obras-primas".

O grande regente de orquestra não é o que impõe a sua própria concepção, e desdobra num texto musical os prestígios de seu virtuosismo. É o homem que desceu até o fundo da música e volta à tona com todos os seus segredos. Aquele que subordina todos os meios da sua arte, todos os recursos do seu ofício à justa expressão dos valores. Aquele que nos faz ouvir tudo e não acrescenta nada. É o mestre cuja originalidade consiste em comungar com o original; o intérprete genial que, para transportar para o mundo sonoro um texto escrito, segue identicamente os mesmos passos que o compositor seguiu para organizar no silêncio o mundo dos signos musicais.

Mas a essência, a realidade, a verdade de uma música são inscritas na matéria musical, e os principais pontos de referência para a execução são fornecidos ao regente pela partitura que tem diante dos olhos.

Caso se trate de um texto literário, singularmente de um texto dramático, o que nos guiará? A partir de que sinal reconheceremos o caminho oculto que é o caminho da verdade?

Pois para toda e qualquer realização existe um caminho da verdade, um caminho pelo qual o autor passou, e nossa missão é encontrá-lo para, quando chegar nossa vez, passar por ele.

Bem mais: reconheceremos o valor de um texto dramático pelo apelo que nos faz no sentido da fidelidade, pela pouca liberdade que deixa para nós, pelos mandamentos que nos dá, pela submissão que nos impõe. E é ao trabalhar com esses limites, ao nos debatermos com esses vínculos, que encontraremos a confidência do mistério e o segredo da vida.

Por meio de que operação? É o que é difícil dizer. Não entrarei em considerações técnicas. O que me interessa aqui é a atitude de um intérprete supremo com relação a uma obra suprema. Definirei essa atitude pelo uso de dons intelectuais como a inteligência e a força de atenção, mas principalmente pelas qualidades morais, das quais as mais raras, as mais preciosas são a simplicidade e a humildade. Iluminados pelo estudo e fortalecidos pelo trabalho, esses dons, essas qualidades produzem em nós o que é designado por uma palavra que devemos ouvir bem, pois ela diz tudo: a sinceridade.

É a sinceridade que nos leva ao conhecimento profundo. Mas esse conhecimento continua a ser quase indefinível. Não é totalmente da ordem do conhecimento intelectual, e não se obtém nem por dados eruditos, nem por raciocínios lógicos, nem sequer pela aplicação de métodos especiais. É uma faculdade de contato, uma intuição natural, uma revelação sobre a qual eu ousarei dizer que é de essência musical.

Realizada essa identificação entre um espírito de hoje e a criação de um poeta cuja obra data de vários séculos, o encenador terá de evitar dois obstáculos: a reconstituição fria, por excesso de respeito; uma modernização exagerada, com o pretexto de puxar para si a obra do passado.

Trata-se simplesmente de pôr-se em estado de sensibilidade para reencontrar a vida, para reanimar o estilo.

Só reanimaremos o estilo criando condições de representação análogas, mas não idênticas, às que viram nascer a obra que nos propomos a revivificar, quer ela exija uma estrita coerção, quer tenha necessidade, para desabrochar, de uma extrema liberdade cênica.

Em resumo, penso que precisamos inspirar-nos nas convenções da época, dentro das quais nos esforçaremos por fazer com que aflua e circule a vida, com uma naturalidade capaz de encontrar eco num público contemporâneo, sem nunca bajulá--lo com aqueles anacronismos fáceis e grosseiros que estão demasiado em moda hoje em dia.

1938[5].

Sem dúvida temos nossos princípios, que o trabalho e a experiência nos trazem, que felizmente nem sempre seguimos, aos quais às vezes temos a felicidade de escapar.

Perguntavam a uma jovem encantadora como é que ela fazia para sempre ter saias tão bonitas. Ela respondeu, com inocência: "Eu me ponho dentro".

---

5 L'Interprétation des ouvrages dramatiques du passé, comunicação feita por J. Copeau no Congresso Musical do Maggio Fiorentino, 1938.

Quando, beirando os 35 anos, entrei para a prática do teatro, não tinha princípio algum. Entrei nele, me pus dentro, com toda a boa-fé, com todo o amor.

E, há 27 anos, procuro conservar esse frescor. Seja qual for a obra a representar, tenha mil anos, tenha três séculos, seja bem novinha, de ontem, procuro entrar nela, sem nenhum preconceito, sem ideia preconcebida. Faço o que posso para esposá-la tal como ela é e para viver com ela.

1937[6].

---

6 Entretiens d'Athènes, 1937.

Aos Atores

"Tenho uma elevada ideia do talento de um grande ator", escreveu Diderot com melancolia, "esse homem é raro…"

Ainda mais raro, com efeito – e tanto maior quando aparece –, porque o ofício que exerce ameaça a tal ponto a pessoa humana, sua integridade, sua elevação.

Shakespeare disse (*Hamlet*, ato II, cena 2) que a natureza do ator é contranatural, que ela é horrível e ao mesmo tempo admirável. Ele o disse com uma só palavra: *Monstrous*.

O que é horrível, no ator, não é uma mentira, porque ele não mente. Não é um engodo, porque ele não engana. Não é uma hipocrisia, porque ele aplica sua monstruosa sinceridade em ser o que não é, e não em expressar o que não sente, mas em sentir o imaginário.

Tanto quanto as suas outras aparições infernais, o que perturba o filósofo Hamlet é, num ser humano, o desvio das faculdades naturais para uma utilização fantástica.

O ator corre o risco de perder a face e de perder a alma. Ele as encontra desfiguradas, ou já não as encontra, no momento em que lhe fazem falta para voltar a si mesmo. Suas feições já não se controlam, seu porte e seu verbo ficam demasiadamente soltos, indiferentes, como que separados da alma. A própria alma, muitas vezes incomodada pela representação, excessivamente arrebatada, excessivamente melindrada por paixões imaginárias, contraída por hábitos artificiais, não se apruma no real. Nesse mundo humano, a pessoa inteira do ator conserva os estigmas de um comércio estranho. Quando volta para o nosso meio, ele parece estar saindo de outro mundo.

A profissão do ator tende a desnaturá-lo. Ela é consequência de um instinto que leva o homem a desertar de si para viver de aparências. No entanto, é uma profissão que os homens desprezam. Eles a consideram perigosa. Eles a associam com a imoralidade, e a condenam por seu mistério. Essa atitude farisaica, que as tolerâncias sociais mais extremas não eliminaram, reflete uma ideia profunda. É que o ator faz uma coisa proibida: representa a sua humanidade e brinca com ela. Seus sentidos e sua razão, seu corpo e sua alma imortal não lhe foram dados para que dispusesse deles como um instrumento, forçando-os e movendo-os em todos os sentidos.

Se o ator é um artista, ele é, de todos os artistas, aquele que mais sacrifica da sua pessoa para o ministério que exerce. Ele não pode doar nada se não se doar a si mesmo, não em efígie, mas de corpo e alma, e sem intermediário. Ao mesmo tempo sujeito e objeto, causa e fim, matéria e instrumento, sua criação é ele mesmo.

Aí repousa o mistério: que um ser humano possa se pensar e se tratar como matéria de sua arte, agir sobre si mesmo como sobre um instrumento com o qual deve identificar-se sem deixar de se diferenciar dele, atuar e ser ao mesmo tempo aquilo que ele atua, homem natural e marionete...

[...] Há algo no ator que depende do que ele é, que atesta a sua autenticidade, que se impõe a nós por sua maneira, sem fraude possível, e desde que ele surge em cena, já antes de abrir a boca, por sua simples presença. É aquele algo que, em nosso tempo, distinguia, entre todas, uma atriz como a Duse. É uma qualidade da natureza, que a arte pode servir para iluminar, mas não conseguiria imitar [...]

Que o ator nem sempre sinta o que representa, que represente o texto sem representar a personagem nem a situação, que consiga representar sem erro aparente, ou seja, mais ou menos justa e corretamente, embora não seja tocado – isso é verdade. É seu fracasso. É a tendência que seguem os preguiçosos e os medíocres. É o martírio a que os melhores se expõem todos os dias, pois nenhum deles jamais sabe se não se sentirá subitamente devastado pela secura num desses momentos horríveis em que se ouve falando, em que se vê representar, em que julga a si mesmo e, quanto mais se julga, mais se evade.

Diderot dirá que "ele se agitou sem nada sentir".

Se, visivelmente, ele "se agitou", na verdade foi porque não sentia. Era *para sentir.*

Provoca facilmente o sorriso a ideia de uma sensibilidade que persegue a si mesma, de uma espontaneidade que se busca, de uma sinceridade que se trabalha. Que não se sorria depressa demais. Reflitamos antes sobre a natureza de um ofício em que há tanta matéria para ser trabalhada. A luta do escultor com a argila que ele modela não é nada se eu a comparar com as resistências que o corpo, o sangue, os membros, a boca e todos os órgãos do ator opõem a este.

Imagino um ator diante do texto de um papel que ele ama e compreende, cujo caráter convém à sua natureza, cujo estilo se adapta aos seus meios. Ele sorri de satisfação. Decifra esse papel, sem esforço. A primeira leitura que faz surpreende por sua justeza. Tudo é magistralmente indicado, não somente na intenção geral, mas até nas pequenas nuanças. E o autor se alegra por ter encontrado o intérprete ideal que vai levar sua obra às nuvens: "Espere", diz o ator a ele, "ainda não cheguei lá". É que ele não se engana com essa primeira tomada de posse da qual apenas o espírito participava.

Eis que ele se põe a trabalhar. Repete o texto à meia-voz, com precaução, como se temesse espantar alguma coisa dentro de si mesmo. Essas repetições confidenciais ainda guardam a qualidade da leitura. As nuanças da emoção ainda são perceptíveis para alguns ouvintes privilegiados. O ator, agora, possui seu papel, de cor. É o momento em que começa a possuir um pouco menos a sua personagem. Ele vê o que deve ser feito. Compõe e desenvolve. Realiza os encadeamentos, as transições. Racionaliza os movimentos, classifica os gestos, conserta as entonações. Ele se olha e se ouve. Ele se abandona. Ele se julga. Parece não dar nada de si mesmo. Por vezes interrompe o trabalho para dizer: não sinto isto. Propõe, frequentemente com razão, uma modificação do texto, uma inversão da frase, um retoque na encenação que lhe permitiria – acredita ele – sentir melhor. Procura os meios de se pôr em situação, em estado de sentir: um ponto de partida, que por vezes estará na mímica, ou no diapasão da voz, numa descontração particular, numa simples respiração... Ele trata de se harmonizar. Arma suas redes. Organiza a captura de alguma coisa que compreendeu e pressentiu há muito tempo, mas que lhe permanece exterior, que ainda não entrou nele, não se alojou nele... Com um ouvido distraído, escuta as indicações essenciais que lhe são dadas, do proscênio, sobre as emoções da personagem, suas motivações, todo o seu mecanismo psicológico. E nesse meio-tempo a sua atenção parece absorvida por detalhes irrisórios.

É então que o autor, com uma polidez excessiva, pega pelo braço seu ilustre intérprete e lhe diz ao ouvido: "Mas, caro amigo, por que não mantém o que fez no primeiro dia? Estava perfeito. Seja você mesmo".

O ator já não é ele mesmo. E ainda não é "o outro". O que fazia no primeiro dia lhe escapa à medida que se põe na posição de representar o papel. Precisou renunciar ao frescor, à naturalidade, às nuanças e a todo o prazer que lhe causava sua animação, para realizar o trabalho difícil, ingrato, minucioso que consiste em fazer uma realidade de teatro surgir de uma realidade literária e psicológica. Precisou ordenar, dominar, assimilar todos os procedimentos de metamorfose que são ao mesmo tempo aquilo que o separa de seu papel e aquilo que o conduz a ele. Somente quando tiver realizado o estudo de si mesmo em relação a determinada personagem, articulado todos os seus meios, exercitado todo o seu ser no sentido de servir às ideias que ele formou para si e aos sentimentos para os quais prepara o caminho no corpo, nos nervos, no espírito, até à profundeza do próprio corpo – somente então ele se reerguerá, transformado, e tentará doar-se.

Enfim o ator preenche o papel. Não encontra nele nada fútil nem artificial. Poderia vivê-lo sem palavras. Confronta sua sinceridade com esse belo "silêncio interior" de que falava Eleonora Duse.

Eis o homem exposto no teatro, oferecido em espetáculo, posto em julgamento. Ele entra em outro mundo. Assume essa responsabilidade. Sacrifica a ele todo um mundo real: inquietação, mal-estar, pesar, sofrimento – ou, antes, é por ele libertado. Mas a atitude de seus comparsas em cena, uma reação da sala, uma desordem nos bastidores, o brilho de um refletor, a dobra de um tapete, um erro de contrarregra, um esquecimento de acessórios, um acidente no figurino, uma falha de memória, um lapso da boca, uma queda passageira de sua força vital – tudo o ameaça, tudo está contra ele, o qual, sozinho, tem que tudo dominar; tudo pode a cada instante interpor-se entre sua sinceridade, que nada poderia forçar se ela se esquivasse, e o jogo que ele tem que jogar seja lá como for. Tudo pode despojá-lo do que ele pensava ter dominado por meio de um longo trabalho, separá-lo da personagem que havia composto com a sua própria substância, mas que, como esta substância, pode sofrer alterações profundas e repentinas.

A cortina sobe e o surpreende... Seu primeiro ataque sai um pouco involuntariamente... Ei-lo desunido. Eu o vejo torcer a ponta da gravata. Deixa um instante de sentir. Bate em retirada. Procura um ponto de apoio. Respira profundamente. Creio que vai se recuperar, porque conhece o seu ofício. Você me diz que a perturbação em que esses incidentes fúteis o deixaram prova que ele não sentia. Eu acredito que quanto mais um ator for sensível, mais estará sujeito a essas vertigens. Mas ele vai voltar a sentir... porque conhece o seu ofício.

Suponhamos que não tenha deixado de sentir. Ele atinge a plenitude. Mas precisará medir essa plenitude. Existe uma medida da sinceridade, como existe uma da técnica. Dir-se-á que o ator não sente nada porque sabe servir-se da emoção? Que as lágrimas que correm, e os soluços, são vãos porque estrangulam apenas por um instante a voz do intérprete e mal e mal lhe alteram a dicção? Não se deve antes admirar, renunciando a compreendê-lo totalmente, aquele admirável instinto, aquele dom de natureza e de razão que, há pouco, deixava o ator desconcertado em relação à própria sensibilidade e que agora impede sua emoção de decompor o jogo dramático? Um jogo desses exige uma cabeça "de ferro", como disse Diderot, mas não "de gelo", como havia escrito anteriormente. Também são necessários nervos flexíveis e resistentes, operações interiores muito rápidas e muito delicadas.

Contestar ao ator a sensibilidade, por causa de sua presença de espírito, é recusá-la a todo e qualquer artista que observe as leis de sua arte e não permite jamais que o tumulto das emoções paralise a alma. O artista reina, de coração tranquilo, sobre a desordem de seu ateliê e de seus materiais. Quanto mais a emoção aflui nele e o agita, mais seu cérebro torna-se lúcido. Tal frieza e tal estremecimento são compatíveis, como na febre e na embriaguez.

[...] abarcar toda a extensão de um grande papel, dispor nele os claros e escuros, os tons suaves e os fracos, mostrar-se igual nas passagens tranquilas e nas passagens agitadas, ser vário nos detalhes, harmonioso e uno no conjunto, e formar para si mesmo um sistema elevado de declamação [...] É obra de uma cabeça fria, de um profundo discernimento, de um gosto delicado, de um estudo penoso, de uma longa experiência e de uma tenacidade de memória pouco comum.

Diderot tem razão: "tudo foi medido, combinado, apreendido, ordenado" na cabeça do ator. Mas se a sua interpretação for apenas a expressão da sua mestria e como que a exposição de um excelente método, ou ele se instala na rotina ou então se dissipa nos jogos do virtuosismo. O absurdo do "paradoxo" é opor os procedimentos do ofício à liberdade do sentimento e negar, no artista, a coexistência e a simultaneidade deles.

Para o ator, doar-se é tudo. E para doar-se é preciso primeiro possuir-se. Nosso ofício, com a disciplina que supõe, com os reflexos que fixou e comanda, é a própria trama de nossa arte, com a liberdade que exige e as iluminações que encontra. A expressão emotiva surge da expressão justa. A técnica não só não exclui a sensibilidade: ela a autoriza e a liberta. É seu suporte e sua salvaguarda. É graças ao ofício que podemos abandonar-nos, pois é graças a ele que saberemos reencontrar-nos. O estudo e a observância dos princípios, um mecanismo infalível, uma memória segura, uma dicção obediente, a respiração regular e os nervos relaxados, a liberdade da cabeça e do estômago nos proporcionam uma segurança que nos inspira a audácia. A constância nas entonações, nas posições e nos movimentos preserva o frescor, a clareza, a diversidade, a invenção, a igualdade, a renovação. Permite-nos improvisar:

> Não é monstruoso que esse ator, em uma ficção, em um sonho de paixão, possa forçar a alma a sofrer com o próprio pensamento a ponto de empalidecer-lhe a face; lágrimas nos olhos, o aspecto conturbado, a voz entrecortada, e todos os gestos adaptando-se em formas à concepção do espírito? E tudo isso para nada! Para Hécuba? Quem é Hécuba para ele ou ele para Hécuba, para que chore por ela? (*Hamlet*, ato II, cena 2)[1].

Shakespeare descreve como ator a tentativa do homem que aciona a *si mesmo* ao fazer viver uma personagem inventada... Interpretar é antes de tudo insinuar-se no conhecimento da coisa a representar. É formar um conceito. É em seguida ter o poder de forçar a sua alma nesse conceito: *force his soul... to his own conceit*. Iluminada pela experiência e pelo raciocínio, a inteligência constrói ideias coerentes e variadas. A sensibilidade anima e aquece tais ideias. No interior e nos limites de uma concepção, a alma se trabalha, e desse trabalho decorre a operação misteriosa, precária, submetida a toda e qualquer espécie de circunstâncias e de particularidades, que vai revestir com uma exatidão cada vez maior a ideia – o que Diderot denomina: um fantasma – com as formas necessárias, signos tangíveis nos quais o espectador reconhecerá a natureza daquilo que se passa dentro do ator *suiting with forms to his conceit...* À medida que os signos se afirmam, em precisão, em entonação, em profundidade, à medida que tomam posse do corpo e de seus hábitos, estimulam por seu turno os sentimentos interiores que, com uma realidade cada vez maior, instalam-se na alma do ator, a preenchem, a suplantam. É nesse grau do trabalho que germina, amadurece e se desenvolve uma sinceridade, uma espontaneidade conquistada, adquirida, da qual se pode dizer que atua como uma segunda natureza, a qual, por sua vez, inspira as reações físicas e lhes dá autoridade, eloquência, naturalidade e liberdade:

---

1 Tradução, por J. Copeau, das *Tragédias* de Shakespeare, Union Latine d'Éditions, janeiro de 1939.

[...] E tudo isso por nada! Por Hécuba? Quem é Hécuba para ele ou ele para Hécuba, para que chore por ela?

Onde reside o segredo de uma imaginação que põe o ator em pé de igualdade com os tormentos do príncipe Hamlet ou com as desgraças de Édipo, incesto e parricídio?
A essa questão pode-se dar uma resposta. É a de Goethe. Disse ele: "Se eu já não tivesse carregado o mundo em mim *por pressentimento,* com os olhos abertos teria permanecido cego".
1928[2].

É também natural que, às vezes, entreabrindo a cortina e retirando a máscara, o ator goste de se dirigir ao público para dizer a ele:
Aqui estou como sou, um ser humano como vocês. Não estou fora da sociedade. E não pensem que o nosso mundo do teatro seja unicamente aquele império artificial cujo espetáculo faz com que vocês descansem das misérias do seu próprio mundo, aquele lugar de festa perpétua, de bem-estar e de facilidade, no qual basta aportar para ser liberado das preocupações e por assim dizer aliviado do peso da nossa condição humana. A nossa vida é dura, implacável e devoradora.
É verdade, por um milagre mais ou menos inexplicável, que o jogo teatral às vezes nos liberta de nós mesmos, faz com que desapareçam por algum tempo as nossas mais cruéis preocupações e até as nossas enfermidades físicas.
É igualmente verdade, porém, que o terrível jogo de nossa profissão seria o mais vil de todos se chegasse a nos deformar, a nos desnaturar de tal forma que o homem comum, o homem humano, o homem sincero, o homem do mundo ou o homem de um ofício pudesse dizer de nós, com desconfiança e com certo desprezo: "Ah! É um ator!"
Libertar o ator de sua dissimulação e arrancá-lo de sua especialização degradante, entregá-lo ao mundo, à vida, à cultura, à grande simplicidade humana, torná-lo um homem entre os homens, a quem, ao aplaudir, o público não deixe de estimar e que ele ama ao mesmo tempo em que o admira, elevar a

2 Trechos de Réflexions d'un comédien sur le Paradoxe de Diderot, Plon, 1928.

profissão do ator – como fez Molière em sua época e como fez na Rússia o grande Stanislávski – do descrédito bem merecido por falsos artistas, recolocá-lo no nível dos mais nobres, dar enfim ao teatro a sua dignidade de grande arte e, permitam-me acrescentar, a sua missão religiosa, que é a de religar entre si os homens de todo e qualquer tipo, de toda e qualquer classe, eu ia dizer – e devo dizê-lo aqui – de toda e qualquer nação, eis o que tem sido buscado no Vieux Colombier de dez anos para cá.

1923[3].

A cena é o instrumento do criador dramático.
Ela é o lugar do drama, não o dos cenários e das máquinas.
Ela pertence aos atores, não aos maquinistas e aos pintores.
Ela deve estar sempre pronta para o ator e para a ação.

As reformas que realizamos, as que ainda estamos realizando, tendem a isso e a isso se resumem: pôr um instrumento nas mãos do criador dramático, criar para ele uma cena livre, que ele possa usar livre e diretamente, com um mínimo de intermediários.

Hoje em dia, é rigorosamente verdadeiro dizer que o criador dramático é um *intruso* no teatro, que tudo se opõe à sua concepção, ao seu esforço, à sua própria existência. Ali onde ele é o escravo, é necessário que seja o mestre. Pois ele é o único mestre. E, sem ele, o teatro está hoje sem mestre.

1940[4].

---

3 Trecho de um "Discurso ao Público" de J. Copeau, Genebra, 1923.
4 Nota de 1940.

A Cena

Châssis opaques, carton cette intrusion,
au rancart.

(Caixilhos opacos, papelão esta intrusão,
fora.)

MALLARMÉ.

Para a obra nova,
que nos deixem um tablado nu.

Bataille queria a palpitação da folhagem nas árvores de papelão. Para ter a palpitação, trata-se de suprimir as árvores.

1917[1].

Mesma coisa se as descrições de lugares e de espetáculos naturais (tempestades de *Otelo* e do *Rei Lear*) são duplicadas por uma representação do cenário, dos ruídos de bastidor etc. Um canto de pássaro, um suspiro do vento só são possíveis numa cena onde não há árvores, nenhum cenário…

O cenário não deve falar a mesma língua que o ator.

A decoração não pode ser da mesma natureza que o ator.

A decoração cênica instituída pelo ator e, como ele, sempre em movimento.

1915[2].

---

1 Le Renouvellement de l'Art scénique, quinta conferência no Little Theatre, Nova York, 26 de março de 1917.
2 Notas esparsas a respeito da cena. As mais antigas devem datar de 1915.

Renunciar à ideia de cenário.

Quanto mais a cena for nua, mais a ação poderá fazer com que nasçam prodígios sobre ela. Quanto mais for austera e rígida, tanto mais a imaginação jogará livremente.

É na restrição material que a liberdade de espírito se apoia.

Sobre a cena árida o ator é encarregado de realizar tudo, de tirar tudo de si mesmo.

O problema do ator, do jogo, do *movimento* íntimo à obra, da interpretação pura, é assim formulado em toda a sua amplitude.

Um tablado nu e atores de verdade.

1917[3].

Vamos mais longe.

Suprimamos o material especial, o móvel. Vamos substituí-lo por um material mais estrito e fixo. Assim, obtemos não mais uma decoração caprichosa, mas uma *arquitetura constante*.

Cheguei a isso por tentativas, experiências [...].

1917[4].

A cena fixa.
Não mais entreatos.
Tempo ganho para o desenvolvimento do drama[5].

Eu disse muitas vezes que não me parecia que pudesse haver solução *decorativa* do problema cênico, mas somente uma solução *arquitetônica*, e uma solução arquitetônica em função de uma forma dramática que só podemos esperar do criador dramático completo, quer dizer, do poeta, nascido no palco e para o palco, e cujo pensamento construirá, para sua expressão autêntica, o instrumento de que tiver necessidade. Ora, com raríssimas exceções, e por mais sedutoras e extraordinárias que às vezes possam ser, vejo apenas fantasias decorativas, ilustrando um palco que não evolui e permanece, em sua

---

3   Trecho de uma conferência proferida por J. Copeau em Harvard (EUA), 11 de abril de 1917.
4   Le Problème du théâtre moderne, sexta conferência de J. Copeau no Little Theatre, Nova York, 29 de março de 1917.
5   Faz parte das notas reunidas por Copeau na rubrica "Scène 1940".

moldura invariável, a caixa caleidoscópica em que nos confinaram os italianos. Pouco importa, afinal de contas, que essa moldura varie em dimensões, que seja retangular, quadrada, oval, em forma de triângulo ou de coração, que o cenário seja pintado em *trompe-l'œil* ou sem relevo; que os frisos tenham um aspecto agradável devido a este ou àquele artifício decorativo; pouco importa sequer que os planos e os volumes sejam habilmente diversificados e compostos. Se uma vontade dramática nova não abalar o próprio edifício do teatro; se, por exemplo, uma relação nova não se estabelecer entre o espectador e o ator, não se poderá dizer que o espírito dramático esteja em vias de transformar o instrumento teatral, e é disso, no entanto, que simplesmente necessitamos: de um edifício novo, seja porque sua arquitetura compósita exprima as necessidades heterogêneas de nosso ecletismo moderno, da Antiguidade grega até os dias de hoje, seja porque um pensamento mais resoluto e mais original nos reconduza às nossas próprias origens, só nos oferecendo uma plataforma nua para nela produzir um espetáculo sem prestígio e cujo interesse e urgência residirão exclusivamente na palavra pronunciada pelo ator.

1922[6].

Só poderei realmente começar a mostrar o que espero do futuro quando me for permitido construir ao mesmo tempo e harmonicamente uma plateia, um palco e todas as dependências de ambos; quando começarem a se formular os princípios novos de uma nova cena destinada a dar um espetáculo novo, segundo novas relações com o público.

1921[7].

A CENA DO VIEUX COLOMBIER

Assim como é, precisaríamos utilizar o nosso palco sem nenhum acréscimo, nem escadas nem praticáveis ou efeitos fáceis de luz, em toda a sua verdade e sua implacabilidade.

---

6   Trecho do De Telegraaf, artigo escrito por J. Copeau a respeito da exposição de Amsterdã, em fevereiro de 1922.
7   Carta de J. Copeau a Ralph Roeder, 23 de julho de 1921.

Vi que ele era mais belo e mais emocionante quando o deixávamos só.

Vi também, e várias vezes observamos, com Jouvet, que o que nele se comporta melhor é, incontestavelmente, *a ação dos operários que nele trabalham*. Observação já feita em Nova York, em novembro de 1917, durante a instalação do novo palco. Observação confirmada em 1919-1920, no momento das instalações e, mais tarde, sobre os carpinteiros ou eletricistas trabalhando, e sobre a gorda mulher da limpeza, uma flamenga, vestida de cinza e de azul sujo, de pé ou de joelhos, varrendo o palco ou lustrando as escadas.

É o contrário das outras cenas em que nada parece lamentável como a ausência de luzes nos entreatos, antes ou depois do espetáculo ou durante os ensaios; em que nada é mais deslocado do que a presença natural de quem quer que não seja um ator que represente um papel e finja uma ação.

A *ação real* é bela em nosso palco. O trabalho que os artesãos executam em cena, com o movimento a que estão acostumados, parece estar no seu lugar, aí. Isso provém do fato de que eles realmente fazem alguma coisa, isso provém do fato de que eles fazem e o fazem bem, com conhecimento de causa, absortos. Os movimentos da ação deles são sinceros, observam tempos reais e correspondem a um fim útil ao qual estão perfeitamente apropriados.

O ator, em cena, nunca faz nada realmente. Sem ter conhecimento disso, ele imita, vagamente, algumas atividades, com um sentido mais ou menos hábil do efeito a produzir. Nos ensaios, por razões múltiplas (principalmente a absurda privação dos acessórios de jogo), nunca o vemos fazer o que terá para fazer na representação; nunca o vemos fazer algo, ainda que o mais elementar, autenticamente. Ele acredita que fará isso na representação, quer dizer, que na representação ele reencontrará por instinto o equivalente teatral que o seu hábito pôs no lugar da ação autêntica e que é sempre o mesmo. Até os atores que são conscienciosos e gostam das coisas bem organizadas, como Bouquet, nunca vão até o fim de uma indicação nova. Eles a desnaturam ao traduzi-la. Dir-se-ia que não ousam. […]

A cena que eu concebi e cuja realização começamos a esboçar – quer dizer, limpa, tão nua quanto possível, esperando algo e pronta para receber a sua forma da ação que nela se desenrola –, tal cena nunca é tão bela quanto no seu estado natural, primitivo e vazio, quando nada está acontecendo aí e quando ela repousa, silenciosa, tenuemente iluminada pela meia-luz do dia. Foi assim que eu a contemplei e a compreendi melhor, depois de haver terminado a temporada: verdadeira em sua superfície plana, já alterada por seu dispositivo construído, o qual é apenas uma hipótese prematura das necessidades da representação, uma acomodação a suas necessidades previstas, estrangeiras, e das quais nosso espírito, ainda ao conceber com a maior liberdade, não se livrou. Quando revi a cena, devolvida a si mesma, no mês de julho último, compreendi que tudo o que havia passado por ela durante a temporada – acessórios, figurinos, atores, luzes – só a havia desfigurado.

É, portanto, da cena que se deve partir.

1920[8].

Afastar-se da ideia de que nossos palcos com seu equipamento apresentam um progresso dramático em relação aos da Antiguidade.

O tablado de madeira erguido no circo romano tem muito mais expressão, é muito mais próximo da necessidade dramática do que esta caixa fechada por uma cortina.

1940.

Fui acusado por excesso de austeridade? Eu me acuso por não haver mostrado austeridade suficiente, por haver permitido infiltrações.

A decoração à italiana voltou a fazer o seu ninho no meu palco sem móveis.

1940.

Minha experiência de despojamento ou purgação (qualificada de corajosa) não se desenvolveu, não evoluiu. A reação veio imediatamente (não corajosa).

A fórmula em vez da experimentação.

1940[9].

---

8   Diário de J. Copeau, 27 de agosto de 1920.
9   J. Copeau, notas isoladas, 1940.

Ubiquidade do drama. Quanto mais ele acompanhar o espaço e o tempo – segundo a tendência atual –, tanto mais a sua ambição poética vai crescer, tanto mais ela vai tender a dispersá-lo no espaço e no tempo, tanto mais ele vai precisar de unidade cênica, de modéstia cênica.

E nesse palco todos os meios devem ser vinculados ao homem, começar pelo homem, permanecer ao seu alcance e à sua medida. Inclusive a máquina. Ela não deve substituir o homem, mas prolongá-lo, ajudá-lo, completá-lo.

Os que utilizaram até agora o Théâtre Pigalle quiseram fazer uma demonstração. Empregaram todos os recursos que o mecanismo impunha a eles. Para ser milagroso, tal mecanismo só deve ser usado onde parar o poder natural do homem, como um prolongamento *inesperado* desse poder. O que dá monotonia aos movimentos do palco da rua Pigalle é que eles são *esperados*, previstos, emolduram e limitam os movimentos do espírito como o fazia, de outra maneira, o sistema de mudança de cenários com o cair do pano. Até agora, na rua Pigalle, é unicamente a máquina que interessa, e não a emoção que ela deve servir para produzir. (É verdade que Jouvet já procurou romper a monotonia pelo uso das varas e dos suportes corrediços. Mas mesmo aí a sua maquinaria é demasiado visível. Ela é até mais visível, "ostensiva")[10].

1930.

O princípio é deixar subsistir no edifício moderno a cena anacrônica de hoje em dia – pronta para ser desmontada, revirada, reempacotada. Ela será tolerada, ao passo que atualmente ela

---

10 Financiado por Henri e Philippe de Rothschild, construído pelo arquiteto Siclis, o Théâtre Pigalle havia sido proposto a Antoine (que, finalmente, desistiu dele) e depois inaugurado, no dia 7 de outubro de 1929, com a representação das *Histoires de France* de Sacha Guitry, uma espécie de grande revista que o autor havia concebido para utilizar plenamente as prodigiosas possibilidades técnicas do palco, recorrendo a todos os procedimentos que J. Copeau já denunciava em seu manifesto de 1913: "Não acreditamos", dizia ele, "ser necessário um teatro em que os cenários possam surgir por baixo e as mudanças serem instantâneas". No Théâtre Pigalle, Gaston Baty montou *Le Simoun* (O Simum), de Henri-René Lenormand, Louis Jouvet o *Donogoo* de Jules Romains, Bruno Walter, *La Chauve-Souris* (O Morcego). Todos os esforços deles foram vãos para animar aquela grande máquina, finalmente demolida em 1959 e transformada em garagem.

é sólida, sobre ela são improvisadas e toleradas outras combinações provisórias.

1924[11].

Há dois problemas da cena que são distintos. Que não se parecem. Há o problema de uma cena nova, vinculado ao problema de uma forma dramática nova que a engendrará.

E há o problema de uma cena de repertório, eclética, ou cena de cultura, a qual deve participar, na sua forma e pelos seus recursos, de todos os tipos cênicos desde a Antiguidade até os dias de hoje. Na pesquisa e no estabelecimento dessa forma evoluída e compósita, o princípio fundamental que deve nos guiar é este: uma obra dramática só pode ser representada com justeza nas condições cênicas para as quais e em função das quais foi concebida pelo poeta.

Por isso, eu não podia continuar a explorar uma cena de repertório. Fiz minhas experiências nela. Agora preciso criar uma cena de acordo com os princípios de um drama novo.

1940[12]

---

11 Faz parte das notas reunidas por Copeau na rubrica "Scène 1940".
12 Idem.

Apelo à União

A verdadeira força não teme nem a comunidade nem a semelhança. É a fraqueza que desune e quer que a distingamos, pois ela sempre pensa que está sendo ameaçada[1].

É fato impressionante que, há mais de um quarto de século, em todos os pontos do mundo civilizado, homens que no mais das vezes não se conheciam, e entre os quais não havia muita comunicação, tenham trabalhado em torno das mesmas ideias e às vezes em orientações que haveriam de levá-los a se encontrar em mais de um ponto, para reerguer a arte do teatro daquele descrédito horrível em que ela havia caído e lhe restituir o primeiro lugar em nossas preocupações artísticas e sociais. E é fato comovente que hoje em dia seja esboçada uma aproximação entre todos esses homens. Com efeito, importa, acima de tudo, que nós nos conheçamos.

1922[2].

---

1 Introdução ao programa do Vieux Colombier, temporada de 1923-1924.
2 Notas de J. Copeau para a sua conferência em Amsterdã, em 31 de janeiro de 1922.

Por mais diferentes umas das outras que possam parecer à primeira vista as suas realizações, pode-se dizer que todas elas se baseiam em duas ou três ideias essenciais, que são fundamentais e, como tal, devem ser comuns a toda e qualquer inspiração sincera e a todo e qualquer esforço verídico.

Todos os livros que se escrevem a esse respeito (e se escreve um bom número deles cada ano, fora do nosso país), como todas as exposições que são reunidas, parecem ter a propensão, sobretudo, para mostrar a variedade, a diversidade das tendências. A mim parece, ao contrário, que deveríamos tender a nos aproximar uns dos outros, mais do que a nos distinguir, a nos opor, e isso na maioria das vezes por amor-próprio e por espírito de concorrência. Haveria um grande ganho para todos nós, parece-me, no ponto a que chegamos, em separar lealmente, num exame de consciência artística comum, o que foram nossos erros ou nossas manias individuais, o que nossas tendências ou nossas realizações ficaram devendo, eventualmente, às influências passageiras da moda, da vaidade ou da extravagância, para chegar enfim a fixar o âmbito de nossos trabalhos, o sentido da nossa pesquisa, a finalidade dos nossos esforços, e a estabelecer, nas grandes linhas, a doutrina daquele "teatro novo" de que se fala tanto sem saber ao certo o que abrange essa expressão...

1922[3].

JACQUES COPEAU A LOUIS JOUVET

Eu gostaria que o exemplo que damos hoje de coordenação no esforço, de solidariedade na independência, pudesse ser seguido por todos aqueles que, como nós, desejam ardentemente uma renovação dramática sincera.

Eu gostaria que, deixando totalmente de lado um amor-próprio odioso, pondo acima do sucesso pessoal e de uma originalidade muitas vezes artificial os interesses de uma grande causa comum, todos os bons operários do teatro unissem um dia os seus talentos e as suas forças, já não só para mostrar o

---

3 Artigo de J. Copeau em *Le Théâtre et comœdia illustré* sobre a Exposição de Amsterdã, fevereiro de 1922.

caminho certo, mas para atingir e conquistar a grande maioria do público.

1924[4].

RESPOSTA A ANTOINE

15 de setembro de 1932.

Meu caro Amigo,
Eu lhe agradeço com muita sinceridade por ter, em seu folhetim de 13 de setembro, analisado e discutido com os seus leitores as ideias que eu expunha na semana anterior em *Le Temps*, graças à cordial iniciativa de Pierre Brisson.

Como a questão é importante, eu não gostaria que o mínimo equívoco pudesse se infiltrar a esse respeito no espírito do público. Por isso peço à sua amizade a permissão de insistir sobre dois ou três pontos que o senhor interpretou de um modo que não está conforme com o meu pensamento.

O senhor diz que, desejando a reunião de todos os teatros de arte num só feixe de energias, e baseado numa organização material única, pretendo exigir de todos aqueles que até agora lutaram isoladamente que renunciem às suas ideias pessoais para se inclinar diante de uma autoridade dominante. Como poderia eu conceber uma exigência tão quimérica, tão injusta, tão arbitrária? Penso e digo, ao contrário, que a liberdade artística dos meus confrades é, atualmente, por todos os lados, limitada pela tirania das condições materiais em que combatem, consomem-se e se esgotam. Sejam quais forem a sua coragem e o seu talento, nenhum deles consegue fazer totalmente o que quer, mostrar tudo o que vale. Creio e digo que a união deles, numa organização material poderosa, com um acréscimo de segurança, liberaria a sua personalidade em vez de subjugá-la.

---

4   Carta de J. Copeau a Louis Jouvet, em 25 de setembro de 1924, por ocasião do fechamento do Vieux Colombier (cf. a carta circular dirigida a todos os Membros Benfeitores do Vieux Colombier, em 20 de setembro de 1924. *Correspondance Jacques Copeau-Roger Martin du Gard*, t. II. p. 869-870), e a carta de Copeau a Jouvet, datada de 23 de setembro de 1924 e publicada no primeiro programa da Comédie des Champs-Elysées (op. cit, t. I. p. 395-396).

É verdade que essa organização não ocorreria sem impor a cada um, para o proveito de todos, certa disciplina de exploração livremente divulgada, livremente acatada e que o empreendimento, como tal, só teria possibilidade de prosperar sob uma direção geral que os participantes se tivessem outorgado livremente e talvez, no início, por uma duração limitada. O senhor parece acreditar, meu caro amigo, que eu aspire a exercer o comando. Não se engane. Todas as minhas preferências se voltam para o prazer da invenção técnica e da criação artística. Não só não ambiciono as preocupações, as amarguras da direção, por tê-las conhecido até demais, como também as receio. Acrescento que me encontrarão pronto, num empreendimento de grande envergadura, com um chefe digno desse nome, a fazer simplesmente a minha parte, sem pedir outra coisa além de condições honestas de trabalho.

Quanto ao lugar em que poderia eventualmente se realizar o programa que apenas esbocei, o senhor diz: não há dúvida alguma de tratar-se da Comédie-Française. Não, meu caro amigo. Mil vezes não. Se tal fosse o meu pensamento, o senhor teria muita razão em denunciar a quimera dele e até um lampejo de loucura.

Enfim o senhor me aconselha, se me der vontade de entrar em cena, a pura e simplesmente reabrir o meu Vieux Colombier, em vez de arquitetar projetos ambiciosos cuja realização as condições da época não lhe parecem permitir. É possível que eu chegue a esse ponto, mas só depois de ter esgotado qualquer esperança de obter a união razoável dos artistas do teatro com vistas àquela defesa da nossa arte que é a ambição de todos e que nenhum deles terá o poder de garantir isoladamente.

Fique certo, meu caro amigo, de meu apreço muito afetuoso.

J. C.[5]

---

5 Carta de J. Copeau a Antoine, em 15 de setembro de 1932. Em *Le Temps* de 6 de setembro de 1932, J. Copeau publica um artigo intitulado Pour la Sauvegarde des théâtres d'Art, apelo aos teatros de arte a se unirem baseados numa organização material única. Antoine responde a esse artigo em seu folhetim de *Le Temps* de 13 de setembro de 1932, em termos aqui refutados por J. Copeau.

PROJETO DE UNIÃO DOS TEATROS DE VANGUARDA

29 de dezembro de 1931.

A vanguarda – em 1932 – dispõe do Théâtre de l'Atelier, da Comédie des Champs-Elysées, do Théâtre Montparnasse, do Studio des Champs-Elysées, do Théâtre du Vieux Colombier, do Studio de la Petite Scène, do Studio des Quinze, em Ville-d'Avray, do grande Théâtre des Champs-Élysées.

Ou seja:

1 teatro grande (de mais de 1500 lugares)
5 teatros médios
3 teatros pequenos
1 estúdio fora da cidade

podem juntos conter cerca de – e pelo menos – 4600 espectadores. Se acrescentarmos o Théâtre Antoine e o Théâtre Pigalle, cuja linha é mais incerta, mas cujo objetivo se aproxima do objetivo da vanguarda, obter-se-á um total de doze teatros, grandes, médios e pequenos, que podem conter a cada noite cerca de sete mil espectadores.

Diante desses doze teatros, um grupo de encenadores: Dullin, Baty, Jouvet, Pitoëff, de Courville, Saint-Denis, Copeau, Rocher, Straram.

O sistema consiste:
em não enclausurar cada indivíduo em seu teatro, em não torná-lo prisioneiro de uma exploração comercial cujas condições variam pouco de um ano para outro, em oxigená-lo, em variar para ele os meios, as dimensões, os problemas, as oportunidades – em poupá-lo e em desenvolvê-lo;
em pôr em contato os diversos indivíduos com preocupação pelos interesses comuns a uma vasta produção e a uma vasta exploração, em alargar suas vistas, em temperar o egoísmo deles, em desenvolver na solidariedade o espírito de iniciativa que tende a se cansar e a se desviar com a emulação e com a concorrência;
em estabelecer solidamente, em participação, meios de educação e de experimentação, e em tornar lucrativas todas as explorações, quer dizer: em tentar resolver em comum o problema

criação-exploração que as empresas separadas levantam individualmente sem chegar a uma solução viável;

em unificar os meios de exploração comercial: capital, administração, contabilidade, publicidade, propaganda, material, depósitos de figurinos e de acessórios, ateliês, viagens, jornal, revista;

em constituir, em suma, um universo dramático, indo da experimentação mais gratuita à exploração mais arrojada; um bloco cuja coesão se traduziria eventualmente em força perante o Estado, perante a Sociedade dos Autores e a dos Atores, perante o público, perante a associação dos diretores de teatro, perante o estrangeiro.

Assim compreendida, a exploração pode ir da experimentação mais ousada aos confins extremos da produção que dá dinheiro: de Obey e de Salacrou a Giraudoux e Bourdet; do teatro de intimidade (Studio Champs-Élysées e Arlequin) à tragédia e ao grande espetáculo (Champs-Élysées). As pessoas se tornam mais livres, sendo menos intransigentes.

O programa pode ser realizado por etapas, com uma tendência para reduzir os elementos não produtivos, para agrupar os ateliês de criação e de fabricação.

Organizar a informação técnica, literária, histórica, anedótica para os autores. Orientá-los sobre as bibliotecas e sobre os museus.

Cem atores formando uma trupe – cinquenta em representações – cinquenta alunos. Um coro.

As "tentativas" apresentadas num dos palcos pequenos de estúdio a uma sociedade de amadores que pagam cotas anuais. As que se saírem melhor serão apresentados ao grande público, sucessivamente nos palcos grandes, ao subir o pano. Os estúdios podem produzir uma grande quantidade anual dessas tentativas, as quais serão um elemento de variação nos espetáculos correntes e, reunidas numa composição, fornecerão periodicamente, num palco grande, um espetáculo inteiro de tentativas, mostrando a atividade dos estúdios.

É preciso, na organização, uma pessoa qualificada que esteja constantemente em contato com os autores e, por assim dizer, à disposição deles.

Num dos estúdios, no Vieux Colombier, por exemplo, leituras, conferências, espetáculos para crianças, com a atuação dos alunos. Toda a exploração do Vieux Colombier é destinada a manter a Escola.

Em cada teatro, venda de ingressos para todos os teatros.
1931[6].

* * *

É algo bastante terrível pensar que agora existem na França, de fato, dez ou mais homens que, em graus diferentes e em sentidos diversos, são capazes de criação, são verdadeiros homens de teatro, e que levam, cada um deles, quase uma vida de cão, tendo de se debater todos os dias com dificuldades materiais e comerciais das mais comezinhas, ao passo que sua reunião e sua colaboração poderiam tão bem aliviá-los e dar ao seu esforço uma feição de todo diferente, de todo relaxada e e de todo sorridente.

Objeções: Alguém me dirá – sei disso, cada instante me dizem isso: "Mas você é infantil; é ridículo; como pode, em sua idade, ter ilusões desse tipo? Você está diante de pessoas que estão em casa, que fazem o que lhes dá na telha, e depois há outra coisa, há o fato de que uma personalidade deve se desenvolver por si mesma em reação e em luta contra as outras personalidades. É a lei da vida etc."

Não creio nisso de modo algum. Creio que, ao contrário, se um acordo desse tipo pudesse ser feito, cada um estaria muito mais bem situado para desenvolver a sua personalidade, sendo – como deveria ser – dispensado da maior parte das preocupações que, atual e cotidianamente, oprimem essa personalidade e não lhe permitem se desenvolver e dar os frutos que ela deveria e poderia dar.

Apesar disso, acredito que, se um dia se anunciasse ao público de Paris, ao público da França, que um esforço comum está sendo tentado, por todos os... – vamos chamá-los de "os melhores", a mim parece que eles o merecem – por todos os

---

6   Notas inéditas de 29 de dezembro de 1931.

melhores do teatro contemporâneo, que eles vão ter em comum um grande repertório, que eles vão, se quiserem, fazer em comum uma espécie de grande Comédie-Française – parece-me que, apesar da apatia que criticamos em relação ao público, apesar daquela pouca boa vontade de que ele é capaz, poderia ocorrer um movimento.

A mim parece que em muitas áreas ficaríamos bem felizes – em política, por exemplo – de ver surgir de tempos em tempos uma proposta impraticável, que se praticasse com força, e que talvez saneasse a situação.

Da minha parte, tenho certeza total de que, se alguém quisesse somente transpor o pequeno obstáculo, passar por cima daquele pequeno sentimento desagradável que pode haver em rediscutir as coisas, se cada um quisesse, sadia, livre e honestamente examinar a questão trazendo para isso um pouco de si, esse grande projeto seria realizável para a maior glória do teatro francês contemporâneo*.

Pessoas me diziam: "Por que será que você há de se preocupar com os outros?" Eu me preocupo com os outros porque penso ser muito mais importante pesquisar, encontrar uma forma que seja forte e que seja fecunda do que acrescentar uma nova cena a todas aquelas que existem.

1933[7].

Hoje cada um busca se distinguir do próximo. Se for necessário, exagera e se disfarça, a fim de não ser tomado por outro. A simplicidade e o equilíbrio humanos são provas da verdadeira força. Ao buscador, ao artista, pergunta-se imediatamente o que ele traz de novo, quer dizer, quase sempre, qual é a sua afetação pessoal. E as ideias novas são rejeitadas até antes de terem

---

* Final de frase talvez cunhado numa analogia jesuítica: A.M.D.G. (*Ad maiorem Dei gloriam*): "Para a maior glória de Deus" (N. da T.).

7 Trechos da conferência proferida por J. Copeau na Salle des Célestins em Lyon, em 14 de janeiro de 1933, sobre Théâtre et Cinéma. Há muito tempo J. Copeau desejava essa "reunião dos melhores", como demonstra todo este capítulo. A criação do Cartel, em 6 de julho de 1927, associando Gaston Baty, Charles Dullin e Georges Pitoëff a Jouvet, que tomara a iniciativa para a defesa dos seus interesses comuns, profissionais e morais, assim como o apelo de Édouard Bourdet, em 1936, solicitando a Copeau, Dullin, Jouvet e Baty que trabalhassem juntos na Comédie-Française, provam que todos os inovadores do teatro sentiam a necessidade dessa união.

sido exploradas, interrogadas, antes de terem dado a sua essência. Vemos muitos chefes de escola que não têm vinte anos. E as escolas se sucedem de semana em semana. Ora, é a partir da experiência e do fundo comum que se constrói. Nós, trabalhadores do teatro, não buscamos o que nos separa, mas o que nos une, uma base, um terreno firme em que pisar.

1917[8].

Há dez ou quinze anos, os pequenos grupos se multiplicaram, mais ou menos provenientes da mesma origem. Todos eles tendem para uma renovação que procuram no escuro. Uns a perseguem na direção de um teatro católico, outros na de um teatro revolucionário. São igualmente obcecados pela técnica ou por determinada particularidade da técnica. Este concentra o esforço na expressão corporal, no mimo ou na dança dramática, no uso da máscara; aquele, na recitação coral e na união do drama com a música; um terceiro, na improvisação renovada da antiga comédia italiana. A maioria desses grupos trabalha na sombra, muito ciosos da sua liberdade e com um grande desnudamento de meios materiais. Começaram a suscitar o interesse de alguns jovens autores e a colaborar com eles. Mais de um talento se abriga em seu bojo. Eles têm muitas ideias comuns, e o mesmo ardor, a mesma fé os animam. Como não se interessar por seus esforços? Como não pensar em estimulá-los, em evidenciá-los e em valorizá-los? Se vocês quiserem renovar o teatro, já dizia o nosso mestre Gordon Craig há mais de vinte anos, chamem a juventude para dentro dele... Foi o que eu sempre me apressei a fazer. Posso até dizer que nessa preocupação constante sacrifiquei muitas outras ambições. [...]

Penso que uma conciliação, uma harmonização e uma utilização moderada de todos esses elementos esparsos, dentro de um empreendimento estável, ofereceriam uma imagem bastante completa das forças vivas do teatro francês e da sua revalorização latente. Penso que desse trabalho de conjunto, em

---

8   Trecho de uma conferência de J. Copeau proferida nos Estados Unidos da América em 1917.

vários graus, e num espírito comum, não tardaria a sair um estilo moderno da cena francesa.

1935[9].

O teatro precisa ser organizado. O Estado pode reinar acima das diferenças individuais, que são mesquinhas, em benefício de uma comunidade de interesses profissionais. Ele não deve se contentar em haurir as suas informações junto a comissões muitas vezes incompetentes e às vezes submetidas a influências suspeitas. Gostaríamos que o poder soubesse entrar em contato com as forças criadoras. O primeiro passo nesse rumo seria a organização de um centro de estudos em que se reunissem homens bastante maduros para falar com experiência, bastante jovens para repensar o futuro do teatro segundo métodos novos, para necessidades novas.

Essas necessidades não são desconhecidas. Foram sentidas por artistas, e às vezes manifestas. A época ainda não as livrou de suas hesitações, de suas indecisões. Mas estão vivas. São até prementes. É preciso examiná-las, defini-las e submetê-las à prova.

Antes de tudo e na base de tudo me parece impor-se a criação de um núcleo de cultura teatral, de uma grande escola em que seriam estudadas todas as formas da invenção e da representação dramáticas, na qual cada seção seria dirigida pelo homem mais qualificado, sem levar em conta títulos oficiais ou recomendações políticas.

1936[10].

---

9 Trecho de uma conferência de J. Copeau no Théâtre de la Michodière, em 14 de dezembro de 1935.
10 Resposta de J. Copeau a uma enquete de *Comœdia*, junho de 1936.

A Crise e os Presságios

> *E o senhor vê para onde o levará o novo movimento que está criando?*
> – Ainda não muito bem, naturalmente... Eu procuro. Só o que sei, e de que acredito ter certeza, é que o que triunfará amanhã, passado esse período conturbado de estagnação e de balbucio, por mais que continue a se chamar teatro, já não parecerá com o que consideramos como tal hoje em dia... Estará muito longe das formas de arte que se aplaudem atualmente nos teatros à margem ou de vanguarda, e nos quais, repito, não creio de jeito nenhum...
> – Talvez o senhor tenha chegado cedo demais. Talvez seja o homem de um teatro que não existe...
> Ele me responde com doçura, depois de certo tempo:
> – Talvez...
>
> 1926[1].

A renovação do teatro com a qual tantas épocas sonharam e que a nossa não para de chamar surge para mim, em primeiro lugar, como uma renovação do homem no teatro.

Aquele que nos importa e que esperamos será aquele que tiver a naturalidade mais forte, a alma mais humana, o sentido mais verdadeiro da necessidade da sua época, a voz mais pura e mais premente para falar ao seu povo...

Estou convencido de que um começo de vida dramática nova se estabelecerá fora do teatro. Será na praça pública? Será na casa do povo? Será na igreja? Sei lá.

1922[2].

Será que já não acredito na fórmula do Teatro de Arte?
Nunca acreditei nela totalmente... Por quê? É um engana-fome, um engana-morte.

1932[3].

---

1 Entrevista concedida por J. Copeau a André Lang: Le théâtre d'hier, celui d'aujourd'hui et le théâtre de demain, *Comœdia*, 23 de fevereiro de 1926.
2 Notas inéditas de J. Copeau, 1922.
3 Trechos da conferência de J. Copeau na Antuérpia, em 4 de fevereiro de 1932.

Vi a minoria aderir ao teatro artístico e logo depois lhe pedir para se disfarçar e se sofisticar.

Nós nos dirigiremos à maioria? Não se faz teatro popular.

A mudança – se houver de ocorrer uma –, o renascimento – se houver de surgir um – se produzirão, sem dúvida, num ponto inteiramente imprevisto.

Quanto a mim, trabalhei dez anos sem fazer uma única vez o que gostaria de ter feito. Por falta de instrumento. Importa saber que nada está começado. E trabalhar com toda a humildade e sinceridade.

1922[4].

Não caminho com o tempo, por preguiça e por prudência. Por previsão e por economia. Pois prevejo tão bem os pontos de chegada que não atribuo demasiada importância às rotas de passagem. Assim, pareço estar atrasado ou estagnado porque estou adiantado. E as vanguardas me encontrarão em seu caminho no ponto em que forem parar as suas experiências, que não acompanhei, embora já as tenha feito antes, interior e pessoalmente. Estou esperando que essas crianças tenham acabado de brincar.

1915[5].

O teatro está na situação em que se encontra o mundo. Cheio de desordens, cheio de interrogações, cheio de promessas. Já não nos basta o teatro tal como nos foi transmitido pelo século XIX, com os seus problemas a respeito do individualismo, com os seus conflitos e com os seus caracteres de tradição antiga, com a sua forma caduca. Já não nos interessa. Já não vive. Já não é soberano. É o mesmo que dizer que já não cria e, nesse intervalo, nessa suspensão, ele formula para si mesmo todas as questões que uma arte pode formular para si mesma; ele tenta todas as experiências que uma arte pode tentar; ele se embrenha em todos os caminhos pelos quais uma arte pode se aventurar quando já não é inspirada e orientada por dentro, quando já não é compelida por uma força irresistível.

1932[6].

4   Notas para uma conferência em Amsterdã, 31 de janeiro de 1922.
5   Texto avulso, escrito numa folha de caderneta, 1915.
6   Conferência da Antuérpia, 4 de fevereiro de 1932.

De todas essas pesquisas, de todas essas aspirações, que forma liberada, monumental, pura, calma, privilegiada, sairá?

"Mistério moderno". Incorporação no teatro das entidades do Mundo Novo. Forma ao mesmo tempo romântica e primitiva[7].

Os períodos de crise, de inquietação, de parto difícil, são muito mais frequentes e duram muito mais tempo do que os períodos de equilíbrio, de sucesso e de acabamento. E talvez a arte do teatro tenha alcançado o ponto efêmero da perfeição com menor frequência do que qualquer outra, sendo, mais do que qualquer outra, vinculada por natureza às alternativas da vida social.

Hoje em dia o artista está impedido. É possível que o próprio impedimento engendre nele pensamentos, invenções, lhe aconselhe atitudes, o convide a aventuras que serão geradoras de uma beleza nova. A natureza se serve de todos os meios para estimular a vida. Mas essa beleza nova ainda não é visível. É menos ainda sociável. Se, por acaso, ela se deixar pressentir ou adivinhar, será com uma forma incompleta, coxa, como que desmembrada, caricata, quase desvairada e, frequentemente, agressiva. Pode-se reconhecer em tais indícios a marca do esforço, numa época patética e sacrificada. [...]

Quais são, entre nós, as causas desse impedimento? Trata-se, primeiro, de uma centralização excessiva, por assim dizer monstruosa, que reduz todo o teatro da França ao teatro parisiense, o submete aos costumes, ao gosto, às exigências do público de Paris. Paris delicia todos aqueles que sonham apenas em saciar seus prazeres, ou em usufruir deles. Paris incomoda os verdadeiros criadores. A tal ponto que alguém pode se perguntar se os núcleos de produção não tenderão, no futuro, a se afastar das grandes cidades, que são centros de excitação e de consumo, e se não veremos se formar novamente, em solidões monásticas, as elites preocupadas em se conservar.

"Industrialização desenfreada. É o termo que eu utilizava em 1913 para denunciar o perigo. Este aumenta cada dia, à medida que se rebaixa o nível da cultura, e – tendo os menos

---

7   Nota sem data.

cultos se tornado os mais ricos, os mais ávidos de prazer e os mais dispostos a pagar qualquer preço por ele – o teatro industrial aponta cada vez mais para baixo, e cada vez mais disputa a sua clientela com o cinema, com o circo e com o *music hall*. Periodicamente, jovens empresas se propõem a reagir. Todas elas têm o mesmo programa, que parecem copiar umas das outras de geração em geração, como os adolescentes possuem, todos, os mesmos sonhos. Durante algum tempo elas vegetam, na sombra e na pobreza. O êxito desnatura aquelas que têm sucesso. A organização delas se complica, as despesas aumentam, a clientela se multiplica. Percebemos que caem nos erros que quiseram combater, percebemos que decidem explorar ao máximo um mínimo de produção. Se alguns agrupamentos pequenos mantêm a sua intransigência, não exercem nenhuma influência. Permanecem puros por permanecerem fechados. Não correm risco de corrupção porque as possibilidades de sucesso lhes são recusadas e porque não mantêm, por assim dizer, nenhum contato com o mundo exterior. Eles se confinam na literatura absconsa e se orgulham por ser desconhecidos. Eu disse muitas vezes que a maioria das empresas teatrais são baseadas no desprezo do público: ou o bajulamos dirigindo-nos ao que ele possui de mais baixo, ou lhe propomos jogos impenetráveis em que se pretende que ele não saiba desempenhar o seu papel.

Há doravante uma cisão, tanto no público quanto entre os profissionais, entre o que foi o teatro de ontem e o que gostaria de ser o teatro de amanhã.

Hoje em dia, aqueles que não estão satisfeitos com o teatro podem se voltar com curiosidade e, até com certa esperança mesclada de impaciência, para as forças do novo teatro. Elas são precárias e mal governadas, mas existem. A cada instante suscitam problemas, principalmente o da sua existência, que apaixonam a opinião. Essas forças não têm dez anos de idade. Pode-se-lhes dar algum crédito, e apesar de essa arte dramática ser tão contrariada pelo espírito do tempo, o espírito do tempo a postula. Talvez nós a procuremos onde não está: em obras consumadas, em obras que nos lembrassem, por sua forma indiscutível, a perfeição dos antigos mestres que admiramos. Por que não dizer isto? Os jovens de hoje, na maioria, e não os mais insignificantes, têm nojo dessa perfeição. Bem mais: quem nos diz que não estamos no caminho errado indo procurar *no teatro* as primícias de uma nova arte dramática? Talvez não seja aí que elas estejam. Talvez na hora presente o teatro *tome a fresca* e já não esteja em casa. Para tormento daqueles que buscam demais, e que buscam "gemendo", como Pascal, contrapomos a boa saúde, o bom humor, a fecundidade, o sucesso do senhor Sacha Guitry. O sr. Sacha Guitry tem muito talento, mas talvez a sua função seja a de fazer os parisienses acreditarem, pelo seu sorriso, por seus encantos, por seus malabarismos, e pela graça da senhorita Printemps [Primavera], que o teatro continua a existir e continua a ser aquele teatro em que se tem certeza de passar uma boa noitada. Enquanto isso, talvez exista um teatro que passeie por outro lugar, incógnito, que não tenha aparência de teatro, e não seja capaz de voltar para a cena. Quando Cocteau quer ter uma "aula de teatro", é no *music hall* que a procura, olhando Barbette[8]. Outro irá procurá-la nos Balés Russos, quando apresentam Les Noces (As Bodas), de Stravínski[9]. É no concerto que um terceiro se sente visitado pelo deus, quando Van Vechten lança os seus coros formidáveis através da partitura que Milhaud escreveu para *Les Choéphores* (As Coéforas), de Ésquilo, traduzidas por Paul Claudel[10]. Sei de um jovem autor dramático, em quem deposito muitas esperanças*, que vai buscar ensinamento na beleza do estádio, nos espetáculos olímpicos[11].

8   Barbette, cujo sobrenome verdadeiro era Van der Clyde, nasceu no Texas em 19 de dezembro de 1899: travesti famoso, acrobata do trapézio volante. Teve o primeiro sucesso no Alhambra em 1923, na revista *Y a qu'à Paris*. Ele se apresentou no Empire e no Moulin-Rouge. Representou em *Le Sang d'un poète* (O Sangue de um Poeta), filme de Jean Cocteau, em 1920.
9   Stravínski compôs as suas *Noces* de 1914 a 1923, data da sua criação pelos Balés Russos de Diághilev.
10 Claudel traduzira o *Agamemnon* de Ésquilo em 1893 e 1894, e Darius Milhaud musicou esse texto em 1913, enquanto Claudel traduzia *Les Choéphores* (março-abril de 1913, verão de 1914). Darius Milhaud acabara a partitura desta segunda peça em 1915. Ver Paul Claudel, *Théâtre,* textos e prefácios estabelecidos por Jacques Madaule e Jacques Petit, Paris, Gallimard, 1967, t. I, p. 1316-1326.
*   A frase de Copeau lembra a passagem do Novo Testamento em que Deus diria, referindo-se a Cristo, no momento do batismo deste por João Batista: "Este é o meu filho amado, no qual pus a minha complacência" (Mt, 3, 13; Mc, 1, 11; Lc, 3, 22). Ecos religiosos na escrita de Jacques Copeau (N. da T.).
11 Trata-se de André Obey, apaixonado por esportes, cuja obra *800 mètres* foi criada por Jean-Louis Barrault, em junho de 1941, no estádio Roland Garros.

Espero não parecer excessivamente obscuro nem excessivamente paradoxal dizendo o que penso: é que está *esparsa* a forma dramática que os tempos modernos devem engendrar. Ela ainda não é prisioneira de suas leis. Talvez não tenha nascido o gênio que haverá de as impor a ela, dominando-a. Podemos, porém, perceber presságios.

O trabalho subterrâneo prossegue. A modificação profunda da encenação, em todos os países, as pesquisas técnicas de todos os tipos, excessivas, demasiadamente sistemáticas, pretensiosas, às vezes intoleráveis, não podem não ter sua parte de influência na reconstituição futura de uma forma dramática própria à expressão contemporânea. Na França, somos mais lentos do que em outros lugares porque somos mais racionais, e porque temos um passado mais rico e mais pesado. Mas, queiramos ou não, na França e em outros lugares, o instrumento dramático está *roto*. Já não produz obras de arte. Não tem mais rosto, e os seus membros estão dispersos. Aqueles que não têm muita coisa para dizer, pelo menos muita coisa original, usam as formas do passado e as utilizam com descuido, com um virtuosismo que ainda pode seduzir, mas que já não impressiona. Aqueles que têm algo para dizer não sabem como dizê-lo. Muitas vezes se exercitam no vazio, e produzem uma cacofonia bastante semelhante à dos instrumentos da orquestra quando procuram se afinar. Às vezes tratam de um tema novo, mas só são capazes de mantê-lo durante dois ou três compassos. Daí o seu ar de impotência. Preferem não fazer de conta que articulam o que em seu espírito mal começa a se desenredar. Permanecem no balbucio. Vem daí certo ar de desajeitamento, que os espertos chamam de "falsa ingenuidade", mas é sincero, porque expressa uma perturbação sentida, uma resistência experimentada. A arte dramática contemporânea procura o seu estilo tateando, entre as influências que está recebendo de todas as outras artes.

1928[12].

Deus sabe que a esta época não faltam assuntos e personagens trágicos.

---

12 J. Copeau, La Crise et les présages, artigo publicado em *La Nación* de 17 de julho de 1928.

Um dia ela precisará abordá-los, francamente, diretamente, de frente. Nem sempre se contentará em vir rondar os grandes mitos e as grandes personagens antigas, para se apoiar neles deformando-os, inoculando neles algumas gotas de filosofia moderna, travestindo-os à moda atual.

Um teatro infinitamente vasto se descortinará ao dramaturgo do porvir, um teatro que abarque o universo. Será preciso repensar a dramaturgia em função dessa universalidade cujo anunciador terá sido Paul Claudel, em *Le Soulier de satin* (O Sapato de Cetim). Então, Shakespeare e os velhos espanhóis poderão ser guias. Essa renovação só poderá se produzir à vontade se caminhar *pari passu* com uma reforma da nossa cena, quero dizer: com uma reforma material da arquitetura da nossa cena, muito mais ousada, muito mais radical do que foi efetuada até agora. Eu a havia esboçado no Vieux Colombier. Também aí, porém, não recolhi muito mais do que sarcasmos, e não fui compreendido nem seguido pelos escritores. E depois de ter purgado a cena de seus ouropéis inúteis e de todos os seus acessórios à italiana, pouco a pouco eu a vi se remobiliar, se entulhar, se complicar, se decorar.

Portanto, será preciso se resignar a ter sido apenas o precursor de certas ideias que talvez acabem por continuar a sua caminhada, e que não perco a esperança de ver um dia se realizarem.

1944[13].

---

13 Trecho de uma conferência na Salle Récamier: La Dévotion à l'Art Dramatique, 16 de maio de 1944.

Conclusões

> *Eis o que descobri: a única coisa que os homens respeitam, e diante da qual se inclinam, é uma ação nobre. Nunca, nunca transigir. O sucesso profundo só pode ser obtido permanecendo fiel a si mesmo. Já sei que influência exerço, e se me tornasse mais fraco ou mais cético, eu diminuiria, ao mesmo tempo que a mim mesmo, a muitos homens que se desenvolvem comigo.*
>
> FRIEDRICH NIETZSCHE[1]

É POSSÍVEL UMA RENOVAÇÃO DRAMÁTICA?

Uma renovação dramática é possível? Pode-se esperar por ela? Deve-se acreditar nela? Em que condições e por que meios seria ela realizável? Caminhamos pela estrada que pode conduzir a ela? Já percebemos seus indícios?

Ao formular, nos seus diversos aspectos, o grande problema do teatro futuro, não tenho, de modo algum, a pretensão de resolvê-lo. Tentarei apenas esclarecê-lo com a minha experiência pessoal. Não quero imitar os jornalistas que, em suas entrevistas, nos dão alguns instantes para traduzir nossas preocupações mais inquietas em fórmulas peremptórias e definitivas. Só falarei do que sei, como homem que trabalhou na mesma obra por mais de dez anos, sem descanso e de todo o coração, que meditou sobre o próprio trabalho, a quem cada jornada trazia mais ensinamentos novos, que não exagera para si mesmo a importância dos resultados adquiridos, mas mantém uma fé profunda e ativa em certas verdades morais e artísticas que lhe

---

[1] Trecho de uma carta a Carl von Gersdorf.

dirigem o esforço e iluminam a estrada. O que direi vale, portanto e sobretudo, para mim mesmo, com relação à empresa que conduzi, dentro de certas condições, com certos colaboradores, em certo país. Se minhas palavras contêm uma parcela de verdade geral, aplicável às condições particulares das senhoras e dos senhores, cabe-lhes se aperceber disso. E consequentemente ficarei muito feliz e muito recompensado se os nossos espíritos puderem convergir para um daqueles pontos do pensamento humano em que as nações só encontram razões para se unir, para se compreender e para se comunicar.

Falo de renovação e não de renascimento.

Vale a pena fazer a distinção. Nada mais irritante do que esse espírito de blefe, já tão lamentável no campo dos negócios, totalmente odioso nas coisas do espírito, que corrompe o pensamento, deformando o vocabulário. Basta existir um pouco de agitação em torno das velhas fórmulas para que alguém acredite discernir nelas o movimento puro e irresistível que, três ou quatro vezes na história da humanidade, pôs em marcha as forças profundas do espírito. Mal surge um pouco do que se chama *novidade*, sem grande labor, no meio da desordem contemporânea, e alguém denuncia a revolução. Com suas fórmulas, suas escolas e seus gênios efêmeros, as revoluções se sucedem de semana a semana, neste século permissivo. O público se diverte com isso. Precisa disso para se sentir com vida. Assim que começamos, encontramos sempre e cada vez mais coisas para serem destruídas, pois a herança dos séculos é rica... Tudo isso é feito de muita ignorância e de alguma barbárie. Sobre esse tema consultarei mais o velho homem de teatro que sabe por que meios, transmitidos de pai para filho, se estabelecem as proporções de um objeto humilde conforme a sua utilidade, do que o modernista preocupado unicamente em se mostrar original, torturando uma forma até a desviar do seu sentido certo e da sua destinação. É fácil, é até preguiçoso, acreditar naquela novidade que, segundo a sabedoria popular, é a marca comum das coisas esquecidas por muito tempo.

Um renascimento verdadeiro é questão de circunstâncias históricas e sociais, e do gênio que se apodera de tais circunstâncias, o qual, por sua vez, é resultante histórica e causa determinante do progresso. Não se pode nem forçá-lo nem apressá-lo. Tal renascimento supõe o consenso de um espírito público amplo.

Uma renovação pode ser questão de inteligência, de piedade e, até certo ponto, de vontade. Uma elite esclarecida desempenha nisso o maior papel. Comporta uma crítica erudita e intransigente do estado presente das coisas. Traz os espíritos para problemas desconhecidos ou esquecidos. Destaca e lembra os princípios e as tradições. É o olhar para o passado que permite a orientação para o futuro. Faz o esforço de uma geração nova recuar até às fontes vivas.

Um renascimento sempre é precedido por uma renovação que o prepara. Os humanistas do século XVI abrem caminho para os criadores pela renovação das fontes e pela renovação dos espíritos.

No campo do teatro, que trabalhamos tão duramente para tirar da sua decadência, só podemos preparar o advento do gênio. Somos operários muito humildes, demasiadamente felizes se, um dia, puderem dizer de nós que fomos os operários da primeira hora.

E desde já, senhoras e senhores, que coisa magnífica essa renovação, se ela for possível. Ela possui a beleza das primeiras horas da primavera. É o instante em que tudo readquire um ar de frescor e de inocência. São as mesmas folhas que as do último verão, mas em sua juventude. Tudo o que for ultrapassado, empoeirado, preguiçoso, estragado, aviltado, irá desaparecer sob cor e sob formas renovadas. Ainda não se trata da vida em sua força e fecundidade, mas se trata do retorno à vida.

Trabalhou-se muito, de vinte ou trinta anos para cá, em todos os países da Europa, com vistas a uma renovação da Arte do Teatro. Não lhes darei o histórico desse movimento geral, tal como puderam acompanhá-lo, de perto ou de longe, na Alemanha, na Rússia, na Inglaterra, na Irlanda, na Polônia, nos países escandinavos, na América, onde ele se desenvolve – como tudo, por lá – com uma rapidez medonha, na França, e mais recentemente na Espanha e na Itália[2]. À primeira vista, essa imensa atividade parece um pouco caótica. Seja de um

---

2 Ver supra, p. 11, n. 4, e infra, p. 269.

país a outro, seja no mesmo país, os homens que a suscitaram ou que a dirigem parecem ter levado a peito principalmente se diferenciar uns dos outros, quer por seu grau de audácia, quer pela orientação de seu pensamento. Quando se olham as coisas um pouco mais de perto, quando nos dedicamos apenas às personalidades realmente criadoras e ao essencial do seu pensamento, ficamos impressionados sobretudo pelo que os aproxima uns dos outros, e nos convencemos de que uma das condições mais seguras, mais fecundas da renovação perseguida seria a organização de um trabalho disciplinado com base no fundo comum de ideias e de certezas que as experiências e as realizações mais autorizadas impõem a todos os espíritos de boa-fé. Assim que uma personalidade se levanta, logo é seguida por medíocres que a imitam desnaturando-a, e é contestada por outras personalidades que a combatem desprezando-a. Se, superando um amor-próprio ridículo, um receio infantil de serem confundidos com o vizinho, os melhores dentre nós quisessem unir esforços, que estrada magnífica se abriria diante deles. É o sonho do nobre Constantin Stanislávski.

Quando falo do movimento teatral europeu dos últimos trinta anos, é preciso compreender que se trata de algo completamente diferente daquele movimento de ação e de reação literárias cuja influência o teatro sofreu em todas as épocas. Hoje, a própria concepção do teatro, da sua natureza e da sua destinação é rediscutida, à luz do passado, em função dos costumes do tempo, do estado social, das descobertas da ciência, e não somente como gênero literário, mas por assim dizer como edifício, como instrumento da representação. E, aos olhos de muitos dentre nós, a questão é saber se não se deve começar por quebrar o instrumento que os nossos antepassados nos desafinaram, jogar por terra o edifício que profanaram. Diante do problema moderno do teatro, todos os tipos de pontos de vista se enfrentam e brigam pela preeminência: o ponto de vista do escritor, que estamos longe de desconhecer, mas do qual não acredito que nos venha a luz, por enquanto; o ponto de vista do homem de teatro, encenador ou animador dramático, do qual me darão licença para dizer que, por ora, está adiantado em relação ao ponto de vista do escritor. – No ponto a que chegou hoje, o encenador está esperando o escritor. Muitas vezes a realização cênica supera o seu objeto. E se, nos últimos anos, vimos surgir no teatro alguma novidade literária, esta ocorreu por inspiração do encenador. O ponto de vista do ator, ao qual se poderia acrescentar o do músico, o do cantor, o do dançarino, e até o do acrobata; o do decorador, sobre o qual lhes direi daqui a pouco porque o considero totalmente secundário; enfim, o ponto de vista do arquiteto, habitualmente o mais desprezado, o mais desconhecido de todos, o qual, no que me diz respeito, situo em primeiro lugar, no mesmo que o do poeta, porque, a meu ver, arquiteto e poeta se confundem, já que toda e qualquer forma dramática está ligada à forma do teatro que adota, já que toda a ação dramática deve aceitar os planos e os volumes como dado primeiro e, consequentemente, o sistema de representação segundo o qual ela se desenvolve. E se é verdade que originariamente é a forma do poema que engendra a forma do teatro, é igualmente verdade que a forma do teatro, ao ser dada, comanda a estética do poeta e solicita a sua inspiração.

No tempo de que disponho, é bem difícil me explicar suficientemente para tornar claras às suas mentes tais considerações técnicas. Talvez eu dê mais relevo a elas perguntando às senhoras e aos senhores se podem conceber a tragédia grega fora do dispositivo antigo, se podem separar os mistérios do século XIV ou o drama de Shakespeare da topografia cênica da Idade Média ou da estrutura elisabetana. A própria comédia de Molière só encontra seu verdadeiro estilo nas proporções do palco em que nasceu. E se eu não temesse ofendê-los com um paradoxo, acrescentaria que se não existe uma cena moderna, propriamente falando, é porque a nossa época, desencaminhada há trezentos anos pelos truques da Ópera italiana, desde aí desconcertada pela confusão dos gêneros, não reencontrou nenhum grande estilo dramático.

As senhoras e os senhores estão vendo de quantos lados diversos o problema é atacado. Depois de haver enumerado todos os pontos de vista, nenhum dos quais é separável da questão que nos ocupa, é preciso dizer a quem cabe a honra de os ter redescoberto, reinventado e designado à consideração dos novos artesãos do teatro.

Estou bem convencido de que dois nomes vêm às suas mentes: os de Adolphe Appia e Gordon Craig[3]. Foi por eles que tudo começou. Foi deles que tudo veio. Para eles pode se elevar a nossa gratidão genuína. São nossos mestres. Os três ou quatro princípios sobre os quais vivemos estão em seus escritos, mais ou menos misturados com erros e com luzes, mas aí estão. Talvez não se vá procurá-los aí, porque há 25 anos eles reanimaram tudo, tudo esclareceram. Talvez as pessoas creiam afastar-se deles, superá-los, mas creem nisso por leviandade, pois eu lhes digo que se está longe de ter explorado todo o conteúdo deles e desenvolvido todas as suas consequências. É fácil censurar esses dois mestres porque se fecharam na teoria e por nunca se terem dignado a se comprometer com a realização. É que desde o início eles haviam dito as coisas essenciais com as quais várias gerações de realizadores deveriam se nutrir. Depois, é que a multidão se interessou menos pelas invenções puras desses criadores autênticos do que pela fecunda produção de seus imitadores. A intransigência deles é ridicularizada – o que é uma característica bastante rara para honrar o que ela toca –, é transformado em brincadeira o que, nas concepções livres de ambos, é pretensamente irrealizável, incompatível com as contingências cênicas. Mas aqueles que falam assim são os mesmos que, curvando o gênio ao alcance de suas mãos, roubam suas ideias para as diminuir e para as desfigurar ao "realizá-las".

Quis prestar homenagem aos meus dois grandes amigos. Não entrarei no exame de sua doutrina. Aliás, só preciso reter uma coisa: naquele teatro moderno em que reinava a estética do medíocre, Appia e Gordon Craig puseram novamente em lugar de honra duas noções muito simples, as de grandeza e de bondade, as de uma alegria e de um respeito quase religioso, a de uma arte eminentemente popular por sua destinação, e total em sua expressão.

Então vimos erguer-se com um mesmo impulso o escritor, o encenador, o músico, o decorador, o arquiteto, o cantor e o ator, ansiosos para criar juntos aquela beleza nova, para realizar aquela unidade por meio da reunião de seus diversos

---

3   Ver supra, p. 11, n. 14 e p. 45.

meios, por reagrupar e atar aquele feixe, para contrair aquele casamento. Devemos confessar, porém, que na maior parte dos casos tanta premência levou somente ao conflito, à oposição dos pontos de vista e à luta pela preeminência. Nas melhores circunstâncias, pôde ocorrer uma espécie de agrupamento, mas não de unidade. E, com efeito, não poderia ser de outro modo. Todos aqueles neófitos, com a maior boa vontade do mundo, só podiam *fazer de conta* que estavam executando aquilo a que se propunham. Não pertencia à natureza do teatro permitir que o fizessem. Não pertence à natureza do teatro ser um composto de várias naturezas, um lugar próprio para favorecer o reagrupamento de todas as outras artes, as quais, em certo grau de desenvolvimento individual, são insubordináveis umas às outras. É um absurdo total pregar a união de todas as artes e de seus diversos representantes para converter essa aglomeração em algo total e uno, que seria a arte dramática. Talvez a ópera cômica e o *music hall* se prestem a esses encantos. O drama, não. Pertence, porém, à essência do drama, em sua origem, ser ao mesmo tempo palavra e canto, poesia e ação, cor e dança, e, para resumir tudo numa só palavra, como faziam os gregos antigos: *música*. Reencontrar a essência do drama é reencontrar essa música. Para mim, enquanto não a tivermos ouvido, não deveremos sequer falar em renovação.

De modo que, tendo suscitado o fervor e as pretensões de todos os artesãos do teatro – escritor, encenador, músico, cantor, ator, pintor dançarino –, mal os vê ultrapassar a soleira de sua casa, o caro Gordon Craig os expulsa, os excomunga. E, a partir daí, é bem fácil, não é? – zombar um pouco, nos jornais, daquele gênio dramático, daquele anunciador do teatro futuro que não admite, no campo do teatro, nem o escritor, nem o ator, nem o músico, nem o pintor, nem o público. É risível, eu sei. Eu mesmo ri, antes de ter compreendido. Mas no momento em que lhes falo, evoco a figura de Craig, só, na penumbra de seu pequeno teatro da Arena Goldoni, em Florença, sobre o qual um dia ele me disse: "I won't spoil it". *Não quero estragá-lo*. Isso faz uns dez anos. Eu sorria como estão sorrindo. Mas tenho o direito de dizer que estava errado, porque de dez anos para cá eu conheci, cada dia, sem um dia de folga, a realidade teatral, a realidade do ator, a do autor e a do público. Ninguém pode dizer que eu tenha me furtado a essa realidade, que tenha tido medo de sofrer. Pois bem: hoje compreendo melhor do que nunca, não tenho o pressentimento teórico, mas a certeza positiva, baseada na experiência e na reflexão, de que para salvar o teatro, para renovar a arte do teatro, para lhe devolver a integridade, a força e a grandeza, é preciso começar por banir dele todas as pessoas de teatro, jovens ou velhas, quer tenham tocado de longe ou de perto o teatro, seja qual for a sua pretensão à pureza do coração e do espírito. É preciso começar por ficar sozinho para reconstruir o templo, com alicerces perfeitamente intactos, levando no coração a imagem do drama futuro; nos rins, a semente do ator futuro. E quando o templo for reconstruído, ainda será preciso ficar só, de pé no limiar da porta, a fim de que por ela entrem apenas homens consagrados.

Ideias como essa, professadas por um homem de teatro, suscitam imediatamente a seu respeito a imputação de puritanismo, e geralmente fazem com que seja considerado mais tedioso do que sublime. Pelo menos não acreditem que esteja forçando o tom para obter efeitos oratórios. Digo o que penso do modo mais simples que posso.

Os senhores me perguntarão: Mas o senhor pensa, então, que foram vãos esses dez anos de trabalho de que está falando, esses dez anos de contato com a cena e com o público? O senhor chegou a este ponto da sua carreira para só trazer palavras de desânimo, para declarar que não fez nada?

Eu lhes respondo que tantos esforços não deixaram de dar frutos, quando mais não fosse os frutos da experiência. Mas consideraria não ter feito nada se, nos anos que virão, não me fosse permitido ir muito mais longe. Àqueles que parecem acreditar que a minha carreira está decadente, porque acabo de fechar o meu pequeno teatro, gostaria de fazer com que compreendessem que, ao contrário, ela está começando, e vai entrar num terreno que preparei e que há dez anos não existia[4].

Vou tentar dizer-lhes o que fizemos durante esses dez anos, e como o fizemos.

O Vieux Colombier entrou em campo, em outubro de 1913, sem experiência, quase sem apoios e por assim dizer

---

4 Fechamento do Vieux Colombier e partida para a Borgonha em 1924, ver infra, p. 287.

sem dinheiro. O que o distinguiu desde os seus primeiros passos foi uma grande seriedade e uma grande prudência na organização de sua tarefa. Querendo fazer uma obra que durasse, tive o cuidado mais rigoroso na escolha de meus colaboradores, exigindo do mais modesto deles certa solidez moral. Às vezes me enganei, porque estava sempre disposto a dar ouvidos aos entusiasmos, a acolher todo e qualquer fervor que se oferecesse a mim e a lhe dar uma oportunidade. Contudo, por eliminação progressiva, e com paciência, eu tinha chegado a organizar uma casa, com o seu espírito, com os seus hábitos, com a sua própria honra, a compor uma verdadeira comunidade cujos membros, em sua totalidade, tinham consciência de trabalhar para a mesma obra, com o mesmo ardor e o mesmo desinteresse, e de ter direito à mesma consideração. A ordem e a disciplina reinavam, mas uma disciplina iluminada pela inteligência, consentida pela confiança e pela amizade. Que relação tinha isso com a arte dramática? Uma relação muito íntima, se pensarmos na solidez que esse organismo bem unido dava ao empreendimento, se nos dermos conta de que a bilheteira, na porta, e o maquinista, no palco, não se considerando à parte do conjunto nem diminuídos por suas funções, encontravam uma recompensa pessoal na beleza dos resultados. Todo dia eu visitava todos os serviços e conversava com cada um dos trabalhadores. Pude compreender, quando se tratou de os romper, qual era a força dos vínculos que havíamos formado. Aliás, acredito que ninguém, entre os espectadores, transpôs o umbral do Vieux Colombier sem ser sensível àquela atmosfera de simplicidade cordial, de trabalho e de honestidade operária que nos tornava o esforço alegre e as dificuldades menos pesadas de suportar.

Chamo sua atenção para essa primeira necessidade de uma boa organização e de uma confraternidade séria. Inúmeras empresas jovens a deixam de lado, só se preocupando com o lado artístico de seu esforço. Muitas vezes é a isso que se deve atribuir, creio eu, sua rápida decrepitude.

Em seguida, nós nos preocupamos com as relações com o público, baseadas num respeito muito grande, o qual, de nossa parte, nunca foi desmentido. Que as relações com o público se tornem fáceis, pela engenhosidade, pela regularidade e pela polidez da organização. Que o público crie insensivelmente hábitos que lhe deem o sentimento de pertencer à comunidade pela qual se interessa. Conquistamos o nosso público pouco a pouco e, por assim dizer, cada um dos membros desse público individualmente, inventando para uso dele procedimentos de propaganda e de recrutamento, sem nenhuma relação com a propaganda habitual e escandalosa, e nos quais ele encontrava o mesmo gênero de qualidade e de perfeição que, por outro lado, tentávamos dar a nossos espetáculos. Em outras palavras, realizamos aquele programa muito simples, mas bastante delicado, que consistia em fazer com que o espírito de honestidade, de simplicidade e de sinceridade que nos animava descesse até aos mínimos detalhes do empreendimento. E, graças a uma vigilância e a modificações constantes, havíamos conseguido dar ao Vieux Colombier uma fisionomia própria, e só dele[5].

Aliás, todos os procedimentos de que acabo de falar foram reproduzidos, copiados ou falsificados por todos aqueles que nos seguiram – o que prova que não eram maus.

Cada ano, por volta dos primeiros dias da primavera, vemos desembarcar em Paris muitos estrangeiros e muitas estrangeiras jovens que vêm fazer os seus estudos dramáticos entre nós. Devo dizer que a maioria deles são adolescentes americanos, os quais realizam uma excursão pela Europa a fim de se pôr a par de tudo, de furtar em todos os lugares o segredo de toda e qualquer ciência e, de volta a casa, de fazer não tão bem quanto nós, mas melhor do que nós. Então eles nos perguntam qual é o caminho a seguir para obter uma perfeita realização cênica. Com todo prazer entrariam por um ou dois meses em nossa escola. Respondemos a eles que essas coisas não se aprendem em dois meses e que, aliás, não estamos organizados para os receber. Então eles solicitam uma entrevista de uma hora, ou de meia hora, ou de quinze minutos. E depois da entrevista, vão embora dizendo: "I think I'll do it" ("Penso que farei isso").

Os métodos técnicos da cena não se demonstram em quinze minutos. Existem nisso – como, aliás, por toda parte – segredos que vêm do coração e são pouco transmissíveis. A qualidade

---

5 O volume III dos *Registres*, Les Registres du Vieux Colombier I, trará os pormenores da organização material e se esforçará por trazer à lembrança seus hábitos e ressaltar o seu espírito.

suprema de toda arte é o que há de inexprimível. A menos que se considerem as coisas unicamente pelo aspecto exterior, o que é o caso mais frequente, o que, de resto, é muito fácil, e explica a monotonia da maior parte dos pequenos teatros de arte que se copiam uns aos outros, na Europa e na América.

Evidentemente, estamos de acordo sobre certo número de princípios, extremamente simples e que caíram no domínio público à força de serem exaustivamente repetidos. Todas as jovens associações dramáticas os inscrevem em seu programa. A dificuldade é de os aplicar e de os aplicar até o fim, sem esmorecimento, sem se deixar desanimar pelas primeiras resistências que se encontrar. Cherterton diz: "There is only one really starting thing to be done with the ideal, and that is to do it" (Na verdade, existe apenas uma primeira coisa que deve ser feita em relação ao ideal: fazê-la).

O teatro de arte está na moda. Todos os dias nasce um. Sei de bem poucos que estejam isentos de cabotinismo – e até de industrialização –, de blefe e de aparências enganosas. Desconfiem disso, por favor. Porque nada é mais funesto para o desenvolvimento do teatro, pura e simplesmente, do que o falso teatro de arte. Basta tão pouca coisa para parecer de vanguarda: substituir os cenários por drapeados de telão repintado, suprimir a ribalta, ou simplesmente pôr de cabeça para baixo e de pernas para o ar todas as noções adquiridas de nossa arte. Há naturalmente originalidade numa cafeteira com a qual se faz uma cartola, ou numa poltrona cujo destino de poltrona é bruscamente interrompido pelo fato de já não podermos sentar sobre ela. Basta tão pouco para um teatro nascido ontem assumir ares de teatro de arte: um decorador e um figurinista no mais das vezes são o suficiente. Tocamos aí numa das práticas de ilusionismo mais comuns em nosso ofício. Alguns artistas jovens e entusiastas se reúnem para fundar um teatro. Na maioria das vezes não têm boas peças, nem bons atores. Contudo, nunca lhes faltarão um pintor de cenários razoavelmente bom e um figurinista passável. É nesse sentido que orientarão o seu esforço e manifestarão a sua originalidade. Mas onde está, em tudo isso, a arte dramática? O que se chamou, de quinze ou vinte anos para cá, o novo movimento teatral foi, em mais de 70%, um movimento de figurinistas e de decoradores.

À sombra dessa fantasmagoria ofuscante, o drama permanece estagnado. Até onde os senhores veem chegar a influência dos Bakst e dos Reinhardt? Ao *music hall*, e um pouco aos teatros oficiais que se atrevem timidamente a fantasiar atores sem vida com alguns tecidos berrantes. Por isso eu lhes dizia, ao começar, que o ponto de vista do decorador é, de todos, o mais insignificante. Não que ele não possa encontrar lugar no todo. Mas a realização decorativa deve ser estreitamente vigiada, medida, e até, no começo, banida, porque, sendo a mais fácil, é capciosa e decepcionante.

Como o vejo, o problema da realização teatral é o problema da cena e o do ator vivo em cena.

Eu lhes disse o lugar que atribuo ao arquiteto, que importância dou à estrutura física da cena em suas relações com a concepção do drama. Não me alongarei mais sobre o assunto, que nos levaria longe demais, requereria por si só toda uma conferência, e me conduziria, aliás, a conclusões que não pude pôr em prática no Vieux Colombier, por falta de tempo, por falta de dinheiro e por falta de condições materiais convenientes.

Quanto ao ator, o que tenho para lhes dizer é muito simples, em teoria, mas muito difícil de pôr em prática. Não sou daqueles que pensam que o ator deva ser necessariamente inculto e estúpido. Acredito na natureza do ator. Mas acredito também, quanto à média dos sujeitos, no desenvolvimento por meio da cultura e da educação. Esforcei-me por todos os meios, e particularmente por uma solicitude constante, para elevar o ator a certa dignidade, para dar a ele uma elevada ideia da sua função, para desenvolver e para enriquecer a sua consciência, para tirá-lo da especialização exagerada que o mecaniza, para instruí-lo por meio de conselhos, de exemplos, de preceitos, enfim, para o tornar possuidor de uma técnica flexível e segura que, longe de oprimir sua personalidade, tendesse a lhe dar livre curso. Não posso me vangloriar de ter transformado a natureza do ator. Mas eu a disciplinei. Eu era o mestre da minha companhia. E, graças àquela confiança que reinava entre nós, graças àquela igualdade perante as dificuldades a serem vencidas, graças àquele treinamento do trabalho em comum incessantemente retomado e incessantemente aperfeiçoado, graças àquele amor do ofício por si mesmo e àquela justiça que dava a cada um, alternadamente, a ocasião de provar a própria capacidade, o trabalho era fácil, alegre, e quase sempre coroado de êxito. Nada mais aviltante do que a tarefa do ator quando é feita sem amor e sem dignidade. Nada é mais comovente do que o sacrifício de si mesmo oferecido cada dia ao pensamento do poeta pelo verdadeiro servidor do teatro. No entanto, daqui a pouco lhes direi o que essa experiência do teatro deixava insatisfeito em mim.

Existe outra condição do bom trabalho dramático de que muitas vezes se fala, que cada um consente em reconhecer como indispensável, mas raramente se vê observada. É a unidade de concepção que deve presidir à preparação do espetáculo, como à execução de seus mínimos detalhes. A tara mais comum do ofício cênico e, aliás, a mais frequentemente denunciada, é a má organização do trabalho, sua falta de coordenação. Para obter a harmonia que invadirá o espírito do espectador e, ao mesmo tempo, todos os seus sentidos, é preciso que o mesmo homem, tendo percebido o sentido do drama e, por assim dizer, incorporado o ritmo deste, tendo assimilado o caráter de cada personagem e as relações que os vários atores mantiverem entre si, é preciso que esse mesmo homem seja capaz de circunscrever a área dramática, de delimitar-lhe o espaço e de suscitar-lhe os volumes, de conceber a decoração da cena, de nela distribuir a iluminação, de dispor o mobiliário, de imaginar a aparência física e o figurino dos atores, de marcar a evolução das massas, de atribuir a cada coisa o seu lugar, a cada indivíduo o caráter de sua ação, enfim, de encontrar, num mundo de ficção, os movimentos naturais e a infinita variedade da vida. O encenador, o animador dramático, é, aqui, o substituto do poeta. É o poeta e somente o poeta que detém, no princípio, toda a vida do poema. É ele que ensina o coro, impõe a ele suas evoluções, determina o dispositivo cênico e cria até a aparência física do ator. No século IV antes de Cristo, é Ésquilo quem é todo o drama. No momento preciso em que o poeta dramático cinde-se, por assim dizer, em que se desinteressa mais ou menos pelas condições da realização teatral e se especializa em sua função de escritor, não cresce, decai, e desde aquele instante começa certa decadência, pois o momento da perfeição é extremamente fugaz. O grande mérito dos artistas do teatro novo foi ter sentido a necessidade de um regresso a essa unidade primitiva, que é a única que permite à voz do poeta alcançar o ouvido do espectador com toda a pureza e sem deformação. Eu lhes disse que se procura reconstituir essa unidade numa união quase irrealizável entre os diferentes operários do teatro, ou melhor ainda: na pessoa do encenador completo, o qual, por sua identificação com a obra que produz em cena, nos restitui uma imagem enfraquecida do poeta. Todos esses problemas da realização teatral que tanto nos inquietam só existem porque falta a vida dramática pura e simples na pessoa de um homem de gênio. Só o poeta pode responder integralmente todas essas perguntas que formulamos para nós mesmos, se for Ésquilo, Shakespeare ou Molière.

O ofício de encenador, que se parece um pouco com o de Deus Pai, criador dos universos, exerce, em nossos dias, uma grande sedução sobre muitas pessoas. Quantidade de rapazes, ou até de moças, sentem-se agitados por essa vocação. Daqui a pouco haverá mais encenadores do que atores. O ator deve renunciar, no teatro novo, a suas pretensões de primeiro plano. É claro. Pede-se a ele uma justa abnegação da sua personalidade pretensiosa*. Com razão. Mas é em proveito da personalidade não menos egoísta e das pretensões não menos importunas do encenador. E receio que em muitos casos o cabotinismo do ator ceda ao cabotinismo do encenador. É sair de um grande mal para cair num mal pior.

Sejam quais forem o talento, a imaginação e a ciência técnica de um encenador, ele só é digno da sua função se praticar a maior, a mais simples e a mais difícil das virtudes. Quero dizer a sinceridade. Uma sinceridade feita de inteligência e de modéstia. Haveria todo um longo capítulo para ser escrito sobre a questão da sinceridade na encenação. Dever-se-ia definir primeiro a própria noção de sinceridade, mostrar que não é, como em geral se acredita, uma virtude espontânea, uma verdade de juventude, fácil e ousada, mas, ao contrário, uma virtude de maturidade,

---

* Ao finalizar uma entrevista com Eugenio Barba, Josette Féral pergunta-lhe quais seriam as qualidades fundamentais de um ator. Ele responde: "A paciência e a obstinação". E que conselhos daria a um jovem ator que eventualmente se dirigisse a ele? "Eu lhe diria que ninguém pediu para ele exercer esse ofício, e que para o exercer devemos ter uma justificativa que transcenda a ambição e a vaidade" (apud Josette Feral, *Mise en scène et jeu de l'acteur*. Entretiens, tomo 2: Le corps en scène, Montreal/Carnières (Morlanwelz): Jeu/Lansman, 2001, p. 114) (N. da T.).

cuja sabedoria não exclui o calor, uma virtude de reflexão, de moderação e de discernimento. Nada mais fácil do que se entusiasmar por um texto dramático. Nada mais comum do que ter ideias, todos os tipos de ideias a respeito de uma peça – por exemplo, vestir Hamlet como lugar-tenente dos hussardos, ou representar o Tartufo com trajes de banho. Nada mais pavoroso do que um encenador que tem ideias. O seu papel não é ter ideias, mas compreender e restituir as do autor, não forçá-las nem atenuá-las em nada, traduzi-las com fidelidade na linguagem do teatro. E que é preciso para isso? É preciso saber ler um texto. E quais são os métodos que conduzem a ler bem um texto? Eu ficaria muito atrapalhado para dizer quais são. Creio que se pode aprender pouco sobre isso. É um dom, é uma graça que nos é dada; é uma inspiração análoga à do poeta, de uma ordem menos elevada, mas da mesma natureza. O homem de teatro nato, por uma misteriosa conivência, entra quase sem esforço na posse da obra do dramaturgo nato. Ele descobre, por assim dizer de relance, um mundo de formas, de sons, de cores e movimentos no que para outros é apenas uma série de palavras, pretas no branco, e só as frases cortadas de um diálogo. Não os inventa. Encontra-os. São os movimentos, as cores, os sons e as formas que acompanhavam mais ou menos conscientemente a criação do poeta. Por isso, penso que para uma obra bem concebida para a cena existe uma encenação necessária, e uma só: a que está inscrita no texto do autor, como as notas numa pauta musical. Aos olhos do profano, são mudas. O olhar do músico faz com que cantem.

Coerência da organização, disciplina da companhia, forte unidade da direção para a criação, sinceridade da encenação. Eis, penso eu, as principais características que tornaram o Vieux Colombier o que é. E eis algumas das condições indispensáveis de uma renovação dramática.
    Não me cabe lembrar os resultados que obtivemos e que nos foram muito invejados. Mas as senhoras e os senhores têm o direito de me ouvir dizer por que, tendo obtido esses resultados, já tão amplos que eram desproporcionais em relação à exiguidade de nossa empresa e já ultrapassavam os limites de nosso país – por que, digo eu, apesar do sucesso e após tantos

anos de luta, eu bruscamente quebrei o instrumento que havia formado com minhas mãos, dispersei a minha companhia e fechei as portas do meu teatro. Concordo em reconhecer que esse ato tem todas as aparências da loucura. Não deixaram de me dizer isso.

A primeira ideia que vem ao espírito é que devo ter cedido a dificuldades de dinheiro. É uma razão, mas não foi a que me determinou. Sempre sofri com a falta de recursos. Meu teatro era demasiado pequeno, inexplorável. A sala lotada não dava de que viver. Tive de recorrer constantemente à ajuda que a generosidade dos meus amigos me fornecia. Mas, em suma, a minha situação financeira não era mais desesperadora no final da temporada de 1923-1924 do que no decurso dos anos anteriores. E digo que ainda que eu não tivesse conhecido aquelas penúrias de dinheiro – das quais a gente sempre consegue sair –, ainda que estivesse em plena prosperidade material, eu teria feito o que fiz. Eu teria parado.

Vou dizer por quê.

Primeiro, porque o ofício que exerço há dez anos me devorava. Eu teria morrido de cansaço. Quis salvar a minha pele. Não que eu faça muita questão dela. Mas estimava que o sacrifício que pudesse dela ter feito havia deixado de servir o ideal a que me dediquei.

É impossível, na verdade, sobretudo em condições materiais tão duras, que o verdadeiro trabalho de criação dramática permaneça compatível por muito tempo com as necessidades esmagadoras de uma exploração teatral. Logo demos o melhor de nós mesmos. A partir daí já não progredimos. Nós nos repetimos. Diminui a qualidade do que produzimos. E ainda que nós mesmos não diminuamos, sofremos abominavelmente.

Não quero dizer que sejamos levados a fazer concessões, a seguir o humor do público. Contudo, seja qual for a resistência que oferecermos a ele, o público adquire direitos sobre nós. É exigente. É injusto. Gostaria de ter uma produção cada vez mais numerosa e cada vez mais incontestável. É fútil. O que mais nos fere em relação a ele é a sua incapacidade para discernir o que é autenticamente belo do que é apenas imitação do belo e sua falsificação. O favor do público tende a deformar os atores. O próprio hábito do sucesso enfraquece o fervor destes últimos. A repetição constante do esforço, aquele treinamento implacável de um dia atrás do outro, sem que seja concedida ao artista uma trégua para se recompor, para se encontrar, para se renovar, aquele apelo cotidiano ao melhor de si mesmo, aquela injunção de ter de comparecer, quase sempre antes de estar pronto, para ver que é julgado por um trabalho no qual quase sempre ele tem consciência de não ter podido mostrar a sua capacidade, enfim, aquele fogo artificial constantemente dirigido para um rosto que gostaria de procurar um pouco de sombra e de retiro, tudo isso que foi algum tempo embriaguez, torna-se tortura.

Eis algumas razões minhas. Poderia citar muitas outras da mesma ordem. Têm o seu valor. No entanto, não são as mais decisivas.

A verdade é que o sucesso, longe de me abalar, continuamente me desembriagou de mim mesmo. É que à medida que aprendia o meu ofício, conhecia as suas dificuldades e recursos, e quanto mais eu trabalhava, mais as minhas exigências aumentavam, mais o meu horizonte recuava, mais eu me deslumbrava com as possibilidades da minha arte. Ideias novas povoavam o meu espírito, descobertas enriqueciam a minha experiência, pressentimentos abalavam a minha imaginação. E nada disso podia ocupar espaço nesse trabalho forçado de cada dia, que lentamente consumia as minhas forças e me afastava de mim mesmo. Eu me perdia de vista. Já não sabia onde me encontrar. Tinha duas existências: a da noite, que me chamava para caminhos novos; a do dia, que me curvava diante de uma rotina. Já nada me satisfazia, nem em mim nem em torno de mim. Por toda parte eu só via a insuficiência.

Há mais de três anos sonhava com uma evasão e com um recomeço, há mais de três anos que os preparava. Tudo parecia proibi-lo para mim, e lutar contra a minha esperança. No final, venci.

Hesito em prosseguir. Já é bem escabroso falar do que se fez. Torna-se totalmente arriscado falar do que se vai empreender. Corremos o risco de exagerar para nós mesmos a importância do que ainda está apenas em estado de projeto, e de nos comprometermos com promessas imprudentes junto àqueles que nos escutam.

Se não me é possível retraçar para os presentes todas as alternativas pelas quais passei, permitam-me, porém, expor-lhes as conclusões a que a minha experiência me conduziu e nas quais pretendo basear a atividade nova que estou a ponto de empreender:

1. Creio que a concepção de um teatro novo, tal como nós a vemos realizada com o nome de teatro de vanguarda, teatro de arte ou teatro de repertório, não representa muito mais do que um acordo com as fórmulas do antigo teatro. Encontro uma prova desse mal-estar no fato de que as pesquisas do teatro novo oscilam entre todos os gêneros. Depois de se ter libertado da rotina da peça bem feita, que teve lugar de honra durante uma parte do século XIX, para se aproximar da composição mais solta e pretensamente mais livre do romance, nós o vemos hoje se jogar no outro extremo, na maneira do *music hall* e na do circo. Ainda não elaboramos uma estética dramática em si para a expressão do nosso tempo.

2. Creio que já não existe, no teatro atual, com as suas inquietações, com as suas reviravoltas, com os seus requintes, força criadora propriamente dita. Seus recursos se esgotaram. Não criaremos nada novo dirigindo o nosso esforço unicamente para os meios de expressão. Os artistas do teatro são artistas sem objeto, sem destino. É o objeto do teatro que se deve encontrar, seu destino, sua função, sua via natural. Quanto mais nos fecharmos no teatro para trabalhar nele, menos seremos capazes de encontrar essa via natural.

3. Creio que para salvar o teatro é preciso sair do teatro. Aqueles que quiserem permanecer nele se condenarão a ser apenas humoristas ou estetas. Quanto a nós, não recearemos confessar que cansamos de alimentar um culto cuja divindade está ausente, e iremos para fora, para as estradas, a fim de nelas tentar encontrar o deus.

4. Creio que o teatro só recobrará sua grandeza se deixar de ser uma exploração e voltar a ser uma solenidade. Concebe-se que o cinema, cuja realização repetida é de

natureza mecânica, possa bastar à exploração comercial de que as multidões tiram o seu divertimento cotidiano, e que, assim, o teatro tenha permissão de só ocorrer em circunstâncias excepcionais.

5. Sei que, para purificar e renovar nos espíritos a noção de arte dramática, para vencer a rotina e destruir o cabotinismo, não bastou relegar a minha pequena cena à parte, na margem esquerda do Sena. É preciso sair da grande cidade onde nossa severidade só é considerada afetação, onde todas as más influências trabalham para nos invadir, onde os especuladores já se apoderaram de nossas ideias para vulgarizá-las e para ganhar muito dinheiro com elas.

6. Sei que se pudermos, pelo trabalho e pela autoridade, disciplinar o ator, só se poderá educá-lo realmente imprimindo nele, desde a infância, as noções de respeito, de grandeza e de desinteresse que fundamentam a transformação total que queremos. Não haverá teatro novo que não seja engendrado por uma escola em que tudo deve ser retomado desde o começo.

7. Creio, finalmente, que no âmbito de tal escola, e somente aí, poderá ser realizada a unidade de todos os elementos do drama da qual falamos, por uma reconciliação do inventor com o realizador, talvez por uma identificação do autor com o ator.

1926 [6].

Deixar o teatro *para ir para onde*?

Para a igreja? Curiosos nos acompanhariam nisso. Os crentes, não. Para a fábrica? Para o palácio dos novos ricos? Para a casa do povo? Sobre a praça pública?

Pouco importa o lugar, desde que aqueles que nele se reúnem tenham necessidade de nos escutar, que tenhamos alguma coisa para lhes dizer e para lhes mostrar, e que esse lugar seja animado pela força da vida dramática contida em nós.

---

6 Une Rénovation dramatique est-elle possible? – texto de 1926, proferido no ciclo das Conferências do cardeal Mercier, reelaborado várias vezes e publicado em *La Revue Générale* (Bruxelas) de 15 de abril de 1926.

Se não soubermos para onde ir, vamos *para a rua*. Tenhamos a coragem de mostrar que a nossa arte é sem asilo, que já não conhecemos nossa razão de ser e já não sabemos de quem a esperar. *À aventura*, enquanto não tivermos encontrado, para aí plantar a nossa tenda, o lugar do qual possamos dizer: aqui está o nosso deus e a nossa pátria.

1922[7].

---

7 Nota de J. Copeau para a conferência de Amsterdã, 31 de janeiro de 1922.

Apêndice:
O Teatro Popular[1]

Não é a primeira vez que me disponho a escrever sobre o teatro a fim de celebrar a sua glória extinta, deplorar o seu estiolamento, medir as chances que ele pode ter de recobrar a dignidade.

Pela primeira vez, porém, tenho a esperança de que aquilo que vou dizer não cairá totalmente no vazio. E tal esperança corresponde a um sentimento meu de certo retorno à realidade, de reorganização, de uma retomada e de uma elevação dos valores comuns.

Durante bastante tempo vivemos e cochilamos à beira do abismo. Habituar-se aos piores perigos, esperar as piores catástrofes, só engendra a indiferença e o fatalismo.

Hoje, pelo menos sabemos que isso não podia durar. Nossas desgraças mostraram brutalmente as nossas heresias.

Os que sempre denunciaram a fraqueza e o mal, lá onde os viam; os que permaneciam isolados porque queriam ser independentes; os que eram taxados de orgulhosos porque não se resignavam com a pequenez, talvez encontrem um pouco mais de atenção e de crédito junto à geração sobre a qual pesarão

---

1 Reproduzimos integralmente o texto publicado na coleção "Bibliothèque du Peuple", Paris: PUF, 1941. As notas são de Jacques Copeau.

tantas responsabilidades, e que já se vê conclamada a tão austeros trabalhos.

É à juventude que estas poucas páginas se dirigem.

Houve um tempo em que o povo inteiro se preparava, se recolhia, se purificava, esperando uma celebração teatral, presidida por um deus de ano em ano. Todas as cerimônias próprias para realçar no homem o sentimento da sua dignidade cívica serviam de prefácio e de acompanhamento à discussão dos poetas trágicos. Então, a juventude usava como testemunha de seu juramento viril as mais antigas divindades autóctones.

As formas da representação eram tão poderosas que atingiam o espectador no fundo de seu ser. Os cidadãos reunidos formavam tanto um corpo quanto uma alma, e os próceres levavam tanto em consideração essa alma que mais de uma obra foi afastada por eles como ofensiva, como demasiado estimulante, ou como demasiado deprimente para a multidão ateniense.

Ora a matéria dessas tragédias era a comemoração de uma grande vitória nacional, como em *Os Persas* de Ésquilo; ora a valorização da lei moral, como na *Antígona* de Sófocles; ora a evocação dos horrores da guerra, como em *As Troianas* de Eurípides.

As personagens encenadas eram os heróis e os deuses que a poesia homérica tornara familiares a todos os espíritos. Os acontecimentos eram os da lenda e os da história.

A filosofia que se desprendia desses grandes exemplos era uma filosofia humana, respeitosa da fatalidade, cujo golpe não poupava os deuses, severa para com os tiranos e para com os heróis cujo orgulho, cuja imprudência, cuja exaltação de si mesmos levava a transgredir os limites de sua condição humana.

Nascida da embriaguez, a Comédia não sofre nenhuma restrição para suas audácias. Audácia de tema, de situação, de linguagem. Ela ataca por trás a tragédia, inverte a tragédia, e muitas vezes a parodia. Pintura da vida média, da terra e do camponês da Ática; sátira dos costumes e das paixões políticas; escárnio das indústrias que vivem da guerra; apologia dos benefícios da paz: o seu campo é a atualidade que suscita paixões. Ela entra nele escoltada, porém, por suas danças e cantos, envolvida numa poesia deslumbrante que transfigura tudo: "Procurando um refúgio indestrutível, as Graças encontraram o coração de Aristófanes". Assim se exprime Platão, num epitáfio destinado ao monumento funerário do Satírico.

Tempo houve em que multidões ainda mais numerosas do que a turba antiga, talvez mais ignorantes, mas não menos animadas de fé, não menos impregnadas pela solenidade da circunstância, se embrenhavam por estradas ruins, apesar da intempérie de um clima menos favorecido, para assistir, de pé, durante horas, às vezes durante vários dias, à representação que lhes oferecia uma cidade inteira alvoroçada pelo ministério de seus clérigos e de seus leigos, de seus militares e magistrados, de seus artistas, de seus artesãos, de seus mercadores, jovens e velhos.

Por que esses espetáculos exerciam de tão longe semelhante atração sobre toda uma região?

Porque produziam imagens, porque expressavam pensamentos, de forma e de fundo populares, cujo ensinamento um povo inteiro podia utilizar e converter em seu alimento espiritual.

O que era mostrado a esse povo?

Mostravam-lhe a vida, os sofrimentos e a morte de um Deus feito homem a fim de salvar os homens. E, fraco demais para se elevar até às concepções dos teólogos, abria o coração para o espetáculo, do qual esperava uma edificação.

Mostravam-lhe ignorantes que zombam, infiéis que desertam, malvados que perseguem. E, sentindo-se pecador, ele se ajoelhava batendo no peito.

Mostravam-lhe pobres diabos dóceis à pregação do amor. E, pobre como eles, com eles comungando, ele se elevava por amor acima de si mesmo.

Os Milagres de Nossa Senhora ensinavam a Esperança e a Caridade. Neles se lê em termos claros o precário destino humano. Aí o bem e o mal não são apenas nomeados e definidos. São mostrados, personificados. O afrontamento da natureza com a graça e o debate da alma pecadora e redimida exprimem-se dramaticamente pela competição dos anjos com os demônios. Temos diante dos olhos a encarnação das forças que se exercitam, a cada instante do dia, para influenciar, nos seus mínimos passos, a vontade do homem, para lhe armar ciladas, para adverti-lo, perturbá-lo ou socorrê-lo; para solicitar por cima e por baixo sua pobre liberdade. Os demônios puxam e os anjos levantam.

A Virgem Imaculada, mãe de Deus desde a eternidade, mãe dos homens desde o Calvário, põe nesse jogo, demasiadas vezes desigual, o peso do seu amor. Por uma perpétua intercessão, por uma incansável conjuração contra a Justiça de Deus, em favor de Sua Misericórdia, ela prepara o perdão de um grande crime mediante uma pequena oração. Porque uma oração, por menor que seja, é, na sua opinião, um indício de que o homem tenta entregar-se a Deus para melhor fazer a Sua Vontade, quer dizer: para evocar as forças que purificam, conservam, dirigem, iluminam e constroem, para a vergonha dos que maculam, perdem, paralisam, cegam e destroem.

Extraídos de muito longe de nós – da Antiguidade e da Idade Média –, esses dois exemplos são o prefácio indispensável a qualquer exposição a respeito do teatro popular.

Ilustram duas formas de representação dramática cujo ponto de origem reside na vida moral dos povos e na repercussão destes sobre ela.

Ambas as formas implicam uma concepção sólida do humano, de suas origens, de sua condição, de suas relações com o Além.

Muito mais perto de nós, na França, essa concepção objetiva ainda constituiu a mola propulsora da tragédia e da comédia, quer digam respeito ao homem natural e a suas paixões, ao homem religioso e a suas obrigações, ao homem social e a suas convenções.

Ésquilo e Sófocles eram trágicos pela noção de uma fatalidade cuja origem recua até chegar aos deuses, e pela noção de um excesso inerente ao caráter do homem.

Corneille e Racine são trágicos por sua ideia da honra, da glória, do mérito, da graça, por todas as resistências com que se chocam as paixões do herói perante as leis cujo autor não é ele: as leis do seu sangue, da sua posição, da sua família, da sua pátria, da sua religião.

Esses heróis são indivíduos. Mas indivíduos ligados a uma norma. E por isso mesmo contrariados. E por isso mesmo dramáticos.

Molière não procura o seu homem. Ele o encontra inteiramente composto, numa sociedade de origem cavalheiresca e de costumes cristãos. Exercita a sua observação numa escala de valores hierarquizados. Sua filosofia se refere a uma moral comprovada. Seus julgamentos cômicos têm por objeto convenções admitidas, relações constantes, costumes caracterizados, tipos coerentes. Ele se dirige a um público cujos gostos, as regras de existência, a cultura humana, as prevenções filosóficas e sociais são bastante consistentes para fazer com que ele considere desagradável ou ridículo tudo aquilo que se afaste de certa harmonia de pensamento, de caráter e de conduta, tudo aquilo que ultrapasse – por pequenos defeitos, por excessos, por erros –, certo desenho do homem de bem.

Tudo isso é claro. Eis porque a grande comicidade de Molière também o é, e tão infalível o mecanismo que a faz funcionar [no jogo de atuação].

Quando as molduras que acabo de indicar sumariamente se quebram por meio de uma filosofia negativa, quando as inclinações naturais do homem tendem a suplantar toda disciplina interior, quando os laços do casamento e a autoridade paterna se afrouxam a ponto de desconjuntar a família, quando o homem é reduzido ao apetite carnal e a honra é considerada um objeto de zombaria, quando as posições sociais se misturam e as crenças são desqualificadas, quando a própria personalidade é posta em dúvida até formar apenas um feixe mirrado de tendências confusas, quando o homem, em vez de se libertar e de se construir, já recebe de si mesmo apenas a missão de se conhecer, ou melhor: de se buscar e, por sua inteligência desencaminhada, de aumentar o caos da natureza, quando já não encontra resistência e adota como palavra de ordem o "tudo é permitido" – enfim, quando já não há costumes, já não há comédia nem tragédia.

Existem, então, apenas explorações sem finalidade, curiosidades sem fundamento, descobertas sem necessidade, inventários, análises, descrições, impressões e imagens.

A tragédia não precisa de desenlace, pois não chega sequer a se formar. A comédia se reduz a apresentações, a quadros, a conversas. O drama já é apenas puro derramamento, um fluxo sem refluxo, um discurso sem conclusão, a pretexto de que a vida não termina.

O teatro se deforma. Incha com os procedimentos do romance. Ele se deixa contaminar. A cena se compara com a tela. Sobre esta, as imagens projetadas tocam o espectador devido à sua novidade, à sua estranheza, a seu atrativo, devido às sensações que despertam, à ordem e ao ritmo segundo os quais estão dispostas.

Não é surpreendente que, em nossos dias, a juventude se mostre ávida por romances e por cinema, e que os prefira ao teatro. Isso se deve, penso eu, primeiro porque o romance e o cinema lhe dão *uma ideia do mundo* que o teatro não lhe fornece, e pela qual – mais do que por qualquer outra coisa – ela sente curiosidade. Romance e cinema não são apenas divertimentos cheios de prestígios e de seduções. Embalam como a música e embriagam como a velocidade. Mas são, sobretudo, instrumentos para explorar a vida e o universo, o espaço e o tempo. Deixam o jovem ficar sozinho consigo mesmo, mas decuplicando o seu devaneio e a necessidade que tem de se sentir capaz de tudo. O cinema desenrola as suas imagens, o romance a sua análise ou a sua narrativa numa forma que leva em conta tudo no homem e em sua aventura, sem impor escolha nem conclusão.

O teatro quase sempre conclui. Apela para a inteligência, para o julgamento, para a reflexão, para todas as faculdades e para todas as reações da alma por meio das quais o espectador se distingue do espetáculo, através das quais o homem prossegue, de hora em hora, seu aperfeiçoamento humano – esse trabalho da criatura que a faz entrar em colaboração com o seu criador.

O homem de Molière, embora revoltado contra o seu meio e fosse qual fosse o risco que estivesse correndo, ainda era um homem religado.

O homem moderno está sozinho.

Com grande esforço, ele repudiou os vínculos e as comunidades. Quis conhecer a si mesmo apenas como indivíduo, sem lei nem rei*, e desenvolver apenas os seus direitos. Tendo

---

* "Sans foi ni loi", literalmente "sem fé nem lei", sem religião nem moral (N. da T.).

evoluído da obscura matéria viva, efêmera, e destinado ao nada, ele só persegue, ao passar pela terra, a satisfação de seus instintos egoístas. Saciar o corpo e saciar-se com ele – tal é a sua visão, ou antes o seu apetite. Ele é, em si mesmo, a finalidade essencial a atingir, a única pergunta formulada. Uma pergunta cuja resposta não reside nele. Ele chama sinceridade o seu desregramento.

Estamos apenas no início dessa era feroz, ou, ao contrário, atingimos o seu extremo? Veremos o homem, particularmente o homem francês, castigado, desenganado pelos seus próprios erros, purgado de sua indolência e de sua insolência pelos cataclismos, submeter-se a uma lei, recuperar a fé perdida ou dar os primeiros passos em uma nova? Será que o veremos procurar um ponto estável e inteligente a que possa se agarrar e se prender, a fim de já não flutuar à deriva, nem se dispersar e se perder?

Desse retorno às profundezas, dessa ambição da verdade, dessa reconstrução espiritual dependerá, sem dúvida, a reconstrução de uma arte dramática humana, determinando os limites do homem, o alcance de seus atos e o sentido do seu destino; de um teatro sincero, inspirado a partir de dentro, capaz dos maiores temas e das maiores personagens, e já não desligado do objeto, seduzido pela esquisitice, nem distraído por visões estéticas vãs e já não dessecado por inesgotáveis pesquisas técnicas.

Em nossos dias, os espetáculos se multiplicaram extraordinariamente. Nunca a questão da sua dignidade se formulou com mais seriedade, pois, mais do que nunca, eles são o alimento das vontades, o alimento cotidiano das almas, ou o seu veneno.

Tocamos num lugar-comum – mas é uma verdade eterna –, ao dizer que, já que a sua própria existência depende de muita gente, nenhuma arte tanto quanto a do teatro diz respeito ao estado social e à mística reinante.

Cada vez que prevalece a vontade de um Estado forte, nós o vemos preocupado primeiramente com o problema teatral. Ele entende transformar o teatro num ramo da educação pública, a expressão de um pensamento nacional, quer dizer: o instrumento de uma propaganda. Essa atitude não é menos declarada no imperador Augusto em favor da romanização do que em Robespierre ou Stálin em favor das ideias revolucionárias. As formas de tal pressão vão ser mais ou menos elevadas ou mais ou menos primárias; contudo, somos obrigados a reconhecer que ela influencia a liberdade dos espíritos.

Por outro lado somos igualmente forçados a observar que um regime cuja influência não se exerce de modo algum na produção dos artistas nem sempre é aquele que mais estimula a sua fecundidade. Uma excessiva tolerância pode originar uma produção fraca e desleixada. Um respeito excessivo da liberdade pode ser fruto da indiferença e só engendrar nos escritos uma liberdade indiferente. A encomenda é uma garantia de fecundidade. A aprovação ou desaprovação vindas do alto são bons preservativos contra as desordens do gosto público. Se *O Tartufo* foi proibido, nem por isso ele deixou de ser escrito. E *Dom Juan* também.

De vinte anos para cá ou mais, viram-se artistas de valor multiplicar esforços para elevar o nível do teatro e lhe oferecer perspectivas novas. Por que chegaram a um beco sem saída? O Estado os ignorava e os deixava esgotar-se em dificuldades materiais inimagináveis. Mas o que lhes faltou sobremaneira para expandir-se foi uma atmosfera geral, um impulso vindo de longe, aquele espírito novo e aquele público rejuvenescido que teriam formulado uma demanda, expressado uma necessidade e, com isso, dado ao espetáculo sua razão de ser, sua importância e seu destino.

Vi os mestres do teatro expulsos da cena. Sim, aqueles que mais honravam nosso tempo pela vastidão de seus conhecimentos e pela grandeza de suas concepções, aqueles que verdadeiramente carregavam dentro deles a vida e o fogo da poesia dramática, só foram reconhecidos por um número minúsculo de discípulos e por um punhado de imitadores, os quais se vangloriaram disso e se aproveitaram de seus ensinamentos, deformando-os e os descaracterizando.

O suíço Adolphe Appia, encerrado numa torre na beira do lago Léman, tinha por interlocutores dos seus pensamentos apenas a extensão das águas e a ondulação das colinas valdenses, por confidente de seus projetos apenas um álbum e um lápis.

O inglês Gordon Craig vivia em Florença, em seu laboratório da *Arena Goldoni*, a sós com os seus livros, com as suas maquetes, e com uma dúzia de alunos estrangeiros. Tinha ares de um esteta amador, sem contato com a realidade. Recebia subsídios de um mecenas, que a Grande Guerra reduziu a se abster. E Craig ficou na miséria, errante, por assim dizer, num mundo que o acusava de esterilidade.

Muitas vezes nos perguntam: qual será o drama do futuro? Como se coubesse a nós decidir isso. Como se essa forma futura dependesse apenas de nós, de nossos trabalhos, de nossa inteligência e de nossas concepções.

Não existe o drama do futuro. O drama é essencialmente um fato do presente, um fenômeno contemporâneo, uma proposta cujo porvir depende da recepção e da resposta que lhe são dadas. Os maiores gênios do teatro, aqueles que deixaram obras imortais cuja leitura e representação ainda nos tocam – Ésquilo, Aristófanes, Shakespeare, Lope, Calderón, Molière – trabalhavam para o instante imediato. Vários dentre eles foram, em grande parte, improvisadores. Por mais excepcional que fosse, o seu gênio respondia ao gosto de um público, quer o de uma elite, quer o da maioria.

Se em 1910 ou em 1914 ou até mesmo em 1920, houvessem perguntado ao mestre do teatro russo, Constantin Stanislávski, qual seria o teatro do futuro, creio que ele teria se recusado a responder ou, caso respondesse, correria um grande risco de errar. É que na véspera da guerra a sociedade do antigo regime chegava ao declínio, e o teatro russo entrava num crepúsculo. Logo depois da guerra, o mundo soviético estava em pleno caos revolucionário. Contudo, interrogado por mim, alguns anos mais tarde, o mesmo Stanislávski, esse homem do antigo regime e de alta cultura, respondeu que a Rússia nova se tornara a terra predileta da atividade dramática; que os teatros eram agora obrigados, além das representações regulares da noite, a dar várias matinês por semana para responder à demanda; que se construíam, aliás, muitas salas novas; e que enfim se organizava, sob a sua direção, uma grande academia do teatro, em que seriam levadas em consideração todas as experiências passadas, para enriquecer e organizar aquela imensa atividade nova.

Em outubro de 1934, no Congresso Volta, realizado em Roma no recinto da Academia da Itália, tendo de apresentar um relatório sobre a situação teatral de seu país, Aleksandr Taírov expôs primeiramente o que ela devia à grande Revolução de Outubro: "Foi ela", dizia ele,

> que inculcou ao nosso teatro uma disciplina ideológica, banindo de uma vez por todas de seus palcos a indiferença ética e o oportunismo. Foi ela que expulsou de nossas plateias o espectador que vinha ao teatro para estimular a digestão do jantar. Foi ela que introduziu em nossas salas de espetáculo um público novo, aquele que fez a Revolução de Outubro, e que busca no teatro a solução dos problemas que o atormentam: um público que constrói a nova sociedade humana, um público que comunica também no teatro a sua energia criadora da vida.

Assim se expressava o representante oficial da União das Repúblicas Socialistas Soviéticas.

E eu mesmo, diante da mesma assembleia, terminei minha comunicação com estas palavras:

> A questão não é saber se o teatro de hoje buscará seu atrativo nesta ou naquela experimentação, procurará sua força mais na autoridade de tal mestre da cena do que na de tal outro. Creio que é preciso perguntar-se se ele será marxista ou cristão. Pois é preciso que ele seja vivo, quer dizer: popular. Para viver, ele precisa trazer para o homem razões de acreditar, de esperar, de se expandir.

A natureza do público, sua quantidade, sua disposição, eis, portanto, o dado essencial e primeiro no problema do teatro.

Não compreendíamos isso tão bem quanto hoje, mas já o sentíamos, há uns trinta anos, quando tentamos dar um novo impulso à arte dramática. Por isso envidamos tantos esforços para chamar, reunir e satisfazer um público novo. Todavia, como tínhamos a ambição de refazer tudo e permanecer puros, importava-nos escapar o máximo possível da pressão comercial e nos refugiamos em pequenos teatros. O movimento de vanguarda de 1919 foi um movimento de pequenos teatros. Não pretendo de modo algum rebaixá-lo. Fizemos o que pudemos. Não é culpa nossa se os tempos ainda não estavam consumados*. E Deus sabe quanta virtude encontrou uso nesse trabalho árduo. Nunca tendo tido, porém, muitas ilusões quanto aos resultados profundos de nossos esforços puramente artísticos, compreendo hoje que esses pequenos teatros eram somente laboratórios técnicos, conservatórios em que recobravam vida as mais nobres tradições da cena, mas a que, para serem teatros de verdade, faltou um público de verdade.

À margem do Boulevard, tivemos nosso público. Ele sentia junto a nós prazeres de rara qualidade. Mas essa raridade não conferia grandeza a esses prazeres. Eram prazeres de luxo, egoístas. Eles não tinham mais *sentido* do que os prazeres vulgares têm.

É preciso que o teatro encontre o seu sentido.

Sentido poético. Não se deve, porém, confundir a poesia com uma fantasia cansativa e sem fundamento, nem com certa literatura floreada e decadente;

Sentido dramático, pela ação e por seus desenlaces, pela oposição das paixões e das convicções;

Sentido humano ou trágico, pela construção dos caracteres e dos tipos, pela invenção das personagens, pela manifestação dos heróis;

Sentido satírico. Com isso não entendo nada negativo. Ao contrário: uma oposição vigorosa, um impulso do espírito, um riso sadio – e não aqueles quadros de gênero em que consta alguma insípida intriga amorosa para atenuar e tornar suportável a alfinetada aplicada de passagem nos costumes e imperfeições do momento. Ao contrário: um alegre aparato bem feito para a batalha, que não receia mostrar a sua farpa nem se embriagar um pouco, à maneira de Aristófanes;

Sentido social e universal, que corresponde à vida da época: à da cidade e à do mundo, que responde às suas preocupações, levanta seus problemas e os esclarece, cristaliza suas ideias e suas paixões.

---

* "Cela n'est pas notre faute si les temps n'étaient pas encore accomplis." – O texto parece fazer uma referência à ideia de *tempo consumado* (o tempo tem início, meio e fim) que aparece no Novo Testamento. Uso aqui uma "tradução do texto original [...] revisada por Professores de Sagrada Escritura da Companhia de Jesus, de São Sulpício e do Instituto Católico de Paris" publicada no ano da morte de Copeau: "Quand Jésus eut pris le vinaigre, il dit: 'C'est accompli'" (Tendo Jesus bebido o vinagre, disse: 'Está consumado!'); Jo., XIX, 30, em Chanoîne A. Crampon, *Le Nouveau Testament de Notre-Seigneur Jésus-Christ*, Paris/Tournai/Rome: Desclée, 1949, p. 269 (N. da T.).

Cada um desses gêneros tem seu estilo. E, sem dúvida, é praticando gêneros bem definidos, bem caracterizados, gêneros puros, que o teatro recobrará o sentido do estilo.

É relativamente fácil orientar-se pela teoria. A experiência e a reflexão preparam o terreno.

No entanto, quem se aventurará na estrada e quem percorrerá o caminho?

Li muitos manuscritos. Estive em contato com muitos jovens autores. Posso dar um resumo de suas preocupações, de seus planos e de suas inquietudes.

Bom número dentre eles aspira a tratar de grandes temas. Mas não sabem como entrar neles. Gostariam de pôr a sua arte em comunicação, em contato, com o mundo moderno. Estão voltados para ele, e, ao mesmo tempo, singularmente desconcertados, intimidados diante dele.

Vejo várias razões para isso. A primeira é que o mundo para o qual inclinam o espelho nele só se reflete confusamente. Ele está demasiadamente quebrado, excessivamente atormentado por noções contraditórias ou negativas. A essência do drama é afirmar e concluir. O dramaturgo é arquiteto. Constrói com matéria dura e ergue os alicerces em terreno sólido. Não se interessa pelas areias movediças. A incerteza das condições de existência, as variações de clima, a transformação dos costumes, a revolução das ideias, o caráter evanescente das modas fornecem uma matéria de observação e de análise que é muito mais assimilável à informidade do romance do que aos rigores do ofício dramático. O objeto foge de nós. E é de objetividade que a tragédia, como a comédia, faz sua trama. A personalidade se esquiva, se esboroa. Já não apresenta senão anomalias, curiosidades, contradições e mistérios, coisas estranhas. Isso é contrário à *presença* teatral. Eis o principal impedimento para a função do gênio dramático. Os jovens escritores de que falo procuram a pessoa, a personagem. Eu os ouço exclamar: deem-nos heróis...

Eles procuram a grandeza. Não a encontram nem nos temas que seus antepassados tiravam quase exclusivamente das complicações sentimentais e sexuais para as quais já não têm nem tempo nem vontade; nem na forma limitada, cansada, esgotada que o último século lhes transmitiu; nem no jogo insipidamente realista dos atores; muito menos na configuração burguesa dos palcos e das plateias dos nossos teatros.

Sentem-se cercados por todos os lados, e ainda não encontram a confiança suficiente em si próprios, nem bastante estímulo na época, nem força suficiente para se libertar.

Talvez mais do que o indivíduo, e pelo menos tanto quanto ele – o que é um fato literário novo –, a coletividade os interessa. O grupo, a classe, a nação, a raça.

Existem hoje, na experiência de um homem de trinta a quarenta anos, campos de batalha, assembleias internacionais, inúmeras viagens, expedições longínquas.

A unidade de lugar e a unidade de ação, reduzidas ao palácio da tragédia clássica, ao casal ou à família da comédia burguesa, ou até à cidade, estão singularmente comprometidas.

O universal se insinua cada vez mais no cerne do individual. As literaturas se compenetraram pelo uso mais extenso das línguas estrangeiras, e pela multiplicação das obras traduzidas. Ocorre aí um fenômeno análogo ao da Renascença, quando os eruditos, ao descobrir a Antiguidade, ao aproximar de sua época os costumes e as obras dela, oferecem um campo novo aos poetas. Os contatos étnicos e as misturas foram provocados pelas grandes migrações militares e pelo profundo caos da guerra. O cinema, que faz com que desfilem diante de nossos olhos as paisagens, os tipos, os costumes mais estranhos; as comunicações rápidas; a atualidade do mundo inteiro posta cotidianamente ao nosso alcance pelo jornal impresso e pelo rádio – tudo isso contribui para dar à cultura média uma dimensão internacional, a instalar em nossa experiência "uma ampla comédia com cem atos diferentes, cuja cena é o Universo".

Para medir o alcance desse espetáculo, o escritor se sentirá obrigado a abrir cada vez mais amplamente os braços de seu compasso. A questão se formulará para ele com uma urgência cada vez maior, como uma questão de vida ou morte: proporcionar à sua visão dramática um modo de expressão que seja capaz de apropriar-se dela e de restituí-la.

As formas novas em arte sempre foram engendradas pelas necessidades novas do espírito e da sensibilidade.

Concebe-se claramente, portanto, que a arte dramática contemporânea seja atormentada por ambições que não são sustentadas pelos meios de que ela dispõe, e que essa decepção se traduza por uma vontade de romper com as velhas formas. É o que ela exprime dizendo que aspira a *sair do teatro*. Ou seja: procedimentos de exposição e de desenvolvimento que a paralisam, métodos de representação que a contrariam, concepções arquitetônicas que no palco e na plateia já não correspondem às exigências do seu devir.

Gémier, grande ator – dominado pelo culto de sua arte, ambicionando renová-la –, teve a visão de uma forma dramática mais popular, de uma cena mais arejada, de uma participação mais viva da multidão relativamente à ação do teatro e, durante toda a sua carreira, foi perseguido por essa ideia fixa.

Ele era do povo. Seu pai, operário curtidor de peles, havia dado a Volta à França*. Sua mãe era Mãe dos Companheiros Carpinteiros.

"Não deixem de se apresentar nos teatros populares", dizia a seus alunos. "Não existe honra maior do que a de representar para o povo."

Ninguém melhor do que Gémier deplorou e denunciou a decadência de um teatro indigno do passado, "porque ele falha na sua missão, que é exercer uma influência benfazeja na sociedade, oferecer-lhe as verdades, as esperanças, a fé que ela espera"...

Seu conhecimento das épocas anteriores, seu respeito pelas obras de gênio, sua fé numa espécie de religião civil que teria unido todos os cidadãos de uma só nação e mesmo as nações entre si, a justeza do seu instinto e a amplidão da sua experiência em todas as questões essenciais da profissão e, por fim, mas principalmente, a sua ciência aprofundada de todos os meios do ator – tudo isso aparece nas muitas

---

* Existe na França uma corporação de marceneiros e pedreiros cuja origem é muito antiga. Seus antepassados construíram as catedrais. São os Compagnons du Devoir. Obedecem a uma hierarquia e a cada grau apresentam um trabalho diante de um júri. Para serem mestres, além de realizar uma obra na sua especialidade, dão a Volta à França (Tour de France), não a famosa corrida ciclística com o mesmo nome, mas uma peregrinação como a do Caminho de Santiago de Compostela (N. da T.).

entrevistas que Gémier concedeu ao sr. Paul Gsell e que este reuniu em um volume[2].

Mas a contribuição de Gémier não teria sido o que foi caso tivesse se limitado à teoria. Ele tentou realizar tudo o que a sua imaginação lhe inspirava.

É visto no Théâtre Antoine, no Renaissance, no Odéon, no qual dirige cenas de multidão em *O Mercador de Veneza*. Em 1920, seguindo o exemplo de Max Reinhardt, instala-se no Cirque d'Hiver, para apresentar *um Œdipe, roi de Thèbes* (Édipo, Rei de Tebas) do Sr. Saint-Georges de Bouhélier, e *La Grande pastorale* (A Grande Pastoral) de Charles Hellem e Pol d'Estoc, primeiro de uma série que devia levar o título de *Spectacles de la Vieille France* (Espetáculos da Velha França). É também um ciclo, o do Teatro da Revolução, que Romain Rolland inicia com *Le Quatorze Juilllet* (O Quatorze de Julho), representado no Renaissance. E é ainda Gémier quem exorta Paul Fort a começar as *Chroniques de France* (Crônicas da França), cuja primeira, uma *Ysabeau de Bavière* (Isabel da Baviera), é representada no Odéon.

Na França, a aspiração ao que chamamos teatro popular ou teatro do povo não é, pois, nova.

Ela é um dos aspectos dessas crises crônicas que a arte dramática não parou de sofrer entre nós desde o século XVIII.

O Teatro do Povo, fundado por Maurice Pottecher e inaugurado em Bussang em 22 de setembro de 1892, inscrevia em seu frontão esta divisa: "Pela Arte, para a Humanidade". Teatro do Povo e não Teatro Popular. Maurice Pottecher faz questão dessa distinção e insiste em algumas palavras tão justas que convém citá-las:

> O teatro popular se dirige mais especialmente aos elementos populares da nação, à classe mais pobre e, em geral, à menos culta.
> O teatro do povo pretende misturar as classes e, longe de excluí-la, considera a elite indispensável para assegurar ao espetáculo um caráter artístico elevado, para impedi-lo de cair na vulgaridade dos efeitos fáceis, do melodrama banal e da farsa grosseira. Enquanto a multidão, com espírito sincero, não indiferente, traz o seu frescor de impressão, a sua faculdade de entusiasmo e preserva o artista de um requinte mortal para a arte, a elite inteligente e instruída corrige o gosto da multidão,

---

2 *Le Théâtre*, Paris: Bernard Grasset, 1925.

impõe ao dramaturgo um desejo de pensar e uma elegância de estilo sem os quais não existe verdadeira obra de arte.

No seu manifesto de 1899, os escritores da *Revue d'Art dramatique* diziam:

> Para a salvação da arte, é preciso abrir-lhe as portas da vida. Todos os homens precisam ser nela admitidos... A arte de hoje é anárquica; tudo nela está sem ordem nem ligação. A vida está de um lado, e a inteligência do outro... E nada vive.

O autor do *Le Quatorze Juillet*, de *Danton* e dos *Loups* (Lobos) dedicou a esse assunto amplo um volume documentado e generoso que teve duas edições, cada uma com um prefácio[3].

Lemos no primeiro prefácio:

> O teatro do povo não é um artigo de moda e um jogo de diletantes. É a expressão imperiosa de uma sociedade nova, a sua voz e o seu pensamento; e, pela força das coisas, nas horas de crise, é sua máquina de guerra contra uma sociedade caduca e envelhecida.

E no segundo:

> Nossa fé num teatro do povo – que opusesse aos requintes sem força dos cômicos parisienses uma arte máscula e robusta, que expressasse a vida coletiva, que preparasse, que provocasse a ressurreição de uma raça –, essa fé exaltada foi uma das forças mais puras, mais santas da nossa juventude.

E, indo além de Michelet, o entusiasmo de Romain Rolland nos transporta para as grandes ideias do período pré-revolucionário, tais como foram expressas por J.-J. Rousseau, Diderot, Louis-Sébastien Mercier, Marie-Joseph Chénier.

Entre dezembro de 1793 e março de 1794, a Convenção e a Junta de Salvação Pública são pródigas em admoestações e em decretos em favor de um teatro que esteja em harmonia com os novos tempos. Desbatizam o antigo Teatro Francês e passam a denominá-lo Teatro do Povo. Convidam os artistas da

---

3 Romain Rolland, *Le Théâtre du peuple: Essai d'esthétique d'un théâtre nouveau*, Paris: Ollendorf, 1903.

República a transformar a Praça da Revolução "em um circo, tendo acessos por todas as partes e devendo servir às festas nacionais".

Robespierre, Couthon, Carnot, Billot, Lindet, Prieur, Barère e Collot, em 16 de maio de 1794, chamam os poetas para "celebrar os principais acontecimentos da Revolução e compor peças dramáticas republicanas". Mas, tão ocupados com outros acontecimentos que não conseguem acompanhar de perto "a regeneração da arte dramática", encarregam dessa tarefa a Comissão da Instrução Pública, a qual, em texto de Joseph Payan, emite ideias enérgicas por meio da sua circular de 12 de junho:

"Os teatros ainda estão atulhados dos destroços do último regime [...] de interesses que já não nos dizem respeito, de costumes que já não são os nossos. É preciso desobstruir esse caos [...]"

Quando se estuda o destino dos empreendimentos teatrais ditos "populares" na França, temos a tentação de ficar espantados. As intenções são lúcidas. Elas se expressam com eloquência. O espírito francês parece não ter nenhuma dificuldade em conceber a necessidade assim como as condições de existência e a finalidade de um teatro sadio destinado à nação. Contudo, os projetos fracassam. As ideias não se enraízam.

Tão fecunda em discursos, em decretos, em circulares e outras injunções, a época do Terror não chega praticamente a nada. A "sublime tempestade" se dissipa "sem haver deixado vestígios em nenhuma obra que atravessasse os séculos". Ela postulou a grandeza e só obtevê aquela forma de teatro medíocre entre todas: o vaudevile.

Robespierre transfere a desonra da situação para "os letrados em geral". Romain Rolland quer desculpar essa carência com o fato de que "todo o heroísmo da nação entrara na briga, nas assembleias e nos exércitos". Ele pensa que apenas os covardes ficavam com a arte. Parece-me, no entanto, que a história conheceu períodos tão conturbados e não menos combativos durante os quais a arte, particularmente a arte dramática, não ficou sem energia. Para dizer a verdade, o Antigo Regime havia transmitido à República quadros sólidos para os exércitos, mas não para o teatro. Os homens novos estavam em contato e em comunhão com a realidade militar. Quanto à realidade teatral, estavam em condições de ouvir dizer, na postura de teóricos. A rigor, o potencial dos soldados se entretém e se esquenta por meio de ordens do dia e de discursos de tribuna. Não é com palavras que se suscitam os gênios dramáticos, nem é de um dia para outro que se faz com que o povo tome o caminho do teatro.

A tentativa dos jovens escritores reunidos em torno de Romain Rolland em 1899 não foi coroada de mais sucesso. Nem os inúmeros ensaios espalhados por toda a França, mais ou menos brilhantes, mas sempre efêmeros; nem aqueles que foram realizados mais modestamente pelas Universidades Populares de Paris; nem o Théâtre Populaire de Belleville dirigido por M.-E. Berny, nem o Théâtre du Peuple, estabelecido no Théâtre Moncey em 1903 pelo sr. Henri Beaulieu pareceram responder a uma necessidade profunda ou conseguiram reunir um público estável.

Nossas derradeiras decepções remontam a alguns anos. Elas nos foram fornecidas pela Frente Popular*.

Os jovens ministros de quem dependiam então a educação do povo e seus lazeres convocavam os jornalistas para dizer a estes que tinham consciência da grandeza de sua própria tarefa e que a abordavam com entusiasmo e devoção. E nós, em nossa emoção e com o frêmito de uma esperança tantas vezes frustrada, apenas formulávamos um voto: que as intenções desses poderosos ficassem bem esclarecidas, suas decisões fossem bem estudadas, seus atos bem separados da rotina e da complacência e que, desta vez, as coisas fossem feitas com seriedade.

Os estudos e as entrevistas se multiplicaram. Por todos os lados se erguiam vozes e se formavam células de organização. Nunca tantas ideias sublimes, tantas reflexões engenhosas, tantos projetos audaciosos, tantas dissertações técnicas haviam aberto caminho ao mesmo tempo; nunca tantas competências haviam corrido para os orçamentos. E não duvido que muita sinceridade desculpasse tal tumulto. Mas ele recaiu sem deixar atrás de si o menor esboço de uma esperança nova para a arte dramática.

* O Front Populaire foi uma coalizão de partidos de esquerda que governou a França de 1936 a 1938. Reunia a SFIO (Seção Francesa da Internacional Operária, transformada em Partido Socialista em 1969), o Partido Radical Socialista e o Partido Comunista (que sustentaria os dois primeiros sem participar diretamente do governo, o qual foi dirigido pelos socialistas). A Frente Popular iniciou várias reformas sociais importantes (N. da T.).

Nesse aspecto, seguiremos provisoriamente a conclusão adotada pelo sr. Jean-Richard Bloch, num substancial opúsculo. Ele admite inicialmente, com os marxistas, "que nós entramos num período revolucionário", e escreve:

> Quase nunca se produz obra literária importante e durável enquanto a sociedade atravessa uma crise de febre ou, se preferirmos outro termo, enquanto ela está em revolução. Há uma literatura *antes*, há uma literatura *após*, não há uma literatura *durante*[4].

Cinco anos de nossa vida transcorreram desde aquele falso alerta e desde aquela falsa partida.

Cinco anos de espera e de inquietude, de mesquinharias, de indigências e de humilhações.

Ao cabo desses cinco anos, aqui estamos duramente confrontados com necessidades verdadeiras. A necessidade do pão, a da roupa. Todas as necessidades do corpo. E todas as necessidades da alma: não desesperar, não fraquejar. A realidade não é bela. Mas nós a tocamos.

Nossa situação tem de salutar o fato de ser inequívoca e implacável, e de não termos duas maneiras de nos safarmos dela, mas uma só: refazer tudo, conseguir refazer tudo, se não estivermos mortalmente feridos.

Uma grande nação conturbada e despencada em algumas horas, literalmente prostrada. Aqueles que se diziam seus chefes, abatidos, em fuga ou na prisão. Tudo o que constituía seu nível de vida e de pensamento rediscutidos.

Penso que isso basta para que os cérebros menos dispostos à reflexão percebam que, apesar de tudo, havia neles algo que não estava funcionando como deveria.

Mas não se trata de nos voltarmos violentamente contra todo o nosso passado, de adotarmos covardemente hoje o contrário de ontem, de estarmos prontos a receber servilmente de mãos estrangeiras tudo o que nos faltou para sermos razoáveis e fortes.

Trata-se de reencontrar, no imenso escombro dos pensamentos vivos e das realidades nacionais, as raízes, por mais fracas e por mais mutiladas que estejam, que havíamos plantado

---

4 Jean-Richard Bloch, *Destin du théâtre*, Paris: Gallimard, 1930.

com nossas próprias mãos e que temos o dever de desbloquear, cultivar e reverdecer.

Nós mesmos devemos reconstruir nosso próprio ideal. Para começar, porém, precisaremos tentar não ser ambiciosos demais. É na sinceridade, na verdade que tudo deve repousar e se estabelecer. Cabe a nós ver claro e profundo. Cabe a nós guiar-nos pelas leis mais puras, e apelar para os melhores homens.

Praticando o teatro, estudando as suas origens e os seus desenvolvimentos, convenci-me de que ele não progride como os conhecimentos práticos e científicos, abandonando verdades adquiridas para elevar-se acima delas rumo a verdades que as suplantam, esperando que elas mesmas sejam corrigidas ou substituídas. Na arte, existe uma renovação das forças internas que se realiza como o gigante da fábula, por um retorno periódico ao núcleo primitivo, ao regaço materno.

Se quisermos fazer uma obra sadia e natural, uma obra de vida, essencial e durável, é a essa *renovação das forças internas* que nos vamos ligar. Ela dará sentido a todos os nossos esforços. Ela se confundirá com a aspiração unânime do país, com o único dever de todos os franceses de hoje: a restauração da França.

Não há alternativa, não há escolha possível. Aquilo de que precisamos é um Teatro da Nação.

Não é um teatro de classe e de reivindicação. É um teatro de união e de regeneração.

Uma reforma de tal envergadura não se efetivará se não for dirigida. Ela só será dirigida e só será fecunda sob a égide de uma autoridade severa, desde que esta seja bem informada.

Não faltam as competências nem as vontades íntegras. Trata-se de discerni-las, de promovê-las, de discipliná-las, sob a influência do desapego, do saber e do amor, para a simplicidade, a sinceridade e a grandeza.

Gostaríamos que o Estado, para dominar as diferenças e as desavenças individuais, que são mesquinhas, em benefício de uma comunidade profissional, não se contentasse em ir buscar as suas informações e os elementos de uma doutrina dentro de "comissões" muitas vezes incompetentes e às vezes submetidas a influências duvidosas, mas que soubesse tomar contato diretamente com as forças criadoras.

O primeiro passo nesse caminho seria a organização de um centro de estudos, onde se reuniriam, em número reduzido, homens suficientemente maduros para falar a partir da experiência, bastante jovens para repensar o futuro do teatro segundo métodos novos, para necessidades novas.

Essas necessidades não são desconhecidas. Não são sequer misteriosas. Foram experimentadas por artistas, e às vezes expressas. A época ainda não as havia liberado de suas hesitações, de suas tentativas. Mas essas necessidades já estavam vivas. Tornaram-se hoje mais evidentes, mais urgentes do que nunca. Devemos examiná-las, defini-las, propor programas e pô-los à prova.

Antes de tudo e na base de tudo, a primeira dessas necessidades é a criação e a organização de um centro de *cultura teatral*.

Uma grande escola, amplamente subvencionada pelo Estado, onde seriam estudadas e praticadas todas as formas da invenção e da representação dramáticas; onde cada seção seria dirigida pelo homem mais qualificado, sem levar em conta títulos oficiais nem recomendações políticas; onde o conjunto receberia um impulso harmonioso dominado por um espírito.

(Não esqueçamos que se, em pouco tempo, a URSS pôde dar a seu teatro um desenvolvimento e um brilho que causaram a admiração do mundo, foi em parte porque o Antigo Regime lhe havia legado quadros sólidos e instruídos. Não esqueçamos disso. Mas não comecemos a imitar os russos. Temos bastante que tirar do nosso próprio acervo, que por muito tempo ficou desconhecido e enterrado.)

A experiência me permite afirmar que a cultura teatral é o que mais falta nos atores franceses de hoje. Não a vi reinar nem no Conservatório nem nos teatros do Estado. É ela, no entanto, que preserva do cabotinismo, que inspira o respeito do ofício, o dos grandes mestres e o das grandes obras.

Peço licença para transcrever aqui um trecho bastante longo de uma pequena brochura que publiquei há mais de vinte anos[5]:

> Se quisermos reconstruir o teatro destruído, precisaremos ver nossa tarefa tão grande quanto é. Nunca a consideraremos com o recuo

5 *L'École du Vieux Colombier*, na NRF, nov. 1921.

suficiente. Para sermos bem-sucedidos, não é o talento que falta entre nós, nem as ideias, nem o coração na tarefa. É, sobretudo, a disciplina de trabalho que presidia antigamente à mais humilde obra-prima. É a regra do bem pensar desembocando na faculdade do bem-fazer, a competência com vistas à perfeição.

A arte e o ofício não são duas coisas separadas. Invenção e gênio não podem dispensar nem saber nem método. E aqueles que trabalham para adquiri-los, depois para aperfeiçoá-los, só farão uma obra durável se sonharem em transmiti-los por meio do ensino.

Pode ser verdade que, nas épocas venturosas, o instinto parece prover a criação. O que se chama então instinto é apenas a força e a facilidade do gênio pessoal nutrido por ensinamentos seculares, inspirado por uma tradição viva. Ora, trata-se para nós de bem mais do que seguir as regras, ou do que aprendê-las. Precisamos reencontrá-las...

Reclamando menos permissividade, mais cultura e formação profissionais para o homem de determinado ofício, não me proponho a deixar fazendo penitência, num sombrio seminário, os mais belos dons de um artista. Eu gostaria apenas que eles fossem mais bem servidos.

Tenhamos cuidado: toda a sinceridade de um artista – o que ele possui de mais espontâneo, de mais íntimo, de mais pessoal – é questionada e pode ficar comprometida pelo fato de se realizar, o qual comporta um conjunto de dados adquiridos e comuns. Para só introduzir numa obra o que é nosso, é preciso ter o conhecimento e a escolha dos meios que são a herança indivisa das gerações. Se a técnica só vive de sinceridade, a sinceridade só se expande com uma técnica sólida. Não há grande sinceridade sem mestria. Não há renovação durável que não se ligue à tradição continuada ou redescoberta, não há sequer revolução que não vá lançar suas raízes nos segredos mais distantes de uma tradição que se pensava que estivesse morta...

O amor do belo pode subsistir, e a veleidade de produzi-lo, onde se obscureceram os princípios e se perderam os procedimentos do trabalho. Não faltam as tentativas interessantes e até as obras de gosto, mas falta a simples capacidade operária. É assim que vivem em desgraça, no meio de suas aspirações, tantos amadores ou profissionais sem ofício. A produção dos mestres fornece a eles exemplos autênticos dos quais eles tiram apenas falsificações e simulacros...

Aqueles que pensam que de uma escola de arte não pode sair nada de bom usam como argumento o princípio da vocação. Eles dizem que uma grande vocação sempre dispensou o ensino organizado; que geralmente só se submeteu a ele para sofrer-lhe as consequências; que onde falta vocação, ensino algum conseguiria substituí-la, e que, ao iluminar com alguma luz espíritos sem valor, corremos o risco de dar impulso à mediocridade.

É possível que uma grande vocação nem sempre tenha encontrado ensino à sua altura. É provável que ela sempre haja passado sem ele. Não é certo, porém, que o tenha dispensado sem pesar, nem que essa privação não tenha, por vezes, extraviado alguns esforços seus, ou retardado a sua maturidade.

O indivíduo excepcional ultrapassa o ensino de sua época. Isso não significa que não deva recebê-lo. Acrescenta ao ensino o seu próprio gênio, a fim de dotar aqueles que virão depois dele de uma herança mais rica. Encontramos assim a ideia de transmissão, quer dizer, de ensinamento.

Mas será justo considerar apenas o indivíduo excepcional, só considerar legítimo o que serve ao seu desenvolvimento? E poderemos dizer que somente o homem de gênio é digno de assumir a responsabilidade da cultura?

Podemos pensar, com Goethe, que apenas as obras extraordinárias são indispensáveis. Mas há obras menos brilhantes em que se veem brilhar a saúde e a força, que mantêm solidamente seu lugar e que desempenham fielmente seu papel, quando mais não fosse para preservar o gosto de uma época e manter a sua orientação. Elas apoiam as produções culminantes, unem umas às outras e à região circunvizinha, como uma cadeia de montanhas une os cumes que a dominam. Portanto, servimos o desenvolvimento de uma arte, elevamos o seu nível; nós a tornamos mais inteligível, mais familiar e, por conseguinte, mais viva ao aplicar os esforços bem concebidos para a instrução de uma coletividade artística, assumindo a sua unidade, a sua coerência, a sua duração. Tudo isso é questão de escola.

Um ensino de verdade, ministrado por um mestre de verdade, não produz a mediocridade. Não visa à fabricação daqueles talentos artificiais que florescem na atmosfera dos salões e dos concursos acadêmicos. O contato de um homem nascido para a nobre tarefa de ensinar, que tem a competência e a dignidade para isso, a confiança que ele inspira e o respeito que lhe consagramos formam os caracteres. A verdade estética, como a verdade moral, organiza as almas, as fortifica e eleva.

Um ensinamento vivo e contínuo, bem proporcionado em suas partes, se for seriamente ministrado e recebido, desde que se exerça bastante cedo no aluno, e ainda que ele só se exerça em capacidades médias, produzirá resultados que o talento sem guia não alcança, e tornará possíveis realizações artísticas das quais nosso século perdeu até mesmo a noção...

Atualmente, nosso país já possui o fermento de uma atividade dramática de um tipo novo. Ela poderia ser numerosa, variada e útil.

Quero falar daquelas jovens companhias que, há alguns anos, multiplicaram-se, engendrando-se umas às outras como as células do tecido vivo, que a Frente Popular havia começado a estimular por meio de subvenções e a apresentar diante de plateias operárias.

A maioria delas foi removida para além da linha de demarcação pela derrota militar. Excelente ponto de partida: a ruptura com Paris. Elas têm seus pontos de inserção, mas se movem em espaços extraurbanos. Assim começa a descentralização, que era reclamada há tanto tempo e que é uma das necessidades vitais do nosso teatro.

A necessidade de viajar, no mais das vezes pela estrada, as obriga a permanecer leves, quer dizer, a transportar apenas um material reduzido. Daí resulta que a sobriedade de encenação é aceita como um de seus caracteres e que elas mostram o seu valor, junto ao público, pelo essencial: o atrativo das obras representadas e a vitalidade da interpretação dos atores.

Essas companhias são numerosas. Dizem-me que elas são numerosas demais e atrapalham umas às outras. Sem dúvida, esse é apenas um inconveniente passageiro. Para atuar com eficácia, precisarão organizar-se, precisarão consentir em submeter-se a uma severa disciplina de exploração comercial.

No número de janeiro de 1941 da NRF, o sr. Georges Pelorson as exorta a se unirem: "Apenas assim", diz ele, "o jovem teatro de hoje poderá assumir o seu lugar como função dentro da nação".

Percebemos o que o sr. Pelorson quer dizer. Estou plenamente de acordo. Há uns dez anos, eu suplicava no mesmo sentido aos homens da minha geração: "Façam o que fazem os industriais e os financistas ameaçados", eu lhes dizia, "o que deveriam fazer as nações entre si, se fossem razoáveis: *unam--se*. Não é o destino particular de suas casas que importa, é o da arte que vocês servem"[6].

Esta geração se obstinou no particularismo. É um pecado francês. O sr. Pelorson a repreende veementemente por esse pecado. Chega a ser injusto para com ela. Nós também o fomos em relação a nossos predecessores. Há, porém, uma diferença que não é insignificante. Nós tínhamos de combater as tendências deles. Os recém-chegados herdaram as nossas. Devem a elas a formação e a orientação deles. Graças a elas representam hoje uma força.

---

6 Pour la sauvegarde du théâtre d'Art, folhetim de *Le Temps*, 5 set. 1932.

Para medir essa força com precisão, será necessário estudá-la atentamente. Tal como é, já começou a investir o país, penetrá-lo, tomar nossas cidades de assalto, espalhar-se pelo campo. Ao público que recrutam, as companhias itinerantes oferecem pelo menos o espetáculo de sua juventude, de sua saúde, de seu ardor e de sua disciplina, de sua coragem. Não é algo totalmente novo?

Elas se lamentam por não ter repertório. É um fato. Não temos repertório popular. Todos aqueles que quiseram assentar as bases de um teatro novo constataram isso. Todos eles se voltaram para a Idade Média, para Molière e o que, na época contemporânea, mais ou menos o lembra. Em nossos dias, só conheço dois grandes poetas que possuem o tom do povo: Mistral e Péguy.

No entanto, essa penúria – que contribuiu muito para abortar uma renovação que começava em certos espíritos antes de ter encontrado na natureza das coisas as condições de seu desenvolvimento –, essa penúria não deve desestimular as jovens equipes.

Nesse aspecto, são muito mais bem situadas do que suas antecessoras, não tendo mantido no mesmo grau que elas a superstição da literatura.

Em suma, o que procuravam esses escritores dos anos de 1900?

Procuravam renovar, mobiliar novamente o teatro em seu fundo literário, ideológico, humano, mas sob a mesma forma. Não haviam previsto um remanejamento dos meios de expressão correspondentes ao que propunham expressar. Para eles, a forma dramática não havia sido rediscutida. Recebiam uma forma pronta, aceitavam-na de seus predecessores tal e qual. Sob a alegação de que não tinham repertório suficiente, expressavam a necessidade de contarem com peças bem feitas, peças construídas segundo o cânone burguês do século XIX. Inseriam seu movimento popular no teatro de bulevar de 1889 e no Théâtre Libre de 1897. Então, é claro que...

Os jovens de hoje são infinitamente mais livres em suas concepções. Têm diante de si um campo incomparavelmente mais amplo, mais variado, mais elástico. Dirigem-se a um público mais sadio do que o parisiense e que, sendo menos instruído, é também menos limitado. Escapam à palmatória de uma crítica rotineira, pedante e sem paixão. Estão quase livres do naturalismo. É especialmente nisso que o movimento dos teatros de arte de 1920-1940 lhes terá prestado um serviço incalculável. São favorecidos com uma liberação técnica que não foi um trabalho leve. O lirismo não lhes está proibido. O desenvolvimento mímico não lhes dá medo. Sabem o que é um jogo, o que é estabelecer um jogo entre eles, e até entre eles e o público. Voltaram a ter contato com os grandes clássicos. Para eles, Molière está vivo. O teatro grego, para eles, está vivo. Não ignoram o teatro do Extremo Oriente. Frequentaram um pouco a *Commedia dell'Arte*. Confiam totalmente no ator e já não procuram produzir a ilusão por meio de mudanças de cenário. Reencontraram a poesia.

Les Compagnons (Os Companheiros) de Henri Ghéon e aqueles que os sucederam, os escoteiros e os itinerantes*, a juventude da JOC**, os alunos do Vieux Colombier que, de 1925 a 1930, divertiram os viticultores da região de Beaune, sabem que é preciso pouco para prender um público e deixá-lo à vontade, se o impulso do divertimento for franco e alegre, se a nota tocada for justa e sincera.

Não vejo, portanto, nenhum inconveniente em que as companhias itinerantes do jovem teatro da França não encontrem diante de si nenhum repertório pronto. Ao contrário. Quanto melhor sentirem a impossibilidade de utilizar aquele que estariam tentadas a adotar como um tapa-buraco, tanto mais elas se convencerão da necessidade de construir por seus próprios meios um repertório adaptado às circunstâncias que lhes são próprias e à função que elas devem preencher; tanto mais teremos o direito de esperar delas uma renovação profunda.

Na medida em que o nosso clima o permitir, será conveniente multiplicar ao ar livre as manifestações de grande envergadura e de inspiração elevada. De fato, para crescer em força e em nobreza, nossa arte não poderia encontrar coerção mais salutar, lição mais apaixonante do que aquelas que, com toda a naturalidade, as obras-primas da arquitetura e da paisagem francesa lhe impõem. Será preciso, porém, cuidar seriamente

---

* Alusão ao trabalho de Léon Chancerel e aos Comédiens Routiers (N. da T.).
** Jeunesse Ouvrière Catholique (Juventude Operária Católica) (N. da T.).

para que a arquitetura e a paisagem não sejam profanadas, nem deteriorados os lugares preferidos, como Orange.

Espalhando em todas as nossas províncias o gosto e o costume das celebrações dramáticas, nós nos esforçaremos por respeitar a variedade francesa, por fazer obra natural e não ideológica, desenvolvendo o que existe ou tende a existir no próprio lugar, utilizando os recursos locais e os hábitos tradicionais, inspirando-se, por toda parte, na história, no folclore, no calendário, protegendo e vivificando, cada vez que for possível, pelo impulso e com a vigilância de artistas da região, as formações corais, as escolas de dança, os grupos de amadores, as associações profissionais e esportivas. Por toda parte em que se manifeste uma atividade regional, seria desejável pôr em contato com ela um técnico formado na grande escola de que falei acima, tanto para a sua instrução quanto para o auxílio que ele trará às realizações.

Por mais admiráveis que sejam, por mais nobremente que respondam aos lazeres de um povo, exaltando nele sentimentos unânimes, as manifestações ao ar livre sempre serão apenas a exceção.

Com isso, sua solenidade será ainda maior. E seu retorno periódico, com a estação favorável, fará renascer na nação uma espera, uma disposição para a emoção e para a alegria bem apropriadas a dar a esses fastos todo o valor.

Um sentimento nacional, político, religioso, por meio de grandes acontecimentos, em comemoração a grandes datas, exercerá sempre uma atração bastante forte no espírito popular para que essas festas, num lugar determinado pela circunstância ou pela história, organizem-se, por assim dizer, espontaneamente. Os poetas, os músicos, os artistas só terão que ordená-las.

O tipo da espontaneidade, da sinceridade populares nesse gênero de representações é fornecido pela Suíça. Aqui atingimos um fundo tradicional de usos, de costumes, de trajos, que não foi abalado há séculos. De vinte em vinte anos a Festa dos Viticultores de Vevey alegra um povo inteiro. Há mais de quarenta anos, quase a cada ano, as principais cidades da Confederação consideraram uma questão de honra superar uma à outra por seus *Festspiel*, cujo famoso Festival Valdense do sr. Jaques-Dalcroze, encenado por Firmin Gémier, foi o mais sensacional por sua amplitude. Isso ocorreu em 1903, para a comemoração do centenário da entrada do cantão de Vaud na Confederação. Duas mil e quatrocentas personagens tomavam parte na ação que retraçava a história do cantão desde a Idade Média.

Gémier trazia um esmero religioso a suas encenações colossais. Evocava a Festa da Federação de 14 de julho de 1790 com uma emoção que não lhe deixava os olhos secos. Eu mesmo ouvi sua voz ficar abafada num dia em que, perante os alunos da Sorbonne, ele dava uma conferência sobre o teatro grego. Aqui estão os termos em que celebrava, diante de M. Paul Gsell, as solenidades do futuro:

As datas históricas trarão sugestões incessantemente renovadas. Precisaremos consagrar cerimônias à juventude, à cultura física, à família, à ajuda mútua, ao renascimento das cidades e das aldeias que a guerra destruíra. Será bom que os trabalhos da paz sejam muitas vezes glorificados por cortejos de artesãos e de operários usando trajes profissionais.

...Cada festa será como um dos atos de uma imensa peça que enaltecerá a vida do povo e que será representada pelo próprio povo.

As solenidades públicas instruirão melhor os cidadãos sobre seus deveres mútuos e sobre as finalidades a que visam juntos. Elas lhes deixarão luminosas lembranças e serão como uma série de repositórios floridos na longa sequência das semanas de labuta.

Os estados totalitários favoreceram grandiosas demonstrações espetaculares em função da necessidade que tinham de obter de suas massas uma pressão interior. Aqueles que assistiram às encenações multitudinárias que o sr. Hitler propagou pelo seu império como tantas ocasiões de inflamar a fé nacional-socialista concordam em elogiar o brilho grandioso que possuem, e a comoção que causam. A virtude delas tem por base o entusiasmo dos animadores, a emotividade natural e a disciplina militar dos comparsas.

Mas o teatro, ainda que orientado por uma mística, não deveria tomar como exemplo essas demonstrações espetaculares que vão além da sua capacidade. Ele precisaria abster-se de confundir o que é da esfera da parada, do desfile, da festa, com o que é da essência do drama.

O teatro *para* as massas não é forçosamente um teatro *de* massas.

A meu ver, o teatro de massas está em contradição formal com a economia necessária aos jogos concertados de uma força dramática.

Creio que quanto mais o teatro tiver em vista dirigir-se com eficácia à maioria, inscrever-se em sua memória, influenciar sua vida profunda, tanto mais deverá simplificar-se, depurar-se, reduzir seus elementos em número, para desenvolvê-los em potência.

Lembremos mais uma vez o espírito e as condições do teatro grego, quatrocentos anos antes de Cristo. A massa está no auditório. Trinta mil espectadores reunidos. Reunidos, porém, num lugar perfeitamente escolhido, onde tudo foi preparado, calculado, para que cada um não perdesse nem um gesto da ação nem uma palavra do texto sublime. E, diante daquela arquibancada compacta, a cena menos atulhada que jamais houve. Um número minúsculo de pessoas: três, quatro, seis no máximo, mas colossais, tanto por sua estatura e por seu aparato quanto por seu conteúdo.

A multidão dramática está aqui representada, no recinto da orquestra, por um coro, de volume reduzido, mas tão musical, tão rigorosamente treinado e dócil à flauta que o conduz, que expressará por sua dança, por seu canto e por sua declamação todas as reações apropriadas a figurar os grandes sentimentos e as grandes atitudes da alma popular: a espera, a inquietação, a dúvida, o horror, o tumulto ou o júbilo.

Sobre esse instrumento essencial, que não comportava sequer uma corda supérflua; com esses meios reduzidos e formidáveis, invariáveis para todos os poetas; nesse estilo austero e incorruptível foi interpretado o drama dos homens, dos heróis e dos deuses. Ele estava à altura dos maiores temas que o teatro de todos os tempos havia abordado: o da fatalidade, o da fé, o da revolta, o da justiça, o da guerra e o da angústia dos povos.

Os autores contemporâneos demonstraram sua impotência para tratar desses temas sem diminuí-los. O drama moderno já não tem o vigor de se desenvolver debaixo do céu. Seus atores estão deslocados num palco nu. Já não sabem se agarrar a não ser aos pequenos acessórios que a cena antiga não comportava. Seus espectadores sem resistência perderam o hábito da arquibancada de pedra.

No entanto, todos aqueles que denunciaram a insuficiência de nosso teatro e a exiguidade do seu campo, todos aqueles que sonharam com um renascimento radical para ele, começaram por evocar o exemplo grego.

Se amanhã o nosso teatro se voltasse para o povo inteiro, para lhe desenhar e lhe ensinar a época e o mundo, eu não ficaria espantado se ele descobrisse para seu próprio uso uma forma muitíssimo parecida com aquela que os gregos, como muitas outras coisas em arte, inventaram de uma vez por todas.

Teatro para a maioria, acessível a todos pela natureza do seu repertório e por seus ingressos baratos. Teatro de cultura. Teatro de fé... Os princípios se patenteiam de um modo bastante fácil em termos abstratos. Mas, por outro lado, pode-se pensar que compete ao futuro modelar sua essência ao vivo.

É preciso, porém, que haja um ponto de partida, uma primeira proposta, uma primeira orientação que apenas os espíritos conscientes podem fornecer, esperando a reação pública. E o ponto de partida deve ser natural; a proposta, sensata; a orientação, sadia. Evitemos os decretos prematuros, as ideologias rígidas, as imitações servis, as pretensões confusas.

Em que bases construir? A que princípios aderir? Como recriar condições primitivas que não sejam condições artificiais? Como apelar para um espírito de nascimento e de inocência que não esteja desnaturado, na fonte, por um espírito de literatura e de erudição? Como reencontrar um ponto de partida verdadeiro?

Representar a Paixão do Senhor ao pé de uma catedral, com atores destituídos de qualquer sentimento e de qualquer estilo religiosos, diante de um público reunido mais pela curiosidade do que pelo espírito de fé, não é fazer obra de sinceridade.

Apresentar hoje em dia uma tragédia de Sófocles numa arena, misturando a multidão dos comparsas à dos espectadores, a pretexto de reanimar o espírito do teatro grego, é o cúmulo do artifício, bom no máximo para excitar o entusiasmo dos esnobes que não se comprometem com as aprovações que dão e passam com desenvoltura dos espetáculos do Casino de Paris aos de Bayreuth. Há mais verdade e, consequentemente, mais arte na reunião de uma aldeia em torno de um circo ambulante. E há infinitamente mais verdade e arte no comportamento dos frequentadores assíduos do estádio em relação a uma partida de futebol que os apaixona, que eles comentam em voz alta e aos berros, e cujas peripécias eles mimicam* involuntariamente à medida que elas se desenrolam.

Não se deve crer que derrubaremos em poucas semanas ou em poucos meses os hábitos da nação; que lhe imporemos, ainda que para o seu bem maior, o que só pode tornar-se alimento seu com a condição de que tenha apetite para isso; nem, por fim, que alcançaremos o sublime desde a primeira tentativa. Devemos ser mais modestos. Precisamos reconhecer o terreno, consultar as necessidades; aceitar sermos guiados por elas e provisoriamente renunciar, talvez, a essas vivas satisfações de amor-próprio que estamos habituados a pedir ao teatro.

Anacharsis Cloots, "agricultor e deputado do departamento de Oise", escrevia em dezembro de 1793:

> Nenhum outro teatro para nossos *sans-culottes* além daquele da natureza, que nos convida a dançar a farândola debaixo de um carvalho secular. Ler, escrever, contar – basta quanto à instrução; a alegria e um violino – basta quanto aos espetáculos.

A alegria e um violino. Que programa honesto! Existe, sem dúvida, uma boa distância entre os *sans-culottes* de Nivoso do ano II e os operários e camponeses de hoje. E não penso que se deva tomar ao pé da letra os dizeres de Anacharsis, mas devemos convir que ele dá uma vigorosa lição de modéstia àqueles que, a pretexto de teatro popular, estariam apressados demais em colher sucessos pessoais e tratar os espetáculos da Nação como uma nova moda.

Será ingênuo, será absurdo esperar dos homens de hoje uma simplicidade no trabalho, uma imersão na fé criadora, comparáveis às dos homens da Idade Média? Ouçam a senhora Marie Noël relatando os preparativos da Paixão que foi apresentada em Auxerre em 1927:

---

* Embora o correto fosse "mimam", dado o significado desse verbo correntemente em português, optamos por uma forma, ainda que menos precisa do ponto de vista histórico-filológico, de compreensão direta do leitor (N. da E.).

Domingo da Paixão. "Em nome do Pai, e do Filho..." O padre sobe ao altar. Os confrades o cercam. Vieram para pedir pão, procurar Cristo, levá-lo para que Ele sofra esta noite com eles a Paixão dele.

Não terão outro gênio, não encontrarão outra beleza além daquela fé, daquela graça d'Ele que vai transfigurá-los e tornar um deles o que nenhum ator nunca poderia pretender ser: uma expressão visível do amor de Deus.

E eles vieram oferecer a Ele a penitência e a alegria da obra deles.

A penitência. Que obra-prima alguma vez foi outra coisa além de um grande sacrifício? Aqui, é a disciplina dos confrades, sua humildade que não busca nenhuma glória pessoal, a alegre submissão deles a todas as necessidades penosas de uma empreitada difícil. Tantos esforços contrariados, vigílias, cansaços; o devotamento obscuro dos maquinistas que nunca terão visto o esplendor para o qual as suas mãos trabalham; o trabalho engenhoso e longo das camareiras; os desgostos secretos e a virtude obstinada dos mestres de obra; a dedicação do "Cristo" que há um ano medita o Calvário e exercita os seus membros para as atitudes dolorosas.

O sacrifício de todos foi completo, perseverante, impregnado de grande amor. Mas que alegria de amor, também, aquele fogo de caridade que faz de todos esses confrades uma só alma, quase um só corpo, uma primitiva Igreja, e os manterá "todos unidos, irmãos de coração" desde a comunhão da missa matutina até as alegres refeições na sala do Patronato, até a mesa paterna do cônego Deschamps, em que, terminada a sua tarefa dramática, eles darão graças e beberão juntos o vinho de Auxerre.

A experiência que fiz na Borgonha, de 1925 a 1930, foi bastante instrutiva, porque era extremamente modesta. Procurávamos um público. Anunciávamo-nos por meio do tambor da aldeia, por uma breve "parada" de que os nossos jovens se encarregavam, e erguíamos os nossos tablados seja na praça, seja num jardim, no verão, seja nos salões de baile dos albergues, seja nos mercados dos burgos importantes. Tentávamos fazer com que a nossa representação coincidisse com alguma festividade que deixasse o povo bem disposto. E os operários da vinha e dos campos, os comerciantes, os burgueses, os funcionários e os castelões se reuniam para nos ouvir e com nossos jogos ter um prazer comum.

As reações desse público eram das mais vivas, das mais verdadeiras, às vezes das mais ousadas, sobretudo quando tínhamos tido a oportunidade ou a feliz inspiração de esticar nossas redes na altura certa, quer dizer: tão perto quanto possível do que nossa gente – nada atrasada, de espírito muito atilado, ao contrário, e muito alegre por natureza – era capaz de compreender sem esforço e de sentir naturalmente. O que ela mais apreciava não era a vulgaridade. Tampouco era a pintura insipidamente realista de nossos costumes, mas um composto de verdade e poesia. Um quadro variado de seus caracteres, de seus trabalhos e de seus dias, uma imitação leve de suas maneiras e de sua linguagem, que lhe mostrassem que alguém havia se dado ao trabalho de observá-la e que a conhecia – tudo isso interpretado com muita liberdade, elevando-se progressivamente a uma poesia sem ênfase, expressa pela mímica, pela canção e pela dança. Tratava-se apenas de um esboço, mas cuja justeza era apreciada, e a aprovação sincera encontrava a sua linguagem num reconhecimento, numa familiaridade, numa espécie de amizade que os habitantes da aldeia testemunhavam para com os atores, oferecendo-lhes bebida e mantendo-os o maior tempo possível entre eles.

De que grandeza tal comunhão não seria capaz numa província em que os temas líricos emanassem do fundo dos tempos e do fundo da alma popular, para ser simplesmente recolhidos e transcritos por um poeta?

A esse respeito, nada me parece mais autêntico e mais forte do que o admirável "drama dos pastores" do planalto de Mallefougasse, que Jean Giono descreveu e cuja tradução parcial nos foi dada por ele em seu livro *Le Serpent d'étoiles* (A Serpente de Estrelas).

Como epígrafe desse pequeno volume, Giono inscreveu a frase de Walt Whitman: "A sua obra pode dar para o campo aberto e para a beira do mar?"

E ele diz:

Muitas vezes me perguntam – cada vez que narro este jogo dos pastores – se essa cerimônia era de tradição esotérica. Não sei, acredito que não seja uma cerimônia. Sou eu quem diz: *jogos* dos pastores; eles dizem: "Vamos representar". Apesar de tudo, há os prós e os contras. Para descobrir a verdade, teríamos de ficar com eles meses a fio na pastagem de alta montanha, ganhar sua familiaridade, viver de seu naco de pão esfregado no alho, e participar daqueles contos longos das noites de verão...

Para mim, portanto, e neste momento, creio que é um mero jogo, um divertimento, mas um divertimento de chefes de rebanho... Se bem que existe o sardo...

Mas justamente: o sardo, aí está a explicação. O sardo – o homem magro com um lenço vermelho de onde parte o jogo todo aos borbotões, como a água de um cão que se sacode –, o sardo é o autor. É o parteiro de imagens. Sei, aliás, que é um notável parteiro de ovelhas difíceis; tem as mãos longas e nervosas, finas como peixes pequenos e, se fosse necessário dar a ele todos os cordeiros que trouxe para a vida pelo sulco de suas duas mãos, ele seria mais rico do que os grandes patrões. Para as imagens, para os jogos, é a mesma coisa. Eles aí estão em seu redor, pesadamente grávidos de sonhos... E, no meio, ele é o parteiro do jogo; é ele quem faz o jogo nascer, e quem faz o jogo nascer novinho em folha, pois todas as vezes ele nasce novinho em folha, de ano para ano, não se repetem nunca as mesmas palavras, nunca os mesmos papéis e, a cada vez, o drama tem aquele cheiro de sangue e de sal dos cordeiros que nascem, porque todo mundo inventa. Já o sardo, que é o recitante, talvez guarde, em sua mão, um fio condutor, sempre o mesmo, é possível, mas aqueles que ficam em torno dele, aqueles pastores que são como que sombra sentada e que não são vistos até o momento em que avançam por entre as fogueiras, aqueles pastores nunca são os mesmos...

Ei-los reunidos em volta do magro de Mallefougasse, rebanhos extenuados, pastores carregados. A noite chegou. Eles acenderam uma fogueira. Há apenas a noite cheia de estrelas, aquela terra sozinha no céu, toda bordada de céu, e, como nos primeiros tempos do mundo, um oceano de animais em torno de alguns homens. Eles se apertaram junto à fogueira. Daquela vez, havia o sardo. E ele contou histórias sobre as estrelas lá do alto, sobre a terra cá debaixo. Contou para fazer com que a noite passasse, e também porque possui um coração todo cheio de reflexos em que se move a alma do mundo.

Na vez seguinte lhe disseram: "Sardo, levanta-te". Ele se levantou e, dessa vez, havia um pouco mais de pastores, porque isso se repetira de pastagem em pastagem, com frases assim: "Ah, se vocês ouvissem o sardo!"

Na vez seguinte, disseram ali em torno: "Que tal se fizéssemos teatro? O sardo dirigiria; quanto a nós, falaríamos. Sardo, que acha disso?" Fizemos assim e funcionou bem, porque em todos esses pastores a alma do universo é como um raio de sol na água.

Na vez seguinte, ou talvez naquela mesma, com alegria, arrulhamos com a flauta, por debaixo das palavras.

E pronto: a partir daquele momento, a criança-poema podia caminhar com vigor; tinha boa saúde...

Assistindo ao drama dos pastores através do pensamento, lembro-me de certas cerimônias líricas a que fui convidado junto a várias tribos primitivas.

Os homens e as mulheres sentam-se no chão debaixo de um tamarindeiro. Cantam em uníssono uma lenta e monótona melopeia que parece se repetir incansavelmente. Primeiro molemente, depois num movimento que se anima, cada vez mais rápido, cada vez mais acentuado. Em seguida, uma voz mais alta e mais inspirada, ainda imersa na massa coral e retida por ela, tende a libertar-se e dela se desprende totalmente. A seguir, o executante que se distingue assim pela voz não demora a distinguir-se pela atitude, e todos os demais cravam os olhos nele. Ainda está sentado, mas a cabeça e o busto se levantam. Ele se ergue e começa a se agitar sem sair do lugar. Seus pés se movem, deixam a terra. Ele se movimenta. Finalmente, vira-se contra a massa, a interpela, a estimula e a provoca, até o momento em que outro cantor, levantando-se, por sua vez, vem encontrar o protagonista diante da assembleia. E o diálogo inicia, sustentado pelas intervenções do coro.

O que assim se permuta são apenas algumas máximas morais sem grande originalidade, preceitos de vida que interessam à família e ao clã. Mas pouco importa. Movido por uma necessidade religiosa e moral ou pelo simples desejo de se divertir e de se expressar em comum, impregnado de um pensamento e de uma melodia comuns; aquele primeiro cantor mais talentoso ou mais impetuoso, que surge e ataca aqueles que o cercam por seu tom e por sua mímica; aquele segundo cantor que se une a ele para com ele dialogar, enquanto os coristas vão entrando de mansinho para comentar aquele embrião de ação ou ampliar o seu eco – tal grupo musical não será uma imagem viva do coro ditirâmbico dos antigos gregos no momento em que ele dá à luz a tragédia?

Não reside aí, para o espírito de renovação, um ponto de partida ou pelo menos um ponto de apoio? E essa vontade de renovação radical será apenas objeto de zombaria, se tentar, "por um íntimo casamento do conhecimento com a prática, reatar, de boa-fé, com tradições e ritmos antigos, revivificar não as próprias formas do passado, mas o vínculo do espírito que nos remete sem esforço ao contato com os princípios delas"?

Nada denunciaria melhor a impotência de nossa época do que o receio e a recusa de assumir uma linguagem primitiva.

Seria deplorável, até absurdo, e certamente desesperador, que o povo que acedesse ao teatro o fizesse para herdar formas gastas que os escritores do século passado ruminaram e atormentaram sem obter nada novo nem viável.

Nem a pseudo Idade Média nem o pseudoelisabetano dos românticos. Nem o pseudoclássico nem o pseudoantigo dos professores.

Continuemos a representar as obras-primas do nosso patrimônio num estilo tão fiel quanto possível. Continuemos a estudá-las e a venerá-las como protótipos insuperáveis.

O teatro popular, porém, se for conclamado a nascer saudavelmente e a viver uma vida própria, deverá refazer para si mesmo todo o caminho e toda a experiência. Deverá partir do solo, beber numa fonte, descobrir e assimilar progressivamente as leis da criação, da composição e da representação dramáticas; em suma: reinventar a sua forma, segundo as suas necessidades, segundo a sua força, segundo a natureza e a capacidade do seu público; e não elaborar a duras penas, conformando-se com receitas aprendidas, falsos dramas antigos, falsas tragédias clássicas, falsos dramas shakespearianos.

Que a sua tragédia comece pelo canto coral. Que a sua comédia comece por reuniões e festas, recheadas de canções e farsas da região, povoadas por silhuetas de personagens locais.

E finalmente essa tragédia, essa comédia alcançarão, talvez, as obras-primas literárias, quando tiverem encontrado o seu Ésquilo, o seu Aristófanes ou o seu Molière. Mas, pelo menos, terão amadurecido no povo para o qual tiverem sido feitas, ter-se-ão renovado, revigorado na fonte e desenvolvido orgânica e naturalmente. Serão realmente novas, porque serão realmente vivas.

A época do Renascimento viu produzir-se na Itália um fenômeno extraordinário e único, uma espécie de milagre teatral: a *Commedia dell'Arte*. Rival feliz e impudente da comédia literária; herdeira da antiga *atelana*; por sua vez farsa extraída "diretamente da própria vida popular", tal forma dramática exerceu durante três séculos uma influência capital sobre todas as cenas da Europa. Pode-se dizer que dotou com seu pessoal todo o teatro moderno. Shakespeare e principalmente Molière têm uma dívida infinita para com ela. Mais perto de nós, ela contaminou fortemente a produção de escritores como Regnard, Dufresny, Marivaux. Beaumarchais não lhe escapa. Nem, em nossos dias, Pirandello. Um grande número de obras eruditas foi consagrado a ela. E mais de um renovador do teatro contemporâneo, até Meierhold, deve-lhe o melhor de suas concepções.

Ora, essa *Commedia* se compunha, no total, de sete tipos fundamentais, que se multiplicaram, com o decorrer do tempo, e mais ou menos se alteraram, segundo os lugares em que nasciam e de acordo com o gênio dos atores que os encarnavam.

Cada uma dessas personagens usava máscara e seu figurino não variava. De modo que sua aparição em cena dispensava qualquer comentário, qualquer "preparação". O povo a reconhecia, a interpelava, sabia antecipadamente o essencial do seu caráter e esperava, em ampla medida, a parte que ela ia assumir, o papel que ia desempenhar no desenvolvimento da ação, de modo que toda a sua atenção de amador de espetáculo estava concentrada na própria ação e no sucesso do jogo, um pouco como o espectador ateniense, nos concursos trágicos, dedicava-se, sobretudo, a apreciar a originalidade poética de cada obra representada.

Dessa identidade dos caracteres e de sua invariável aparência não resultava monotonia alguma, pois o ator – quer aparecesse com os traços de Pulcinella, com os do Capitano, com os de Pantalone, com os de Arlecchino ou com os de Brighella –, ao mesmo tempo em que permanecia fiel à essência da sua personagem, era mestre e senhor do seu desenvolvimento verbal. Não recitava um texto escrito. *Improvisava*. Entendam por isso que ele tirava do seu próprio acervo, depois de uma preparação adequada, os desenvolvimentos, réplicas, jogos de espírito e jogos de cena requeridos pelo diálogo. Por aí se percebe de que frescor inesperado, de que calor espontâneo, de que movimento esse diálogo podia estar impregnado quando se desenrolava entre dois parceiros com virtuosismo semelhante. Por aí também se percebe de que progressos contínuos o ator era capaz ao exercer o seu ofício, de que invenções novas devia enriquecer a cada dia a personagem com a qual vivia, à qual se identificava, e que emulação devia reinar nas companhias em que cada um, sem evitar a disciplina cênica, certamente sonhava em superar seus colegas pela riqueza, pelo brio, pelo imprevisto de suas falas. Acrescente-se a isso a faculdade de que dispunham esses atores de se entregar a mil acrobacias, de mimicar, de dançar, de cantar e de tocar uma quantidade de instrumentos.

Para ter uma ideia não demasiado inexata da influência que exerciam no seu público e do favor entusiasta de que eram objeto, devemos pensar no fascinante bom humor de certos *clowns* como os nossos Fratellini, e, melhor ainda, no triunfo universal de um Charlie Chaplin. Imaginem uma companhia composta de uma dezena de gozadores da força de Carlitos, cada um no seu tipo, cada um no seu traje invariável, e não mais projetados em preto e branco numa tela, e sim vivos e respirando entre nós em cena, às vezes trocando gracejos de circunstância e piadas picantes com a multidão que os idolatra e os provoca.

Impossível conceber uma forma mais direta, mais vigorosa, mais popular da comédia. Impossível conceber outra mais flexível e mais fecunda. Ela tem a sua convenção bem estabelecida. É absolutamente livre. Pode responder a todos os gêneros, tratar todos os assuntos, assumir todos os tons.

É maravilhoso pensar que, com um material tão simples, tão pouco volumoso – no máximo uma dezena de atores, uma dezena de figurinos, algumas máscaras e alguns acessórios, e pouco ou nenhum cenário –, a arte do teatro tenha possuído o instrumento ideal para responder a todas as invenções do gênio dramático.

Na meditação dessa simplicidade, dessa rusticidade, parece-me haver também um ponto de partida para o espírito de renovação.

Não digo que seja necessário refazer a *Commedia dell'Arte*. Não digo, sequer acredito que isso seja possível. Digo, porém, e acredito, que se tivermos de reencontrar um primeiro impulso, de reabrir uma veia explorável e com alguma fecundidade, isso se dará nas proximidades e pela inspiração de um gênero em relação ao qual tantos poetas – e o próprio Goethe – foram e ainda são nostálgicos.

Em sua seiva primeira, a *Commedia dell'Arte* forneceu a Molière um rudimento que ele assimilou e esgotou completamente. Já não podemos partir de Molière nem inspirar-nos diretamente nele sem cair no pastiche. Sua forma é demasiado perfeita, demasiado definitiva. Mas talvez possamos olhar, por cima dele, para as fontes cruas em que ele próprio hauriu, na época de suas viagens pelo interior do país, e pelas quais ele sempre manteve uma predileção que até os seus últimos momentos entreteve o vigor do seu gênio.

Não é proibido arriscar alguma hipótese.

Também não é proibido sonhar em torno do antigo tablado de Lope de Rueda, tal como foi descrito por Cervantes no Prólogo ao Leitor de suas *Oito Comédias e Oito Intermédios Novos*:

> Não existiam então nem máquinas nem combates de mouros e cristãos a pé e a cavalo. Não havia personagens que saíssem ou parecessem sair da terra por um alçapão: a cena se compunha de quatro bancos num quadrado e de quatro ou seis tábuas superpostas, que se erguiam a quatro palmos do chão. Não se viam descer do céu nuvens carregando anjos ou almas. O teatro era decorado com uma velha coberta estendida em duas cordas, de um lado para outro, formando o que se chama um vestiário para os atores, e atrás dela ficavam os músicos, cantando sem violão alguma romança antiga [...]

Quanto a mim, que sempre desejei reconduzir a cena moderna a esse desnudamento primitivo, gostaria que não nos apressássemos demais em fornecer ao teatro novo uma moldura pronta, aquela que convém aos hábitos e às convenções do velho teatro.

Muitas vezes constatei, nas salas de teatro de aldeia ou nas dos patronatos, a criminosa ambição de competir, tendo gastos menores, mas no mesmo espírito, com as instalações dos teatros municipais e dos palcos parisienses. Isso é absurdo, e corresponde à aberração daqueles que acreditam estar fazendo teatro popular ao transportar o repertório dos bulevares para as nossas províncias e para o interior.

Muito se falou, durante o reino efêmero da Frente Popular, em construir novos teatros na periferia da capital. Imagino que naquele projeto houve muitos empreiteiros, arquitetos e decoradores com dificuldades de conseguir encomendas, como eu vi ao redor das comissões oficiais que preparavam a Exposição de 1937.

Que se entendia por salas de teatro "novas"? Significava simplesmente que seriam mais espaçosas e mais democráticas? Quem teria fornecido o programa? Comissões de funcionários sem iniciativa, parlamentares sem cultura e comerciantes sem visão? A quem se propunha confiar os planos? A arquitetos absolutamente desinformados das necessidades dramáticas? Propunham-se renovar, gastando milhões, os erros lamentáveis que desde aquela época estavam sendo cometidos e que acabaram por se perpetuar daí em diante no Teatro de Chaillot, apesar das advertências dos profissionais?

A prática do trabalho permitiu que reencontrássemos uma verdade estética que se vai repetindo um pouco por toda parte sem estarmos, talvez, suficientemente imbuídos dela. É que determinada concepção dramática postula uma disposição cênica própria. E também, mais ainda: determinada arquitetura chama, comanda, informa uma concepção dramática e um estilo de representação próprios. Nesse campo, as reações do material sobre o espiritual e a recíproca, são íntimas, constantes, e é bastante difícil precisar, nas origens, no ponto de formação de um estilo, o que é primeiro e determinante: a forma do drama ou a do teatro. Mas é certo que um gênero dramático bem determinado, bem enraizado, corresponde a uma arquitetura teatral elucidada e estável, e que não pode passar sem ela. Não se concebe a tragédia grega independente da cena grega, nem o drama shakespeariano separado da cena elisabetana. A partir do momento em que a estrutura cênica oscila, a poesia dramática começa a perder pé.

Pode-se objetar que seria paradoxal construir, hoje, teatros visando a uma forma dramática que não existe, sobre a qual ninguém pode dizer o que será.

De fato, conhecemos tantas experiências imperfeitas, tentamos tantos esforços mutilados, lutamos, inventamos, enganamos tanto, durante trinta anos, a fim de escapar das condições teatrais de que somos prisioneiros, que temos, apesar de tudo, um pressentimento e um antegozo daquela forma dramática nova, daquele *Mistério dos Tempos Modernos* em torno do qual giram e do qual pouco a pouco se aproximam tantos poetas e renovadores do teatro, em todos os países.

Assim, já não estamos em estado de primitivismo. Estamos com vontade de renascimento. Uma proposta precisará ser feita. Ela será feita conscientemente, por uma atitude do espírito e da vontade.

Poderemos fazer tal proposta modificando alguns teatros já existentes. Mas a experiência tentada nessas condições será sempre imperfeita e pouco concludente. Será suntuária, factícia e, penso eu, fadada ao fracasso, se nos propusermos desde já a aplicar planos novos a edifícios definitivos.

Não se deve construir solidamente. Uma margem de evolução se impõe, uma "lacuna" que o poeta preencherá cedo ou tarde.

Não se deve requintar as instalações, como se fez no Théâtre Pigalle, sem necessidade interna. Tudo isso está ultrapassado.

Não carecemos do "último grito". Carecemos de um *primeiro grito*.

Não se trata de construir o teatro mais aperfeiçoado do mundo, mas o mais simples e o mais sadio, uma casa conforme com a nossa penúria atual e, se quiserem, com a nossa humilhação presente*.

O que precisamos não é uma obra-prima de maquinismo mecânico: é uma obra-prima de articulação arquitetônica.

---

* Lembremos que *O Teatro Popular* foi publicado em 1941. A França vivia então sob o domínio hitlerista (N. da T.).

O programa em sua pureza é, no momento, associar um grande auditório a um grande espetáculo: num mesmo edifício, homens que têm necessidade de ver e ouvir algo encontram-se com homens que têm alguma coisa para lhes dizer e para lhes mostrar, e que saberão inventar os meios de lhes manifestar isso do modo mais sincero, mais simples, mais honesto possível.

Esse lugar de encontro entre duas vontades dramáticas – a do ator animado por um poeta, a da coletividade ávida por uma palavra poética – pode ser edificado sem grandes despesas, num terreno da periferia, ou – melhor ainda – num subúrbio, com materiais perecíveis ou desmontáveis. Será como que uma primeira hipótese, uma maquete em tamanho natural, fácil de modificar e de completar, do teatro do povo francês.

Quando este existir, em suas proporções bem calculadas, munido de seus órgãos essenciais, obedecendo a leis e a convenções reconhecidas e aceitas, pediremos aos poetas para estender sobre esse padrão as invenções do seu gênio, aos encenadores para construir nesse campo livre a ficção poética.

* * *

Desde a reabertura do Vieux Colombier, em 1920, Jacques Copeau não deixou de estar convencido da necessidade de um Teatro Popular, sem o qual toda e qualquer renovação lhe parecia ilusória.

Cf. o artigo de F. Vignard (abril de 1920):

O sr. Jacques Copeau nos recebe, envolvido no rutilante roupão de Don Andrés de Ribeira, de Le Carosse du Saint-Sacrement [A Carruagem do Santíssimo Sacramento], *e, tirando do rosto uma caracterização pitoresca, aceita, para* A Nova Era, *confiar-nos algumas ideias que lhe são caras:*

"Não conheço", nos diz ele, "o projeto do sr. Rameil, mas temo que ainda estejamos longe do Teatro Popular. Justamente aquele com que todos – diretores e autores – sonhamos, há anos.

"O Teatro Popular não é algo 'que a gente faz', mas algo 'que se faz'.

"É preciso, na base, uma renovação da produção literária. A esse respeito, cabe aos autores dizer-nos a primeira e a última palavra.

"Para isso, é preciso um teatro que nos venha do povo; é indispensável que o ator seja proveniente dele, de modo que nos traduza as suas tendências mais íntimas e mais insuspeitadas.

"Na história do teatro só vejo os autores dos 'mistérios', e o grande, o colossal Shakespeare, que nos tenham dado o verdadeiro, o único teatro popular.

"Acrescente a eles Molière, se quiser, o qual, com um golpe de gênio, soube transformar a farsa e a elevar à categoria de obra--prima literária.

"Sobretudo – e insisto neste ponto –, não tratemos o povo como parente pobre, *não procuremos a cada instante rebaixar a obra até ele; tentemos, ao contrário, levá-lo à inteligência das obras fortes.*

"Para um repertório popular: *o Teatro Popular é antes de tudo uma questão de repertório.*

"É preciso pôr à disposição do povo uma produção dramática que emane de nossa época, de nosso tempo...

"Da minha parte, tenho a esperança de trabalhar um dia com autores novos, fazer espetáculos com tarifas reduzidas, ainda mais que as manifestações de simpatia mais justas e mais espontâneas se produzem do lado popular.

"Da minha parte, no turbilhão social em que vivemos, acredito na reconstituição total, mas lenta, do teatro.

"Não fiquemos presos à ideia de sucesso. Só depois de múltiplas pesquisas e de hesitações inevitáveis é que, a meu ver, se chegará à criação do verdadeiro 'teatro popular'"[7].

---

7 F. Vignard, Pour un théâtre populaire, em *L'Ère Nouvelle*, 27 de abril de 1920. (Artigo relativo ao projeto de criação do Teatro Popular do Trocadero.) (N. da Ed. francesa).

Indicações Bibliográficas[1]

OBRAS DE JACQUES COPEAU

Inéditos:

BROUILLARD DU MATIN, peça escrita em 1896, representada em 27 de março de 1897 no Nouveau Théâtre, em Paris, pelos antigos alunos do Lycée Condorcet (Manuscrito na Biblioteca do Arsenal).

LA SÈVE, peça inédita e nunca representada; manuscrito no Arsenal, datado de "janeiro-setembro de 1899".

LE ROI, *son vizir et son médecin*, projeto de Comédie nouvelle, manuscrito no Arsenal, datado de "julho de 1918".

Para Os Copiaus, Jacques Copeau compôs:

L'OBJET OU *les Contre-temps*, representado em Lille em 24 de janeiro de 1925.
L'IMPÔT, idem.
PROLOGUE PARA *um espetáculo*, realizado em 17 de maio de 1925.
LE VEUF, representado em 17 de maio de 1925.
ARLEQUIN MAGICIEN, temporada de 1925-1926.

---

1 Expressamos nossos vivos agradecimentos ao sr. Norman Paul, nosso amigo, professor no Queen's College of the University of New York, que pôs à nossa disposição a sua monumental bibliografia de Jacques Copeau. Ele evitou que cometêssemos muitos erros e imprecisões.

MIRANDOLINE, adaptação de *La Locandiera*, de Goldoni, criado em 15 de agosto de 1925.
LES CASSIS, criação em 25 de outubro de 1925.
CÉLÉBRATION DU VIN, *de la vigne et des vignerons*, criação em 14 de novembro de 1925.
JEU POUR LA *fête de Noël*, dezembro de 1925.
L'ILLUSION, adaptação de *L'Illusion comique*, de Corneille, e de *La Célestine*, de Fernando de Rojas, criação em 3 de outubro de 1926.
L'ANCONITAINE, estreia em 8 de novembro de 1927.
(Todos os manuscritos dessas peças estão na Biblioteca do Arsenal.)

Obras editadas separadamente:

LES FRÈRES KARAMAZOV, adaptação do romance de Dostoiévski, em colaboração com Jean Croué. Paris: Gallimard, 1911.
L'IMPROMPTU DU *Vieux Colombier*, um ato. Paris/New York: Gallimard, 1917. Col. du Vieux Colombier.
LES AMIS DU *Vieux Colombier* (Cahier 1). Paris: Gallimard, 1920.
L'ÉCOLE DU *Vieux Colombier* (Cahier 2). Paris: Gallimard, 1921.
LA MAISON NATALE, peça em três atos. Paris: Gallimard, 1923. Col. "Répertoire du Vieux Colombier", n. 19.
CRITIQUES D'UN *autre temps*. Paris: Gallimard, 1923.
SOUVENIRS DU VIEUX *Colombier*. Paris: Nouvelles Éditions Latines, 1931.
LE THÉÂTRE POPULAIRE. Paris: PUF, 1941. Bibliothèque du Peuple.
LE PETIT PAUVRE, seis atos. Paris: Gallimard, 1946.
ENCENAÇÃO DE LES *Fourberies de Scapin*, apresentação de Louis Jouvet. Paris: Seuil, 1951.
LE MIRACLE DU *pain doré*. *Nos spectacles*, n. 49 e n. 51, mai/août 1956.
CORRESPONDANCE JACQUES COPEAU-*Roger Martin du Gard*. Introdução de Jean Delay. Texto estabelecido e anotado por Claude Sicard. Paris: Gallimard, 1972. 2 v.

Artigos (lista não exaustiva e não detalhada):

CRÍTICA DRAMÁTICA E artística de 1901 a 1914 em *L'Ermitage; Le Théâtre; La Grande Revue; Le Figaro Illustré; Revue d'art dramatique; Essais e Art et décoration.*
NOTAS EM *La Nouvelle Revue Française*, de 1909 a 1913.
ARTIGOS DIVERSOS EM *La Nación* de Buenos Aires, de 1930 a 1941.
ARTIGOS SOBRE O Teatro em *Les Nouvelles Littéraires*, 1933-1935.
LA MISE EN SCÈNE, em *L'Encyclopédie française*. Paris: Larousse, dezembro de 1935.
Chronique em *Le Figaro* (1939-1940).

Prefácios:

DIDEROT. *Paradoxe sur le comédien*. Prefácio de J. Copeau. Paris: Plon, 1929 (primeira publicação em *La Revue Universelle*, 15 juin 1928).
MARIEL, Pierre. *Les Fratellini, histoire de trois clowns*. Prefácio de J. Copeau. Paris: Société Anonyme d'Édition, 1923.
MOLIÈRE. *Œuvres*. Prefácios de J. Copeau. Paris: La Cité des Livres, 1926-1930. 10 v.
_____. *Théâtre*. Notas de J. Copeau. Lyon, I.A.C., 1944. 4 v.
MUSSET, Alfred de. *Comédies et proverbes*. Introdução de J. Copeau. Paris: La Cité des Livres, 1931. 2 v.
SHAKESPEARE. *La Tempête*. Trad. P.-L. Matthey. Prefácio de J. Copeau. Paris: Corréa, 1931.
STANISLAVSKI. *Ma Vie dans l'art*. 1. ed. Trad. Nina Gourfinkel e Léon Chancerel. Prefácio de Jacques Copeau. Paris/Bruxelles: La Renaissance du Livre, 1934. (Ed. bras.: *Minha Vida na Arte*. Rio de Janeiro: Civilização Brasileira, 1989.)

Traduções:

HEYWOOD, Thomas. *Une Femme tuée par la douceur* (estreia no Vieux Colombier em 22 de outubro de 1913). Paris: Gallimard, 1924. Col. "Répertoire du Vieux Colombier", n. 23.
SHAKESPEARE. *Conte d'hiver*. Tradução em colaboração com Suzanne Bing (estreia no Vieux Colombier em 10 de fevereiro de 1920). Paris: Gallimard, 1924. Col. "Répertoire du Vieux Colombier", n. 20.
_____. *Tragédies*. Tradução literal em colaboração com Suzanne Bing. Paris: Union latine d'éditions, 1939.
_____. *Comédies*. Tradução literal em colaboração com Suzanne Bing. Paris: Union latine d'éditions, 1959.

Conferências de Jacques Copeau:

Nos Estados Unidos da América

1917
4 de março: na casa de Mrs Butler (notas manuscritas sem título, Bibl. de l'Arsenal).
12 de março: L'Art Dramatique et l'Industrie Théâtrale (A Arte Dramática e a Indústria Teatral), Little Theatre, Arsenal.
15 de março: Le Théâtre du Vieux Colombier (O Teatro do Vieux Colombier), Little Theatre (Arsenal).
19 de março: L'École du Vieux Colombier (A Escola do Vieux Colombier), Little Theatre (Arquivos Marie-Hélène Dasté).

22 de março: Les Nouveaux Dramaturges (Os Novos Dramaturgos), Little Theatre (Arquivos Marie-Hélène Dasté).

23 de março: La Mise en Scène de Molière (A Encenação de Molière), Columbia University (Arquivos Marie-Hélène Dasté).

26 de março: Le Renouvellement de l'Art Scénique (A Renovação da Arte Cênica), Little Theatre (Arquivos Marie-Hélène Dasté).

27 de março: Les Enfants et l'Art du Théâtre (As Crianças e a Arte do Teatro), Cosmopolitan Club (Arquivos Marie-Hélène Dasté).

29 de março: Le Problème du Théâtre Moderne (O Problema do Teatro Moderno). Little Theatre (Arquivos Marie-Hélène Dasté).

11 de abril: Le Vieux Colombier (O Vieux Colombier), Harvard (Arquivos Marie-Hélène Dasté).

20 de abril: The Spirit in the Little Theatres, Washington Square Players (Arsenal).

17 de maio: Discours d'inauguration du Théâtre-Français de New York, Metropolitan Opera House (Arquivos Marie-Hélène Dasté).

1918

26 de março: Conferência sem título na Drama League of America (Arquivos Marie-Hélène Dasté).

1919

13 de fevereiro: Conferência sem título proferida em inglês em Cleveland (Arquivos Marie-Hélène Dasté).

13 de maio: La Rénovation Dramatique Française (A Renovação Dramática Francesa), Boston (salão francês) (Biblioteca do Arsenal).

18 de maio: Le Théâtre-Français Devant le Public Américain. What is French? (O Teatro Francês Diante do Público Americano. O Que É Francês?) (Arsenal).

1927

9-26 de janeiro: Três conferências no Laboratory Theatre, uma conferência no Theatre Guild (Arsenal).

Na Europa

29 de abril e 8 de maio de 1916, em Genebra, duas conferências sobre o Teatro e a Escola do Vieux Colombier (Arsenal).

8 de novembro de 1919: Primeira conferência, sala das Sociétés Savantes: L'Avenir du Vieux Colombier (O Futuro do Vieux Colombier).

29 de novembro de 1919: Segunda conferência, sala das Sociétés Savantes: La Sincérité Dans la Mise en Scène (A Sinceridade na Encenação).

10 de janeiro de 1920: Terceira conferência, sala das Sociétés Savantes: Le Programme du Vieux Colombier (O Programa do Vieux Colombier).

Janeiro de 1920: Conferência para os estudantes da rua da Bûcherie (sem título; no Arsenal).

21 de dezembro de 1920: Le Théâtre du Vieux Colombier, Son But, Son Esprit, Ses Réalisations (O Teatro do Vieux Colombier, Seu Objetivo, Seu Espírito, Suas Realizações). Lyon, Palácio do Conservatório (Arsenal).

19, 20 e 21 de janeiro de 1921: La Fondation du Vieux Colombier (A Fundação do Vieux Colombier). Gand, Antuérpia e Bruxelas.

31 de janeiro de 1922: Conferência no âmbito da Exposição Internacional de Amsterdã: Une Renaissance Dramatique (Um Renascimento Dramático).

26 de março de 1922: De la Sincérité Dans un Renouvellement Dramatique (Da Sinceridade em uma Renovação Dramática). Paris: Conférence à la Démocratie.

(De 1922 a 1926, Jacques Copeau proferiu várias vezes, com variantes, uma conferência intitulada Une Renaissance Dramatique Est-elle Possible? (Um Renascimento Dramático É Possível?) ou Une Rénovation Dramatique Est-elle Possible? (Uma Renovação Dramática É Possível?). Esse texto foi publicado em Bruxelas, na *Revue Générale* de 15 de abril de 1926.)

Novembro de 1925: Pour les Amateurs (Para os Amadores), conferência publicada em Troyes, em *L'Est dramatique*, n. 4, nov. 1925.

Maio de 1930: Le Poète au Théâtre (O Poeta no Teatro), conferência publicada em *La Revue des vivants*, maio e junho de 1930.

10 e 15 de janeiro de 1931: Duas Conferências no Vieux Colombier para apresentar a Compagnie des Quinze: Souvenirs du Vieux Colombier (Lembranças do Vieux Colombier).

26 de novembro, 3 e 10 de dezembro de 1931: Três conferências sobre Alfred de Musset: L'Auteur Dramatique et le Poète (O Autor Dramático e o Poeta), L'Homme Musset et ses Contrastes (O Homem Musset e Seus Contrastes), La Fantaisie de Musset (A Fantasia de Musset) (conferências proferidas em Bruxelas).

4 de fevereiro de 1932: La Situation Faite au Théâtre; Théâtre et Cinéma (A Situação Feita no Teatro; Teatro e Cinema), conferência pronunciada na Antuérpia*.

14 de janeiro de 1933: Conferência nos Celestinos de Lyon, sobre as esperanças e os projetos dele.

3 de fevereiro de 1933: Confidences de Théâtre: Au Vieux Colombier (Confidências de Teatro: No Vieux Colombier), conferência nos Anais, publicada em *Conferencia*, 1º abr. 1933.

Março de 1933: Série de conferências na África do Norte. Restam apenas notas manuscritas, no Arsenal.

22 de junho de 1934: Péguy et l'Espérance (Péguy e a Esperança). Orléans, introdução a uma leitura (inédito).

19 de junho de 1934: La Représentation Sacrée (A Representação Sagrada), conferência em Paris, na Sainte-Chapelle.

Outubro de 1934: Le Théâtre Dans la Vie Morale des Peuples (O Teatro na Vida Moral dos Povos), conferência proferida em Roma, diante do Congresso da Fundação Alessandro Volta.

22 de janeiro de 1935: Les Femmes Dans le Théâtre de Claudel (As Mulheres no Teatro de Claudel), conferência nos Anais, publicada em *Conferencia*, 1º maio 1935.

27 de junho de 1935: Pour la Réouverture d'un Théâtre de Répertoire (Pela Reabertura de um Teatro de Repertório), conferência proferida no Studio Bertrand (inédito).

---

* No dia de seu aniversário (N. da T.).

18 de setembro de 1935: Le Théâtre et le Monde (O Teatro e o Mundo), conferência no castelo de Coppet, na Suíça, publicada em Genebra, em *L'Amour de l'Art*, nov. 1935.

14 de dezembro de 1935: Le Théâtre n'est pas mort (O Teatro Não Está Morto), conferência em Paris, Théâtre de la Michodière.

24 de março de 1936: Les Visages de l'Amour Dans Shakespeare: Rosalinde et Orlando (As Faces do Amor em Shakespeare: Rosalinda e Orlando), conferência nos Anais, publicada em *Conferencia*, 1º out. 1936.

Agosto de 1937: Palestras de Atenas, sobre a encenação (notas no Arsenal).

1º de maio de 1938: Interprétation des Ouvrages Dramatiques du Passé, comunicação feita no congresso musical do Maggio Fiorentino.

15 de janeiro de 1940: Puissance et Déraison, ou la Démesure dans la Tragédie Grecque (Poder e Insensatez, ou Desmedida na Tragédia Grega), conferência em Bruxelas, ilustrada com a leitura de *Les Perses*, de Ésquilo.

Abril-maio de 1940: Le Poète et le Comédien (O Poeta e o Ator), conferência pronunciada na Romênia, na Bulgária, na Turquia e na Grécia (inédito, Arsenal).

1º, 2 e 4 de junho de 1940: Charles Péguy. Introdução a uma leitura dramática de Péguy na Comédie Française.

7 e 15 de setembro de 1940: L'Espérance de Charles Péguy (A Esperança de Charles Péguy), Comédie Française.

16 de maio de 1944: De la Dévotion à la Art Dramatique (Da Devoção à Arte Dramática), conferência proferida na Sala Récamier, e publicada em *Comoedia*, 27 maio 1944.

Livros Para Consulta

ANDERS, France. *Jacques Copeau et le Cartel des Quatre*. Paris: Nizet, 1959.

ANGLÈS, Auguste. Aux origines de la NRF et du Vieux Colombier. *La NRF*, número de homenagem a Jean Schlumberger, 1º mar. 1969.

APPIA, Adolphe. *Die musik und die Inszenierung*. Munique: Bruckmann, 1899.

_____. *L'Œuvre d'Art vivant*. Genebra: 1921.

_____. *Music and the Art of the theatre*. Coral Gables, Florida: University of Main Press, 1962.

ARNOLD, Paul. *L'Avenir du Théâtre*. Paris: Savel, 1947.

AYKROYD, Phyllis. *The Dramatic Art of La Compagnie des Quinze*. Londres: Eric Partridge, 1935.

BAINVILLE, Jacques. *Une Saison chez Thespis*. Paris: Prometeu, 1929.

BARRAULT, Jean-Louis. *Souvenirs pour demain*. Paris: Seuil, 1972.

BENJAMIN, René. *L'Homme à la recherche de son âme*. Genebra: La Palatine, 1943.

BERAUD, Henri. *Retours à pied*. Paris: Crès, 1925.

BLANCHART, Paul. *Histoire de la mise en scène*. Paris: PUF, 1948.

BLOCH, Jean-Richard. *Destin du théâtre*. Paris: Gallimard, 1930.

BOLL, André. *La Mise en scène contemporaine, son évolution*. Paris: Nouvelle Revue Critique, 1944.

BORGAL, Clément. *Jacques Copeau*. Paris: L`Arche, 1960.

BRASILLACH, Robert. *Animateurs de théâtre*. Paris: Corréa, 1936.

BRISSON, Pierre. *Le Théâtre des années folles.* Genebra: Ed du Milieu du Monde, 1943.
CARTER, Huntly. *The New Spirit in the European Theatre, 1914-1924.* London: Ernest Benn, 1925.
CEZAN, Claude. *Louis Jouvet et le théâtre d'Aujourd'hui.* Paris: Émile-Paul, 1938.
CHANCEREL, Léon. *Le Théâtre et la jeunesse.* Paris: Bourrelier, 1941.
CHENEY, Sheldon. *The Art Theatre.* New York: Knopf, 1925.
CLAUDEL homme de théâtre. Correspondance avec Copeau, Dullin, Jouvet. *Cahiers Paul Claudel*, VI. Paris: Gallimard, 1966.
CLURMAN, Harold. *The Fervent Years.* New York: Knopf, 1945.
COINDREAU, Maurice-Edgar. *La Farce est jouée.* New York: La Maison française, 1942.
COLE, Toby; CHINOY, Helen K. *Directing the Play.* New York: Bobbs-Merrill, 1953.
CRAIG, Edward Gordon. *On the Art of the Theatre.* Londres: William Heinemann, 1911.
_____. *De l'Art du théâtre.* Paris: F. Rieder et Cº, 1914.
_____. *Theatre Advancing* Londres: Constable, 1920.
_____. *Le Théâtre en marche.* Paris: Gallimard, 1964.
DHOMME, Sylvain. *La Mise en scène d'Antoine à Brecht.* Paris: F. Nathan, 1959.
DICKINSON, Thomas H. *The Theatre in a Changing Europe.* New York: Holt, 1937.
DOISY, Marcel. *Le Théâtre français contemporain.* Bruxelas: La Boétie, 1947.
_____. *Jacques Copeau ou l'Absolu dans l'Art.* Paris: Le Cercle du Livre, 1954.
DUBECH, Lucien. *Le Théâtre, 1918-1923.* Paris: Plon, 1925.
_____. *La Crise du théâtre.* Paris: Librairie de France, 1928.
DUHAMEL, Georges. *Essai sur une renaissance dramatique.* Paris: Lapina, 1926.
DULLIN, Charles. *Souvenirs et notes de travail d'un acteur.* Paris: O. Lieutier, 1946.
_____. *Ce sont les Dieux qu'il nous faut.* Paris: Gallimard, 1969.
DUSSANE, Béatrix. *Notes de théâtre.* Lyon: Larchandet, 1951.
ENCYCLOPÉDIE du *Théâtre contemporain*, ed. Gilles Quéant, Publications de France, I, 1957; Olivier Perrin, II, 1959.
FRANK, Waldo. *The Art of the Vieux Colombier.* New York/Paris: NRF, 1918 (reeditado em *Salvos*. New York: Boni & Liveright, 1924).
GHÉON, Henri. *L'Art du théâtre.* Montréal: Serge, 1944 (reeditado com o título *Dramaturgie d'hier et de demain.* Lyon: Vitte, 1963).
GIDE, André. *Journal* (1889-1939). Paris: Gallimard, 1939 (Pléiade).
_____. *Journal* (1839-1949). Paris: Gallimard, 1954 (Pléiade).
GONTARD, Denis. *La Décentralisation théâtrale.* Paris: Société d'édition d'Enseignement supérieur, 1974.
_____. *Le Journal de bord des Copiaus.* Ed. crítica. Paris: P. Seghers, 1974.
GOUHIER, Henri. *L'Essence du théâtre.* Paris: Plon, 1943.
_____. *Le Théâtre et l'existence.* Paris: Aubier, 1952.
_____. *L'Œuvre théâtrale.* Paris: Flammarion, 1958.
HORT, Jean. *Les Théâtres du Cartel et les animateurs.* Genebra: Skira, 1944.
KNOWLES, Dorothy. *La Réaction idéaliste au théâtre depuis 1890.* Genebra: Droz, 1934.
KURTZ, Maurice. *Jacques Copeau, Biographie d'un théâtre.* Nagel, 1950.
LALOU, René. *Le Théâtre en France depuis 1900.* Paris: PUF, 1951.
LÉAUTAUD, Paul. *Le Théâtre de Maurice Boissard.* Paris: Gallimard, 1958. 2 v.

LERMINIER, Georges. *Jacques Copeau, le réformateur*. Paris: PLF, 1953.
LERMINIER, Georges; MAISTRE, Suzanne. *Le Théâtre du Vieux Colombier a cinquante ans*. Paris: Michel Brient, 1963.
LEVAUX, Léopold. *Jacques Copeau*. Louvain: Rex, 1933.
MACGOWAN, Kenneth JONES, Robert. *Continental Stagecraft*. New York: Theatre Arts Books, 1960.
MAHN, Berthold. *Souvenirs du Vieux Colombier*. 55 desenhos originais precedidos de um texto de Jules Romains. Paris: Claude Aveline, 1926.
MARTIN DU GARD, Maurice. *Soirées de Paris*. Paris: Flammarion, 1932.
_____. *Souvenirs autobiographiques et littéraires. Œuvres complètes*. Paris: Gallimard, 1955. I. (Pléiade).
MAURIAC, François. *Dramaturges*. Paris: Librairie de France, 1928.
MORINO, L. *La NRF dans l'histoire des lettres, 1908-1937*. Paris: Gallimard, 1939.
MOUSSINAC, Léon. *Traité de la mise en scène*. Paris: Massin, 1948.
_____. *Le Théâtre des origines à nos jours*. Paris: Amiot-Dumont, 1957.
RAYMOND, Marcel. *Le Jeu retrouvé*. Montréal: L'Arbre, 1943.
SAINT-DENIS, Michel. *Theatre: The Rediscovery of Style*. New York: Theatre Arts Books, 1960.
SCHLUMBERGER, Jean. *Éveils*. Paris: Gallimard, 1950.
SÉE, Edmond. *Le Théâtre français contemporain*. Paris: A. Colin, 1928.
SIMON, Alfred. *Dictionnaire du théâtre français contemporain*. Paris: Larousse, 1970.
SONREL, Pierre. *Traité de scénographie*. Paris: O. Lieutier, 1943.
SUARÈS, André. *Présences*. Paris: Mornay, 1925.
TOUCHARD, Pierre-Aimé. *Dionysos*. Paris: Seuil, 1938.
_____. *L'Amateur de théâtre*. Paris: Seuil, 1952.
VEINSTEIN, André. *Du Théâtre Libre au Théâtre Louis Jouvet*. Paris: Librairie théâtrale, 1955.
_____. *La Mise en scène et sa condition esthétique*. Paris: Flammarion, 1955.
VILLIERS, André. *La Psychologie du comédien*. Paris: O. Lieutier, 1946.
_____. *Architecture et dramaturgie*. Paris: Flammarion, 1950.
_____. *Théâtre et collectivité*. Paris: Flammarion, 1953.

Consultar também:
Revue d'Histoire du Théâtre, 1948-1949-III, 1950-I, 1963-IV.
Catalogue de l'exposition Copeau na Biblioteca Nacional, 1963.

História dos Espetáculos no Ocidente Durante a Vida de Jacques Copeau*

Rubricas:

[BIO] Biografia
[HIS] História
[EVE] Eventos, Novas Técnicas e a Política Teatral Francesa
[DRA] Teatro Dramático
[LIR] Teatro Lírico e Balé
[DIV] Espetáculos Diversos, Filmes, Interpretações e Encenações Marcantes

LISTA DAS ABREVIAÇÕES:

Al: Alemanha; Am: América do Norte; Ar: Argentina; Au: Áustria; B: Bélgica; Br: Brasil; Ch: China; D: Dinamarca; E: Espanha; F: França; G: Grécia; H: Hungria; I: Itália; In: Inglaterra; Ir: Irlanda; Iu: Iugoslávia; J: Japão; M: México; N: Noruega; P: Polônia; P.B.: Países Baixos; Po: Portugal; R ou URSS: Rússia ou União Soviética; Ro: Romênia; S: Suécia; Su: Suíça; Tc: Tchecoslováquia.

---

* Ampliação da biografia de Jacques Copeau e da relação de eventos da história do teatro constantes da edição francesa, realizada por José Ronaldo Faleiro (N. da E.)

1879

[BIO] Nasce em Paris, no Faubourg Saint-Denis, n. 76, no dia 4 de fevereiro.
[EVE] Primeiro festival Shakespeare de Stratford-on-Avon.
[DRA] (F) *L'Assomoir*, de Zola (com base em Busnach) triunfa no Teatro do Ambigu. (N) *Casa de Boneca*, de Ibsen. (F) Reprise de *Ruy Blas*, com Sarah Bernhardt (a Rainha) e Mounet-Sully (Ruy Blas).
[LIR] (F) *La Fille du tambour-major*, de Jacques Offenbach. (In) *H.M.S. Pinafore*, de Gilbert e Sullivan. (R) *Eugênio Oneguin*, de Tchaikóvski.

1880

[HIS] Anistia dos revoltosos da Comuna de Paris. Primeira lei sobre o ensino primário: gratuidade.
[EVE] A partir de 1880, generaliza-se a utilização da luz elétrica nos principais teatros europeus.
[DRA] (F) *Denise*, de Dumas Filho. (F) *Divorçons*, de Sardou.
[DIV] O Teatro das Marionetes de Nohant se instala em Passy, na casa de Maurice Sand.

1881

[HIS] Voto das liberdades de imprensa e de reunião.
[EVE] *Le Naturalisme au théâtre*, coletânea de artigos de Émile Zola.
[DRA] (F) *Le Monde où l'on s'ennuie*, de Pailleron. (N) *Os Espectros*, de Ibsen. *Nana*, de Émile Zola, alcança grande sucesso no Théâtre de l'Ambigu-Comique.
[LIR] (F) *Os Contos de Hoffmann*, de Offenbach (póst.).
[DIV] Fundação do Chat-Noir por Rodolphe Salis (Paris). Mounet-Sully em *Édipo Rei*, de Sófocles.

1882

[HIS] Segunda lei sobre o ensino: obrigação e laicidade.
[EVE] Abolição do monopólio teatral na Rússia.
[DRA] (F) *Les Corbeaux*, de Becque. (F) *Le Maître de forges*, de Georges Ohnet. (N) *O Inimigo do Povo*, de Ibsen. (F) *Fedora*, de Sardou, com Sarah Bernhardt. (F) Théâtre Populaire (Bouffes du Nord). Tumulto e sucesso.
[LIR] (Al) *Parsifal*, de Wagner.

1883

- [DRA] (N) *Além das Forças humanas*, de Björnson. (F) *Lakmé*, de Delibes. (F) *Pot-Bouille* (Passadio), de Zola e Busnach, no Ambigu.
- [LIR] (F) *Mm'zelle Nitouche*, de Hervé.

1884

- [HIS] Leis sobre a organização municipal, sobre o divórcio, sobre as liberdades sindicais.
- [DRA] (F) *Théodora*, de Sardou, com Sarah Bernhardt. (F) *La Porteuse de pain*, de Montépin. (Ro) *Uma Carta Perdida*, de I. L. Caragiale.
- [LIR] (F) *Manon*, de Massenet. (F) *L'Hérodiade*, de Massenet, em Paris.
- [DIV] *Rip*, de Planquette (Paris).

1885

- [EVE] Morte de Victor Hugo.
- [DRA] (F) *La Parisienne*, de Becque. (F) *Francillon*, de Dumas Filho.
- [DIV] Maria Guerrero no Teatro de la Comedia, em Madrid. Primeiros passos da cantora de *music hall* Marie Lloyd (Londres).

1886

- [EVE] Publicação do *Théâtre en liberté*, de Hugo.
- [DRA] (F) *Les Gaîtés de l'escadron*, de Courteline. (In) *Les Cenci*, de Shelley (publ. 1819).
- [LIR] (F) *Les Deux pigeons*, balé de Messager.
- [DIV] Sarah Bernhardt nos Estados Unidos. Os *clowns* Foottit e Chocolat no Nouveau-Cirque (Paris).

1887

- [EVE] Antoine funda o Théâtre Libre (Teatro Livre).
- [DRA] (F) *La Tosca*, de Sardou. (S) *Pai*, de Strindberg. (F) *Jacques Demour*, de Zola. (F) *Sœur Philomène*, de Goncourt. (F) *La Nuit bergamasque*, de Bergerat. Incêndio da Ópera Cômica. Estreia de Segond-Weber na Comédie-Française, em *Hernani*.
- [LIR] (F) *Le Roi malgré lui*, de Chabrier. (I) *Otello*, de Verdi.

[DIV] *O Poder das Trevas*, de Lev Tolstói (encenação de André Antoine). *La Légende de l'empereur*, sombras chinesas de Caran d'Ache e H. Ribière (no Chat-Noir).

1887-1896

[BIO] Estudos no Liceu Condorcet.

1888

[HIS] Primeiras projeções cinematográficas em diversos países.
[DRA] (Am) *Shenandoah*, de Bronson Howard. (F) *Germinie Lacerteux*, dos Goncourt, com Réjane. (F) *Les Bouchers*, de Fernand Icres (enc., Antoine). (N) *A Dama do Mar*, de Ibsen. (S) *Senhorita Júlia* e *Os Credores*, de Strindberg.
[LIR] (F) *Le Roi d'Ys*, de Lalo. (In) *The Yeomen of the Guard*, de Gilbert e Sullivan.

1889

[HIS] Exposição Universal de Paris.
[EVE] Fundação, em Berlim, da Freie Buhne (teatro naturalista). Inauguração do Moulin-Rouge (Paris).
[DRA] (Al) *Antes do Amanhecer*, de Hauptmann. (B) *La Princesse Maleine*, de Maeterlinck.
[LIR] *A Bela Adormecida*, de Tchaikóvski (cor., Petipa).
[DIV] Paulus canta *En revenant de la revue* (Paris). La Goulue em *Le Quadrille réaliste* (Moulin-Rouge). Dan Leno apresenta pantomimas no Drury Lane (Londres).

1890

[EVE] *Le Théâtre Libre*, brochura de André Antoine.
[DRA] (N) *Hedda Gabler*, de Ibsen. (F) *La Fille Élisa*, de Goncourt, enc. de Antoine no Théâtre Libre. Estreia de Marguerite Moreno na Comédie-Française em *Ruy Blas*. (F) *La Grève*, de Louis Michel, no Théâtre de la Villete.
[LIR] (I) *Cavalleria rusticana*, de Mascagni. (R) *O Príncipe Igor*, de Borodin.
[DIV] *Os Espectros*, de Ibsen (enc., Antoine, em Paris).

1891

[EVE] Loïe Fuller no Folies-Bergère. Paul Fort funda o Théâtre d'Art. 1º de maio: P. Quillard publica "De l'inutilité absolue de la mise en scène exacte", na *Revue d'Art Dramatique*.

[DRA] (Al) *O Despertar da Primavera*, de Wedekind. (Au) *Anatol*, de Schnitzler. (F) *Amoureuse*, de Porto-Riche, com Réjane e Lucien Guitry.

[DIV] Estreia de Polaire e de Fragson (Paris). Loïe Fuller no Folies-Bergère. Vera Komissarjévskaia estreia em Moscou (com Stanislávski).

1892

[HIS] Caso Panamá. Atentados anarquistas.

[DRA] (Al) *Os Tecelões*, de Hauptmann. (F) *L'Envers d'une sainte*, de F. de Curel. (In) *O Leque de Lady Windermere*, de Wilde. (In) *A Trágica História do Doutor Fausto*, de Marlowe, no Théâtre d'Art.

[LIR] (F) *Werther*, de Massenet. (I) *Palhaço*, de Leoncavallo. (R) *Quebra-nozes*, de Tchaikóvski.

[DIV] *O Lago dos Cisnes*, de Tchaikóvski (cor., Petipa, em Paris). *Os Tecelões*, de Hauptmann (enc., Antoine, em Paris). No Museu Grévin, desenhos animados de Émile Reynaud. Yvette Guilbert em Paris-Nouveautés, de Xanroff (autor de *Fiacre*).

1893

[EVE] Lugné-Poe funda o Théâtre de l'Œuvre.

[DRA] (Al) *Pátria*, de Sudermann. (Au) *O Louco e a Morte*, de Hofmannsthal. (B) *Pelléas et Mélisande*, de Maeterlinck (Œuvre). (F) *Madame Sans-Gêne*, de Sardou.

[LIR] (I) *Falstaff*, de Verdi. (I) *Manon Lescaut*, de Puccini.

[DIV] *Senhorita Júlia*, de Strindberg (Teatro Livre). Réjane cria *Casa de Boneca*, de Ibsen, na França.

1894

[EVE] Fundação do Elizabeth Stage Society (Londres). Ressurgimento do Teatro Antigo de Orange, por P. Marieton (com Mounet-Sully e a Comédie-Française). Otto Brahm dirige o Deutsches Theater (Berlim).

[DRA] (Au) *Liebelei*, de Schnitzler. (B) *La Mort de Tintagiles* e *Anabella et Fiovanni* (segundo John Ford), de Maeterlinck, no Œuvre. (F) *Axël*, de Villiers de l'Isle-Adam.

                (In) *O Herói e o Soldado*, de Bernard Shaw. (Ir) *A Terra do Desejo do Coração*, de Yeats.
[LIR]   (F) *Salomé*, de Wilde e R. Strauss, com Sarah Bernhardt (Paris). (F) *Thaïs*, de Massenet.
[DIV]   *Pai*, de Strindberg (enc., Lugné-Poe, em Paris).

1895

[HIS]   Constituição da CGT.
[EVE] Publicação de *La Mise en scène du drame wagnérien*, de Adolphe Appia. Primeiros filmes de Louis Lumière projetados no Grand Café (*L'Arroseur arrosé* etc.).
[DRA] (In) *Da Importância de Ser Honesto*, de Wilde. (R) *O Poder das Trevas*, de Lev Tolstói.
[LIR]   (E) *La Dolores*, "zarzuela grande" de Breton.

1896

[HIS]   Criação de universidades populares. Primeiros jogos olímpicos modernos (Atenas).
[EVE] Jarry publica "De l'inutilité du théâtre au théâtre", *Mercure de France*.
[DRA] (F) *Ubu Rei*, de Alfred Jarry. (F) *Lorenzaccio*, de Musset, com Sarah Bernhardt (publ. 1834). (R) *A Gaivota*, de Tchékhov. (N) *Os Pilares da Sociedade* e *Peer Gynt*, de Ibsen, enc. Lugné-Poe, no Théâtre de l'Œuvre. (Ir) *Salomé*, de Oscar Wilde, enc. Lugné-Poe, no Théâtre de l'Œuvre.
[LIR]   (I) *La bohème*, de Puccini. (R) *A Khovantchina*, de Mussórgski.
[DIV]   Séverin, em *Chand d'habits*, de Catulle Mendès. *Une Partie de cartes*, primeiro filme de Méliès.

1897

[BIO]   Escreve uma pequena comédia em três atos: *Brouillard du matin*, que ele monta com seus colegas de liceu e é representada no Nouveau Théâtre.
[EVE] Duse em Paris, com representações.
[DRA] Gustav Mahler é nomeado diretor da Ópera Imperial de Viena. Criação do Teatro Cívico de Louis Lumet. (F) *Cyrano de Bergerac*, de Rostand, com Coquelin. Triunfo. Abertura do Théâtre Antoine. (N) *J. G. Borkman*, de Ibsen, enc. Lugné-Poe no Théâtre de l'Œuvre.
[DIV]   Abertura do cabaré Quatre Gats (Barcelona). Abertura do teatro do Grand-Guignol (Paris).

1897-1898

[BIO] Estudos na Sorbonne (graduação em Letras e em Filosofia).

1898

[HIS] 13 de janeiro: Zola, "J'Accuse" (Acuso). Processo e condenação de Zola. Fundação da Liga dos Direitos do Homem.
[EVE] Criação do Teatro de Arte de Moscou, por Constantin Stanislávski e Nemiróvitch-Dântchenko.
[DRA] (B) *Les Aubes*, de Verhaeren. (F) *Le Pain de ménage*, de J. Renard. (I) *A Cidade Morta*, de D'Annunzio. (R) *O Tzar Fiódor Ivanovitch*, de Aleksei Tolstói (escrito em 1868), no Teatro de Arte.
[LIR] (E) *Maria del Carmen*, "zarzuela grande", de Granados. (F) *Véronique*, de Messager.

1899

[BIO] Escreve uma peça em um ato, *La Sève* (A Seiva), que nunca foi representada.
[HIS] Revisão do Caso Dreyfus. Dreyfus é absolvido. Desenvolvimento das universidades populares.
[EVE] Adolphe Appia publica *Die Musik und die Inszenierung* (A Música e a Encenação).
[DRA] (F) *L'Anglais tel qu'on le parle*, de Tristan Bernard. (F) *La Dame de "chez Maxim"*, de Feydeau. (I) *La Gioconda*, de D'Annunzio. (Ir) *A Condessa Catarina*, de Yeats. (N) *Quando Nós Mortos Despertarmos*, de Ibsen. (R) *Tio Vânia*, de Tchékhov.
[DIV] Primeiros grandes filmes de Méliès. Isadora Duncan dança em Chicago. Estreia de Chaplin em Londres.

1900

[HIS] Condenação de Paul Déroulède. Congresso socialista internacional de Paris.
Em Paris, Exposição Universal.
[EVE] Incêndio do Théâtre-Français (Teatro Francês). Leygues, ministro da Instrução Pública, recusa-se a organizar um congresso internacional sobre o teatro popular.
[DRA] (Al) *O Marquês de Keith*, de Wedekind. (Au) *A Ronda*, de Schnitzler. (F) *L'Aiglon*, de Rostand. (F) *Poil de Carotte*, de Renard. (F) *Danton*, de R. Rolland.

[LIR] (F) *Louise*, de Charpentier. (I) *La Tosca*, de Puccini.
[DIV] Estreia de Maurice Chevalier. Primeiros passos do calculador Inaudi (Marselha). (In) *Krüger Sonha com um Império*, de W. Paul.

1901

[BIO] Morte do pai. Compõe o primeiro roteiro de *La Maison natale*.
[DIV] *Le Roi Candaule* (O Rei Candaulo), de André Gide, é representado no Théâtre de l' Œuvre. Wedekind funda em Munique o cabaré dos Onze Carrascos, e Max Reinhardt, em Berlim, o cabaré Ruído e Fumaça. De Reinhardt, *Prometeu*, de Ésquilo, nas Arenas de Béziers.
[HIS] O Estado limita-se a financiar a Ópera e a Comédie-Française.
[DRA] (F) *Le Roi Candaule*, de Gide (enc., Lugné-Poe). (P) *Os Antepassados*, de Mickiewicz (enc., Wyspianski). (R) *As Três Irmãs*, de Tchékhov. (S) *A Dança da Morte*, de Strindberg.

1902

[BIO] Casa com uma dinamarquesa, Agnes Thomsen, com a qual parte para a Dinamarca, onde permanece por dois anos e de onde envia seus primeiros ensaios, críticas e poemas, para a *Revue d'Art dramatique* e para *L'Ermitage*. Correspondência com André Gide. Nascimento de sua primeira filha, Marie-Hélène.
[EVE] Fundação, por Yeats, George Moore, Edward Martyn e Lady Gregory, da Sociedade do Teatro Nacional Irlandês (Dublin). Meierhold deixa o Teatro de Arte e funda a Sociedade do Drama Novo (Moscou).
[DRA] Na Opéra-Comique, representação de *Pelléas et Mélisande*, música de Debussy, libreto de Maeterlinck. (F) *Le Quatorze juillet*, de R. Rolland (enc., Gémier). (P) *A Comédia não Divina*, de Krasínski (escrita em 1835). (R) *Ralé*, de Górki. (S) *O Sonho*, de Strindberg.
[DIV] (F) *A Viagem à Lua*, de Méliès.

1903

[BIO] Retorno à França.
[DRA] (F) *Les Affaires sont les affaires*, de Mirbeau. (I) *Do Teu ao Meu*, de Giovanni Verga. (In) *O Admirável Crichton*, de Barrie. (Ir) *A Sombra do Desfiladeiro*, de Synge.

1904

- [BIO] Temporada nas Ardennes, em Angecourt, onde continua a escrever, ao mesmo tempo que dirige a usina metalúrgica do pai.
- [HIS] Acordo colonial franco-inglês: preâmbulos da Entente Cordiale. As congregações religiosas são proibidas de exercer o magistério.
- [EVE] Fundação do Teatro da Abadia (Dublin). Fundação do Court Theatre de Leigh e Granville Barker (Londres).
- [DRA] (Al) *A Caixa de Pandora*, de Wedekind. (I) *La Figlia di Iorio*, de D'Annunzio. (Ir) *Kathleen ni Houlihan*, de Yeats. (R) *O Jardim das Cerejeiras*, de Tchékhov. Em 1º de junho, A. Appia publica "Comment réformer notre mise en scène" em *La Revue*, de Paris.
- [LIR] (I) *Madame Butterfly*, de Puccini.
- [DIV] O macaco Cônsul, amestrado por Bostock (Paris). Abertura, em Paris, do Baile Tabarin. (Am) *Cenas da Guerra Russo-Japonesa*, atualidades reconstituídas por McCutcheon.

1905

- [BIO] De volta a Paris, entra como vendedor na galeria Georges-Petit, onde permanecerá durante quatro anos. Colabora com *Essais*, com *L'Ermitage*, com *Antée*, com *Le Théâtre*, com *Le Figaro llustré*, com *Art et Décoration*, com *L'Art décoratif*, com *Le Gaulois*, com *Le Petit Journal*, como crítico de arte e crítico dramático. Nascimento de sua segunda filha, Hedwig.
- [EVE] Publicação de *The Art of the Theatre*, de Gordon Craig. Max Reinhardt dirige o Deutches Theater de Berlim.
- [DRA] (Am) *The Rose of the Rancho*, de D. Belasco. (In) *O Homem e o Superhomem*, de Bernard Shaw. (R) *Os Filhos do Sol*, de Górki.
- [LIR] (Au) *A Viúva Alegre*, de Lehar.
- [DIV] Estreia da dançarina La Argentina, alcunha de Antonia Mercé y Luque (Madrid). Anna Pavlova dança *A Morte do Cisne* (cor., Fokin). (F) *Première sortie*, de Max Linder. (F) *Événements d'Odessa*, de Nonguet. (In) *Aventuras de uma Cédula de Cem Libras*, de W. Paul.

1906

- [HIS] Reabilitação de Dreyfus.
- [EVE] Primeira administração de Antoine no Odéon. Gémier assume a direção do Teatro Antoine.
- [DRA] (Al) *Und Pippa Tanzt* (E Pippa Dança), de Hauptmann. (Ir) *Gaol Gate*, de Lady Gregory.
- [DIV] *Rosmersholm*, de Heinrick Ibsen, é representado por Eleonora Duse numa encenação de Gordon Craig e de Adolphe Appia (Florença).

Pantomimas de Colette Willy (Paris). (F) *Les 400 farces du Diable*, de Méliès. (F) *Le Pendu*, de Max Linder.

1907

[BIO] Sucede a Léon Blum como crítico dramático em *La Grande Revue*.
[EVE] Granville Barker e William Archer elaboram o projeto de um Teatro Nacional inglês.
[DRA] Curso de composição dramática de G. P. Baker (Harvard). Inauguração do Teatro Íntimo, de A. Strindberg e A. Falck (Estocolmo). (F) *Samson*, de Bernstein. (Ir) *O Playboy do Mundo Ocidental*, de Synge. Granville Barker e William Archer elaboram o projeto de um Teatro Nacional Inglês. (Am) *A Grande Barreira*, de William V. Moody.
[DIV] Primeiras *Ziegfeld Follies* (Estados Unidos).

1908

[BIO] Funda, em outubro, com André Gide, Jean Schlumberger, André Ruyters, Michel Arnauld, Henri Ghéon, *La Nouvelle Revue*, que dirige até 1913, e na qual publica notas, ensaios, críticas sobre o teatro e sobre o romance. Nascimento de seu filho Pascal.
[EVE] O Künstlertheater de Munique (arquit., Littmann). Gordon Craig funda a revista *The Mask*.
[DRA] (B) *L'Oiseau bleu*, de Maeterlinck. (F) *Occupe-toi d'Amélie*, de Feydeau. (F) *La Femme nue*, de H. Bataille. (I) *A Nave*, de D'Annunzio. (In) *Os Dinastas*, de Thomas Hardy.
[DIV] (Am) Primeiros filmes de D. W. Griffith. (F) Mistinguett e Max Dearly, em *La Valse Chaloupée*. (F) *L'Assassinat du duc de Guise*, de Calmettes e Le Bargy.

1909

[EVE] *Die Revolution des Theaters*, de Georg Fuchs. Primeiras representações, em Paris, dos Balés Russos de Serguêi Diághilev.
[DRA] (H) *Liliom*, de Molnár. (I) *O Jantar das Farsas*, de Sem Benelli. (R) *Anátema*, de Andrêev.
[LIR] (Au) *Elektra*, de R. Strauss, libreto de Hoffmannsthal. (Au) *Erwartung*, monodrama de Schönberg. (R) *O Galo de Ouro*, de Rímski-Kórsakov (póst.).
[DIV] Primeiros sucessos de Al Jolson, cantor e dançarino (Estados Unidos).

1910

[BIO] Primavera: viagem à Espanha. Junho: viagem à Rússia. Outubro: instala-se em Limon (Seine-et-Marne).

[EVE] Jacques Rouché publica *L'Art théâtral moderne* e funda o Théâtre des Arts, em Paris. D. Belasco cria um teatro com seu próprio nome (Nova York). Büchner representado pela primeira vez na Alemanha. Romain Rolland é editado por Albin Michel: *Théâtre de la Révolution* (*Le Quatorze Juillet, Danton, Les Loups*).

[DRA] (I) *O Torno*, de Pirandello. (Ir) *Deirdre das Dores*, de Synge (póst.). (R) *O Cadáver Vivo*, de L. Tolstói. Sarah Bernhardt interpreta *Le Procès de Jeanne d'Arc*. (F) *Le Scandale*, de Georges Bataille. (F) *La Griffe*, de Bernstein, Porte Saint-Martin. (F) *Les Possédés*, de Lenormand, Théâtre des Arts.

[LIR] (F) *L'Oiseau de feu* (Stravínski – Fokin – Golovin). (F) *Schéhrazade* (Rímski-Kórsakov – Fokin – Bakst). (I) *A Moça do Faroeste*, de Puccini.

[DIV] (Am) Chaplin na revista *Wow-wows* (Nova York). (Am) *Ramona*, de Griffith. (Am) *Camaradas* e *A Mina de Ouro*, de Mack Sennett. (F) *Frégolinéide, et le théâtre à l'envers*, de Fregoli (Paris). (R) *Napoleão na Rússia*, de Gontcharov e Makarov.

1911

[BIO] 6 de abril: representação, no Théâtre des Arts, sob a direção de Jacques Rouché, de um drama em cinco atos, *Os Irmãos Karamázov*, baseado em Dostoiévski, escrito em colaboração com Jean Croué.

[HIS] Ocupação de Fez pelos franceses.

[LIR] Primeiros espetáculos "coreolíricos", de Jaques-Dalcroze e Adolphe Appia, em Hellerau (Alemanha).

1911-1913

[BIO] Primeira série de leituras dramáticas na Galerie Druet. Tradução de *A Woman Killed with Kindness*, de Thomas Heywood.

[EVE] O Théâtre des Champs-Elysées, construído pelos irmãos Perret.

[DRA] (Au) *Jedermann*, peça medieval adaptada por Hofmannsthal.

[LIR] (Au) *O Cavaleiro da Rosa*, de R. Strauss, libreto de Hofmannsthal. (F) *Petrúschka* (Stravínski – Fokin – Benois). (F) *Le Spectre de la Rose* (Fokin – Bakst – Karsávina – Nijinski). (F) *Le Martyre de saint-Sébastien*, de Debussy.

[DIV] *O Milagre*, de Vollmoeller, enc., Max Reinhardt (Londres). Estreia de Fred Astaire em Nova York. Estreia de Damia na Pépinière. Mistinguett em *La Vie parisienne*, com Max Dearly (Paris). (F) *La Vie telle qu'elle est*, série de filmes de Louis Feuillade.

1912

[HIS] Em outubro, primeira guerra dos Bálcãs. Jaurès: "Guerra à guerra".

[DRA] (F) *L'Annonce faite à Marie*, de Claudel, primeira peça do autor representada na França, por Lugné-Poe. (F) *La Prise de Berg-op-Zoom*, de Sacha Guitry.

[LIR] (Au) *Ariadne em Naxos*, de R. Strauss e Hofmannsthal. (F) *L'Après-midi d'un faune* (Debussy – Nijinski – Bakst). (F) *Daphnis et Chloé* (Ravel – Fokin – Bakst).

[DIV] *L'Annonce faite à Marie*, primeira peça de Paul Claudel representada na França, Lugné-Poe, Théâtre de l'Œuvre. *Hamlet*, no Teatro de Arte, enc. Craig (Moscou). *La Revue sans gêne*, de Rip. (S) *O Jardineiro*, de Sjöström.

1913

[BIO] A ideia da fundação de um teatro animado por uma exigência semelhante à da NRF se define para ele e para seus amigos. Será o diretor e cuida de recrutar a futura companhia, assim como de constituir o repertório e de procurar um teatro. Em julho, leva a sua jovem equipe a Limon para trabalhar com ela e ensaiar, entre outras, as duas peças que serão representadas na abertura do teatro: *Une Femme tuée par la douceur*, baseada na tradução da obra de Thomas Heywood, e *L'Amour médecin*, de Molière. Primeira tentativa de educação e de treinamento do ator: leituras em voz alta, estudos dos textos, ginástica e jogos. 23 de outubro: abertura do Teatro do Vieux Colombier, rua do Vieux Colombier, n. 21, Paris VIe.

[EVE] Inauguração do Théâtre des Champs-Elysées.

[HIS] Em junho-agosto: segunda guerra dos Bálcãs.

[DRA] (E) *A Mal Amada*, de Benavente. (F) *L'Habit vert*, de Flers e Caillavet. (F) *Le Secret*, de Henri Bernstein. (In) *Ândrocles e o Leão*, de Bernard Shaw.

[LIR] (E) *A Vida Breve*, de Falla. (F) *A Sagração da Primavera* (Stravínski – Nijinski – Roerich). (F) *Jeux* (Debussy – Nijinski – Bakst). (F) *Le Festin de l'araignée*, de Roussel.

[DIV] (Al) *O Estudante de Praga*, de Stellan Rye. (Am) Série dos *Mabel* e dos *Fatty*, de Mack Sennett. (F) *Fantômas*, de Feuillade.

1913-1914

[BIO] Primeira temporada do Vieux Colombier, durante a qual Copeau encena treze espetáculos, em que estreia como ator e representa nove papéis. Além disso, organiza séries de conferências, de leituras, de matinês musicais e poéticas. A temporada termina em maio com as triunfais representações de *Noite de Reis*, de Shakespeare, em tradução de Théodore Lascaris; excursões pela Alsácia-Lorena e pela Inglaterra.

1914

[EVE] Fundação do Teatro Kamerni, de Taírov (Moscou).
[HIS] 28 de junho: atentado de Sarajevo. 31 de julho: assassinato de Jaurès. 3 de agosto: guerra franco-alemã.
[EVE] Lilian Baylis dirige o Old Vic (Londres). O Teatro Kamerni, de Taírov (Moscou). Jacques Rouché, diretor da Ópera de Paris.
[DRA] (F) *L'Échange*, de Claudel, enc. Copeau, Vieux Colombier, e *L'Otage*, enc. Lugné-Poe, L'Œuvre, com Ève Francis. (F) *Le Testament du Père Leleu*, de Martin du Gard.
[DIV] *Pentesileia*, de Kleist, enc. Hilar (Praga). O Concerto Damia (Paris). Os "Piccoli" de Podrecca (marionetes). (Am) Os primeiros trinta e cinco filmes de Chaplin. (Am) *A Batalha de Gettysburg*, de Thomas Ince. (I) *Cabiria*, de Pastrone.

1914-1915

[BIO] É mobilizado para a guerra, nos Serviços Auxiliares de Paris, e depois reformado. Setembro de 1915: visita a Gordon Craig (Florença) e Adophe Appia (Suíça). Novembro de 1915: primeiras tentativas, com Suzanne Bing, de uma Escola Dramática com um grupo de jovens profissionais, de amadores e de crianças.

1915

[EVE] *Manifesto do Teatro Futurista* (Corra, Marinetti e Corelli), na Itália.
[DRA] (I) *A Razão dos Outros*, de Pirandello. Fechamento dos teatros.
[LIR] (E) *O Amor Bruxo*, de Falla.
[DIV] (Am) *Nascimento de uma Nação*, de Griffith. (Am) *Carlitos Vagabundo*, de Chaplin. (F) *Les Vampires*, de Feuillade.

1916

[BIO] Monta e interpreta *Barberine*, de Musset, na Comédie de Genève. Também na Comédia de Genebra, encena e interpreta *Guillaume le fou*, de Fernand Chavannes. Primeiro contato com os Pitoëff. Em Limon, escreve o segundo ato de *La Maison natale*. Traduz, com Suzanne Bing, *O Conto de Inverno*, de Shakespeare.
[EVE] Meierhold abre o seu Estúdio (Moscou). Diághilev nos Estados Unidos.
[DRA] (Al) *Uma Raça*, de F. von Unruh. (Am) *Destinação Cardiff*, de O'Neill. (I) *Liola*, de Pirandello (em siciliano). (I) *A Máscara e o Rosto*, de L. Chiarelli.

[DIV] (Am) *Intolerância*, de Griffith. (Am) *Carlitos Bombeiro*, de Chaplin. (F) *Les Frères corses*, de Antoine. (F) *Judex*, de Feuillade.

1917

[BIO] Temporada de quatro meses nos Estados Unidos da América, para onde é enviado pelo governo francês. Faz mais de 25 conferências e leituras em Nova York e nas grandes universidades. Obtém o apoio de Otto Kahn para a direção do Teatro Francês de Nova York. Volta à Europa, onde consegue reagrupar e reorganizar a Companhia do Vieux Colombier; compõe e ensaia um novo repertório; e trabalha nos princípios de um novo dispositivo cênico.

[HIS] Os Estados Unidos declaram guerra à Alemanha.

[EVE] Bogdánov funda o Proletkult. O Vieux Colombier nos Estados Unidos da América.

[DRA] Representação de *Les Mamelles de Tirésias* (As Mamas de Tirésias), de Apollinaire (F). (Al) *Gás I* e *Gás II*, de Kaiser. (I) *Cada um Com Sua Verdade* e *A Volúpia da Honra*, de Pirandello.

[LIR] (F) *Parade* (Satie, Cocteau, Massine e Picasso).

[DIV] Mistinguett e Chevalier em *La Grande Revue* (Folies-Bergère). *Jazz-band* e *girls* em Paris. Estreia de Harold Lloyd. Estreia de Totó, cômico napolitano (Roma). Os Fratellini entram no Circo Médrano. (Am) *O Imigrante*, de Chaplin. (S) *Os Proscritos*, de Sjöström.

1917-1918

[BIO] Inaugura, no dia 27 de novembro de 1917, no Garrick Theatre, na 35ª rua, o Vieux Colombier de Nova York, com um *Impromptu du Vieux Colombier* e *Les Fourberies de Scapin*, seguidas pelo *Couronnement de Molière*. No decorrer da primeira temporada, monta doze espetáculos em seis meses; encena vinte peças, nas quais interpreta quatro papéis novos. Também representa e dá conferências em Washington e na Filadélfia.

1918

[BIO] Verão: temporada de quatro meses em Morristown (Nova Jersey), com toda a companhia, para preparar a temporada seguinte. Reside, sozinho, em Lakewood (Nova York), onde escreve a primeira versão de *Le Roi, son vizir et son médecin*. Em 14 de outubro, abertura da segunda temporada de Nova York, com *Le Secret*, de Henri Bernstein. Durante essa temporada de seis meses, monta vinte espetáculos, nos quais interpreta seis papéis novos. Partida de Charles Dullin. Termina a sua permanência nos Estados Unidos da América com uma turnê de conferências pelo Oeste.

[HIS] Armistício.

[EVE] Fundação da companhia teatral judaica Habima (Moscou). Seção teatral do Comissariado do Povo para a Instrução Pública, TEO. Émile Fabre, administrador da Comédie-Française (até 1936).

[DRA] (Al) *Incêndio na Ópera*, de Kaiser. (R) *O Mistério-Bufo*, de Maiakóvski. (In) *Antônio e Cleópatra*, de Shakespeare, enc. Gémier, no Théâtre Antoine.

[LIR] (F) *L'Histoire du soldat*, de Stravínski, texto de Ramuz. (F) *Phi-Phi*, de Christiné. (Hu) *O Castelo de Barba-Azul*, de Bartok (composto em 1911).

[DIV] *Somebody's Sweetheart* (comédia musical americana). (Am) *Carlitos Soldado* e *Uma Vida de Cão*, de Chaplin. (URSS) *As Atualidades Revolucionárias*, de Tissé e Dziga Vertov.

1919

[BIO] 7 de abril: fundação da Associação dos "Amigos do Vieux Colombier" de Nova York. Junho: regresso à França. Setembro: retomada do trabalho para a preparação da próxima temporada. Reorganização do Vieux Colombier de Paris em bases novas. Trabalho com Louis Jouvet para a transformação do palco. Segunda tentativa de um dispositivo arquitetônico fixo. Conferências na Salle des Sociétés Savantes, em novembro, para reagrupar os amigos. Fundação da Associação dos Fundadores e Amigos do Vieux Colombier. Criação dos Ateliês do Vieux Colombier, eletricidade e carpintaria, sob a direção de Louis Jouvet, para servir o teatro e o público do Vieux Colombier. Retorno de Jacques Copeau para a França.

[HIS] Tratado de Versalhes e pacto da Sociedade das Nações.

[EVE] Fundação do Theatre Guild em Nova York. Gropius funda a Bauhaus (Berlim). Criação do Festival de Salzburgo. Grosses Schauspielhaus, em Berlim (arquiteto, H. Poelzig).

[DRA] Gémier monta, no Circo de Inverno, *Édipo* de Saint-Georges de Bouhélier (Paris). Os Pitoëff se apresentam pela primeira vez em Paris. (F) *Le Temps est un songe*, de Lenormand. (I) *Nossa Deusa*, de M. Bontempelli. (In) *Abraham Lincoln*, de Drinkwater. Retorno de Jacques Copeau à França. Gémier monta, no Circo de Inverno, o *Œdipe*, de Saint-Georges de Bohélier (Paris).

[LIR] (F) *Le Tricorne* (Falla – Masine – Picasso). (F) *Les Choéphores*, de Milhaud. (F) *La Valse*, balé de Ravel. (F) *Œdipe*, de Saint Georges de Bouhélier (Circo de Inverno).

[DIV] *Scandals 1919*, primeira revista de George White (Nova York). (Al) *As Aranhas*, de Fritz Lang. (Am) *O Lírio Partido*, de Griffith. (S) *O Tesouro de Arne*, de Stiller.

1920

- [BIO] 7 de fevereiro: reabertura do Vieux Colombier com *O Conto de Inverno*, de Shakespeare. No decorrer de uma temporada de cinco meses, monta seis espetáculos, encenando nove peças. Interpreta três papéis. Novas tentativas, com Suzanne Bing, de uma Escola Dramática. Escreve um primeiro caderno: *Les Amis du Vieux Colombier*. 15 de outubro: Segunda temporada. Abertura com *Le Médecin malgré lui*, antecedido por um Prólogo.
- [EVE] Piscator funda o Teatro Proletário (Berlim). Reabertura do Vieux Colombier em Paris. Fundação, na França, do Teatro Nacional Popular (direção Firmin Gémier). Fundação de Le Bœuf sur le Toit (Paris). *Os Balés Suecos*, de Rolf de Maré, em Paris (cor., Jean Börlin). (URSS) *A Tomada do Palácio de Inverno* (enc., Evreinov).
- [DRA] (Al) *O Homem-Massa*, de Toller. (Am) *O Imperador Jones*, de O'Neill. (B) *Le Cocu magnifique*, de Crommelynck (Œuvre). (E) *Divinas Palavras*, de Valle Inclán. (E) *O Malefício da Mariposa*, de Lorca. (F) *Cromedeyre-le-Vieil*, de Jules Romains. (F) *Le Paquebot Tenacity*, de Vildrac. (URSS) *O Dibuk*, de An-ski. Reabertura do Vieux Colombier, em Paris. J.-R. Bloch publica "Le Théâtre du peuple: critique d'une utopie", em *Le Carnaval est mort*, NRF.
- [LIR] (F) *Le Bœuf sur le toit*, pantomima de Milhaud, com os Fratellini. Mistinguett canta *Mon homme* (1920-1921).
- [DIV] (Al) *O Golem*, de Wegener. (Al) *O Gabinete do Doutor Caligari*, de Wiene. (Am) *The Kid*, de Chaplin. (Am) *Sete Anos de Desgraça*, de Max Linder. (S) *A Charrete Fantasma*, de Sjöström.

1920-1921

- [BIO] Encena seis peças. Interpreta dois papéis novos. Faz duas conferências em Paris e três na Bélgica (Gand, Antuérpia e Bruxelas). Funda com Suzanne Bing a Escola do Vieux Colombier, constituindo um primeiro "grupo de aprendizagem", do qual assume uma parte da educação. Escreve um segundo caderno: *L'École du Vieux Colombier*. No final da temporada: oito representações em Wiesbaden.

1921

- [BIO] 15 de outubro: terceira temporada, abertura com *La Fraude*, de Louis Fallens, e *Au Petit bonheur*, de Anatole France, seguidos no dia 24 por *Le Mariage de Figaro*.
- [HIS] Hitler torna-se presidente do partido nazista.
- [EVE] *L'Œuvre d'Art Vivant*, de Appia. Dullin funda o Atelier e monta a primeira peça de Pirandello na França (*A Volúpia da Honra*). André Breton funda o movimento surrealista.

[DRA] (F) *Le Pauvre sous l'escalier*, de Ghéon. (I) *Seis Personagens à Procura de um Autor*, de Pirandello. (In) *O Círculo*, de Somerset Maugham. Os Pitoëff se instalam definitivamente em Paris.

[LIR] (Am) As Dolly Sisters, em *League of Notions*.(F) *L'Homme et son désir* (Milhaud – Claudel e os Balés Suecos).(F) *Les Mariés de la Tour Eiffel* (Cocteau e os Six). (URSS) *O Amor das Três Laranjas*, de Prokófiev. Os Balés Suecos no Théâtre des Champs-Elysées apresentam *L'Homme et son désir*, texto de Paul Claudel, música de Darius Milhaud. Direção Rolph de Maré.

[DIV] (Am) *A Marca do Zorro,* de Niblo. (F) *L'Atlantide*, de Feyder. (S) *A Feitiçaria através dos Tempos*, de Christensen.

1921-1922

[BIO] Monta seis espetáculos, encenando oito peças. Interpreta dois papéis novos. A temporada termina com o *Saül*, de André Gide. Amplia a Escola com a colaboração de Jules Romains, a quem confia também cuidar das matinês poéticas. Ministra todas as semanas um curso público, acompanhado de leituras, sobre as obras do repertório. É convidado para a Exposição Internacional do Teatro, em Amsterdã, onde profere uma conferência (31 de janeiro de 1922). Representações em Lyon, Londres, Perpignan, Carcassonne. Faz uma temporada de verão em Wiesbaden e nas grandes cidades da região do Ruhr. Em setembro, turnê por Basileia, Zurique, Lausanne e Genebra.

1922

[BIO] 14 de outubro – Quarta temporada: abertura com a reprise de *Le Mariage de Figaro*.

[EVE] A. G. Bragaglia funda o Teatro degli Indipendenti, em Roma. *A Princesa Turandot*, de Gozzi, no Teatro Vakhtângov de Moscou.

[DRA] (Al) *Baal* e *Tambores na Noite*, de Brecht. (Am) *O Macaco Peludo*, de O'Neill. (F) *Saül*, de Gide, no Vieux-Colombier (escrito em 1896). (F) *Martine*, de J. J. Bernard. (I) *Henrique IV*, de Pirandello. (Tc) *A Vida dos Insetos*, de J. e K. Tchápek (enc., Hilar). Temporada do Théâtre Pitoëff na Comédie des Champs-Elysées.

[LIR] (Al) *Balé Triádico*, de Schlemmer. (F) *Renard* (Stravínski – Nijinska). (F) *La Belle excentrique*, de Satie.

[DIV] (Al) *O Doutor Mabuse*, de F. Lang. (Al) *Nosferatu*, de Murnau. (Am) *Loucuras de Mulheres*, de Stroheim. (Am) *Nanouk*, de Flaherty. (F) *La Femme de nulle part*, de Delluc.

1922-1923

[BIO] Monta seis espetáculos, pondo em cena nove peças. Interpreta um papel novo. Constitui uma segunda companhia. Partida de Jouvet. Profere cinco conferências em Paris, Nice, Toulon, Marselha. Trabalha como ator em Bruxelas e em Saint-Étienne. Faz dez leituras dramáticas. Participa das matinês de poesia. Termina, durante o verão, o terceiro ato de *La Maison natale*.

1923

[BIO] Outubro: abertura da quinta temporada com *L'Imbécile*, de Pierre Bost, e *La Locandiera*, de Goldoni. 22 de outubro: décimo aniversário da fundação do Vieux Colombier.
[HIS] Franceses e belgas ocupam o Vale do Ruhr.
[EVE] Movimento da Neue Sachlichkeit, na Alemanha. Pitoëff monta *Seis Personagens à Procura de um Autor*. *Tristão e Isolda* no Scala de Milão (enc., Appia). (Am) *A Máquina de Calcular*, de Elmer Rice. (F) *Knock*, de Jules Romains. (F) *Le Cœur à gaz*, de Tristan Tzara. (Ir) *A Sombra de um Franco-Atirador*, de O'Casey. (URSS) *O Assim Chamado Quinta-Feira*, adaptado por Taírov e baseado em Chersterton. Tendo deixado o Vieux Colombier, Jouvet assume a direção da Comédie des Champs-Elysées. Os Pitoëff no Théâtre des Arts. Abertura de *La Chimère* (A Quimera), de Gaston Baty. Critiques d'un autre temps, de Copeau, NRF.
[LIR] (E) *El Retablo de Maese Pedro*, de Falla. (F) *La Création du monde* (Milhaud – B. Cendrars – F. Léger e os Balés Suecos). (F) *Noces* (Stravínski – Nijinska – Gontcharova). (F) *Y a qu'à Paris*, com Barbette. (F) *Ciboulette*, de R. Hahn.
[DIV] (Am) *As Leis da Hospitalidade*, de Buster Keaton. (Am) *Ouro e Maldição*, de Stroheim. (Am) *A Caravana Para o Oeste*, de J. Cruze. (F) *La Roue*, de Abel Gance. (S) *A Lenda de Gösta Berling*, de Stiller (Greta Garbo).

1923-1924

[BIO] Apresenta três espetáculos novos. Entre eles, *La Maison natale* (18 de dezembro de 1923). Atividade intensa da Escola, que trabalha, sob a direção de Suzanne Bing, *Amal ou la lettre du roi*, de Rabindranath Tagore, adaptação de André Gide, e um nô, que devem constituir sua primeira representação pública – projeto cuja realização é cancelada por um acidente ocorrido com um dos intérpretes principais.

1924

[BIO] 25 de abril: anuncia o fechamento anual do Vieux Colombier. 15 de maio. Espetáculo de encerramento em benefício da Escola do Vieux Colombier: comemoração poética e musical das obras de Pierre de Ronsard. Essa noite é, na realidade, a última do Vieux Colombier de Jacques Copeau, decidido a fechar momentaneamente as portas para continuar, com a Escola, seu trabalho de pesquisa. 13 de setembro: visita e aluga o castelo de Morteuil, na Borgonha, por Demigny (Saône-et-Loire), com o intuito de transplantar para lá a Escola. 23 de setembro: transfere a Companhia do Vieux Colombier a Louis Jouvet. 15 de outubro: instalação da Escola em Morteuil.

[EVE] Dullin monta *Cada um Com a Sua Verdade*.

[DRA] (Am) *O Desejo Sob os Olmeiros*, de O'Neill. (Ir) *Juno e o Pavão*, de O'Casey. (In) *Santa Joana*, de Bernard Shaw.

[LIR] (Am) *Rhapsody in Blue,* de Gershwin. (Am) *Rose-Marie*, de R. Friml, com Mary Ellis. (F) *Relâche* (Satie – Picabia e os Balés Suecos). (F) *New York – Montmartre*, revista de Jacques-Charles, com as Hoffmann Girls. (I) *Turandot*, de Puccini. (Tc) *A Pequena Raposa Astuta*, de Janacek.

[DIV] (Al) *Os Nibelungen*, de F. Lang. (Am) *O Último dos Homens*, de Murnau. (F) *Entr'acte*, de René Clair. (F) *L'Inhumaine*, de L'Herbier.

1925

[BIO] Maio de 1925: fundação da trupe de Os Copiaus. Espetáculo em Lille. Representações, com um novo repertório, em Demigny e noutras pequenas cidades da região. Celebração da festa dos vinhos em Nuits-Saint-Georges. Novembro de 1925: instala-se em Pernand-Vergelesses (Côte-d'Or).

[HIS] Maio: criação das SS, na Alemanha. Outubro: pacto de Lucarno. Guerra do Rife.

[EVE] *Minha Vida na Arte*, de Stanislávski. Balanchine torna-se coreógrafo dos Balés Russos. Pirandello funda o Teatro das Artes (Roma).

[DRA] (Au) *O Grande Teatro do Mundo*, de Hofmannsthal e Reinhardt. (B) *Tripes d'or*, de Crommelynck. (In) *Hay-Fever*, de Noel Coward. Stanislávski publica *Minha Vida na Arte* em Moscou.

[LIR] (Au) *Wozzeck*, de Berg (Berlim). (F) *L'Enfant et les sortilèges*, de Ravel, libreto de Colette. (F) *Les Fâcheux*, balé de Auric. (I) *Doutor Fausto*, de Busoni.

[DIV] (Al) *A Rua Sem Alegria*, de Pabst. (Am) *A Corrida do Ouro*, de Chaplin. (Am) *A Grande Parada,* de King Vidor. (URSS) *O Encouraçado Potemkin* e *A Greve*, de Eisenstein.

1925-1926

[BIO] Continua as turnês de conferências e de leituras no interior e no exterior. Adapta ou escreve para os Copiaus diversos espetáculos; entre eles, *L'Illusion* e *L'Anconitaine*.

1926

[BIO] Em 21 de abril, cria em Roma o papel do Recitante, em *Le Roi David*, de Honegger. Em 3 de outubro, criação de *L'Illusion* pelos Copiaus. Escreve prefácios para uma edição de Molière, que será publicada de 1926 a 1929 pela Cité des Livres (rua Saint-Sulpice, n. 27). Continua as turnês de leituras e conferências. No final de 1926 e início de 1927, encena, no Theatre Guild de Nova York, sua adaptação de *Os Irmãos Karamázov*. Nos Estados Unidos da América, faz uma série de leituras e de conferências.

[DRA] (F) *Poussière de soleils,* de Raymond Roussel. (Ir) *O Arado e as Estrelas,* de O'Casey. (URSS) *Ruge, China!,* de Tretiakov (enc., Meierhold). A *Revue Nègre* no Théâtre des Champs-Elysées.

[LIR] (Al) *A Mesa Verde* (balés Jooss). (Am) Primeiro recital de dança de Martha Graham. (F) *Le Pauvre matelot,* de Milhaud e Cocteau. (F) *La Revue nègre,* com Josephine Baker. (URSS) *O Passo de Aço,* balé de Prokófiev.

[DIV] (Al) *Metrópolis,* de F. Lang. (Am) *Ben Hur,* de Niblo. (Am) *Transumância,* de Schoedsack e Cooper. (F) *Nana,* de Jean Renoir. (In) *O Locatário,* de Hitchcock. (URSS) *A Mãe,* de Pudóvkin.

1926-1927

[BIO] Final de 1926, início de 1927: encena, no Theatre Guild de Nova York, sua adaptação de *Os Irmãos Karamázov*. Nos Estados Unidos da América, faz uma série de leituras e de conferências.

1927

[HIS] Fim do controle aliado na Alemanha. Criação dos "Croix-de-Feu".

[EVE] Artaud funda, com Roger Vitrac, o Teatro Alfred Jarry. Dullin, Jouvet, Baty e Pitoëff se reúnem para uma defesa mais eficaz de um espírito comum e fundam o Théâtre du Cartel. Projeto do arquiteto Gropius para um teatro total (Berlim). O "New Playwrights Theatre" (Nova York).

[DRA] (Al) *Alto lá, Nós Vivemos!* de Toller. (E) *Mariana Pineda,* de Lorca, com Margarita Xirgú. (F) *Vient de paraître,* de É. Bourdet. (URSS) *O Trem Blindado 14-69,* de V. Ivânov (Teatro de Arte).

[LIR] (Am) *Show-Boat*, de Jerome Kern. (F) *Antigone*, de Honegger e Cocteau. (F) *Un Vent de folie*, com Josephine Baker. (URSS) *Œdipus Rex*, de Stravínski.

[DIV] (Al) *A Aurora*, de Murnau. (Am) *As Noites de Chicago*, de Sternberg. (Am) *A Marcha Nupcial*, de Stroheim. (F) *Napoléon*, de Abel Gance. (F) *La Coquille et le clergyman*, de Dulac e Artaud.

1926-1929

[BIO] Trabalhos de pesquisa com Os Copiaus e turnês pela Borgonha, pelo interior da França, pela Suíça, Bélgica, Holanda, Inglaterra e Itália. Escreve prefácios para uma edição de Molière que será publicada de 1926 a 1929 pela Cité des Livres (rua Saint-Sulpice, n. 27). Continua as turnês de leituras e conferências.

1928

[BIO] Começa, com *La Nación* de Buenos Aires, uma colaboração que continuará até 1941. Escreve uma Apresentação para o *Paradoxo do Ator*, de Diderot (editor: Plon).

[EVE] Primeira transmissão de uma peça televisionada (*O Homem Com a Flor na Boca*, de Pirandello), em Schenectady (Estados Unidos). (Al) *O Bravo Soldado Schweick* (enc., Piscator e Brecht).

[DRA] (Al) *A Ópera dos Três Vinténs*, de Brecht e K. Weill. (F) *Siegfried*, de Giraudoux. (F) *Topaze*, de Pagnol. (F) *Victor ou les enfants au pouvoir*, de Vitrac.

[LIR] (Al) *Mahagonny*, de K. Weill e B. Brecht. (Am) *Quatro Santos em Três Atos*, de V. Thompson. (Am) *Animal Crackers*, comédia musical dos Irmãos Marx. (F) *Apollon musagète* (Stravínski – Balanchine). (F) Raquel Meller no Olympia.

[DIV] (Am) *Solidão*, de Fejos. (Am) *O Vento*, de Sjöström. (Am) *Queen Kelly*, de Stroheim. (F) *Un Chapeau de paille d'Italie*, de René Clair. (F) *La Passion de Jeanne d'Arc*, de Dreyer. (F) *Un Chien andalou*, de Buñuel. (URSS) *Tempestade Sobre a Ásia*, de Pudóvkin.

1929

[BIO] Dissolve Os Copiaus no mês de junho. Primeira campanha parisiense para levar Jacques Copeau à direção da Comédie-Française. Ela fracassa. Encena *Œdipus rex*, de Igor Stravínski, na Ópera de Paris.

[HIS] Primeiro de maio sangrento em Berlim.

[EVE] Primeiro filme totalmente falado: *Luzes de Nova York*. Pitoëff monta *As Três Irmãs*.

[DRA] (F) *Jean de la Lune*, de Achard. (F) *Marius*, de Pagnol. (URSS) *O Percevejo*, de Maiakóvski.

[DIV] (Al) *Lulu*, de Pabst. (Am) *Halleluyah*, de King Vidor. (Am) *A Mulher Com o Corvo*, de Borzage. (In) *Chantagem e Confissão*, de Hitchcock. (URSS) *O Homem Com uma Câmara*, de Dziga Vertov. (URSS) *A Linha Geral*, de Eisenstein.

1930

[BIO] De volta a Pernand, escreve artigos para revistas e jornais, e retoma as turnês de conferências e de leituras.

[HIS] Fim da ocupação estrangeira na Alemanha.

[EVE] Suicídio de Maiakóvski. Os discípulos de Stanislávski introduzem seus métodos nos Estados Unidos. G. Baty assume a direção do Théâtre Montparnasse e monta *A Ópera dos Três Vinténs*, primeira peça de Brecht a ser representada em Paris.

[DRA] (F) *La Voix humaine*, de Cocteau. (F) *L'Acheteuse*, de Steve Passeur. (URSS) *Os Banhos*, de Maiakóvski.

[LIR] (F) *Christophe Colomb*, de Milhaud e Claudel. (F) *Bacchus et Ariane*, balé de A. Roussel.

[DIV] (Al) *O Anjo Azul*, de Sternberg. (Am) *Monkey Business*, dos Irmãos Marx e McLeod. (F) *L'Âge d'or*, de Buñuel. (F) *Sous les toits de Paris*, de René Clair. (F) *Le Sang d'un poète*, de Cocteau. (URSS) *A Terra*, de Dovjenko.

1931

[BIO] Janeiro: apresenta a Compagnie des Quinze, egressa dos Copiaus, ao público parisiense, com duas conferências no Vieux Colombier, editadas com o título *Souvenirs du Vieux Colombier*. Profere três conferências sobre Musset, na Bélgica: em 26 de novembro, 3 e 10 de dezembro de 1931. Escreve uma introdução e prefácios para a edição das *Comédies et Proverbes*, de Musset (Cité des Livres).

[EVE] Lorca funda a sua companhia La Barraca (Espanha). Obraztsov funda seu teatro de marionetes (Moscou). Em Nova York, fundação do Groupe Theatre (C. Crawford, H. Clurman e E. Kazan). Exposição colonial de Vincennes.

[DRA] (Al) *A Decisão*, de Brecht. (Am) *Electra Enlutada*, de O'Neill. (Au) *Os Exaltados*, de Musil. (E) *O Enfeitiçado*, de Valle Inclán. (E) *O Homem Inabitado*, de Alberti. (F) *Judith,* de Giraudoux. (In) *Cavalgada*, de Noel Coward. (URSS) *A Luta Final,* de Vischnévski (enc., Meierhold). Primeiras representações da Compagnie des Quinze.

[LIR] (Am) *Of Thee I Sing*, de Gershwin.

[DIV] (Al) *M., O Vampiro de Düsseldorf*, de F. Lang. (Al) *A Ópera dos Três Vinténs*, de Pabst. (Al) *Moças de Uniforme*, de L. Sagan. (Am) *As Luzes da Cidade*, de Chaplin. (Am) *Tabu*, de Murnau e Flaherty. (Am) *Frankenstein*, de J. Whale. (F) *La Chienne*, de Renoir. (M) *Que Viva México*, de Eisenstein.

1932

[HIS] Nas eleições alemãs, o Partido Nazista ganha o direito de formar o governo.
[EVE] Moussinac funda o Théâtre d'action internationale (Teatro de Ação Internacional), em Paris. Abertura do Radio City Music Hall (Nova York). Leon Schiller monta *Os Antepassados*, na Polônia.
[DRA] (Am) *Jonas e a Baleia*, de Bridie. (F) *Œdipe*, de Gide. (F) *La Belle au bois*, de Supervielle. (F) *Hermine*, de Anouilh.
[LIR] (Am) *Face the Music*, de I. Berlin e M. Hart.
[DIV] (Al) *Ventres Gelados*, de Dudow. (Al) *Vampiro*, de Dreyer. (Am) *Scarface*, de Hawks. (F) *Terre sans pain*, de Buñuel. (F) *Zéro de conduite*, de Vigo. (F) *L'Affaire est dans le sac*, de Pierre Prévert.

1933

[BIO] Encena para o Maio Florentino *Il mistero de Santa Uliva*, assistido por André Barsacq. Faz uma turnê de leituras e de conferências pela África do Norte. Colabora, como crítico dramático, com *Les Nouvelles Littéraires* – colaboração que se prolongará por três anos.
[HIS] Incêndio do Reichstag.
[EVE] A tomada do poder por Hitler dispersa os principais encenadores e dramaturgos alemães. (URSS) *A Mãe*, baseado em Górki (enc., Okhlópkov, no Teatro de Arena). Primeiro "Maio Musical" de Florença.
[DRA] (Am) *Men in White*, de S. Kingsley. (E) *Bodas de Sangue*, de Lorca. (F) *Intermezzo*, de Giraudoux. (URSS) *A Tragédia Otimista*, de Vischnévski.
[LIR] (Am) Katherine Dunham dança na exposição de Chicago. Os Balés Jooss nos Champs-Élysées.
[DIV] (Al) *O Testamento do Dr. Mabuse*, de F. Lang. (Al) *Liebelei*, de Ophüls. (F) *Quatorze Juillet*, de Ivens. (Tc) *Êxtase*, de Machaty. (URSS) *O Desertor*, de Pudóvkin.

1934

[BIO] 11 de outubro: encena, no Atelier de Dullin, *Rosalinda ou Muito Barulho por Nada*, de Shakespeare, adaptação de Jules Delacre. 30 de abril: encena, na Ópera de Paris, *Perséphone*, de André Gide, música de Stravínski, cenários de André Barsacq, para Ida Rubinstein.

[HIS] Hitler, chanceler do Reich. Primeiros comícios antifascistas.

[EVE] Primeiro congresso dos escritores soviéticos: Jdanov define o realismo socialista. Primeiro festival de Glybdebourne.

[DRA] (B) *Une femme qu'a le coeur trop petit*, de Crommelynck. (E) *Yerma*, de Lorca, com Margarita Xirgú. (F) *La Machine infernale*, de Cocteau. (F) *Une Femme libre*, de Salacrou. Jouvet assume a direção do Athénée.

[LIR] (Al) *Mathis, o Pintor*, de Hindemith. (F) *Sémiramis*, de Honegger e Valéry. (URSS) *Lady Macbeth de Mtsensk*, de Schostakóvitch. (F) Cécile Sorel, no Casino de Paris. (F) Marianne Oswald, no Boeuf sur le toit.

[DIV] (Am) *New York-Miami*, de Capra. (Am) *A Patrulha Perdida*, de Ford. (Am) *O Homem de Aran*, de Flaherty. (F) *L'Atalante*, de Vigo. (URSS) *Tchapaiev*, de Vassíliev.

1935

[BIO] Encena *Savonarola* para o Maio Florentino. Começa a tradução literal das tragédias de Shakespeare, para a Union Latine d'éditions, em colaboração com Suzanne Bing. Projeta a reabertura de um novo teatro de repertório no Théâtre de l'Ambigu.

[HIS] Guerra da Etiópia. Setembro: leis antissemitas de Nuremberg.

[EVE] Criação de um Teatro Federal nos Estados Unidos. O Teatro Meierhold é fundado em Moscou (arquit., Vakhtângov e Barkin).

[DRA] (Am) *A Floresta Petrificada*, de Sherwood. (Am) *Waiting for Lefty*, de Clifford Odets. (F) *L'Inconnue d'Arras*, de Salacrou. (F) *Les Cenci*, de Artaud. (F) *La Guerre de Troie n' aura pas lieu*, de Giraudoux. (I) *Não se Sabe Como* e *Esta Noite se Improvisa*, de Pirandello. (In) *Crime na Catedral*, de T. S. Eliot. (E) *O Médico de Sua Honra*, de Calderón, enc. Dullin, Atelier. (F) *Les Caprices de Marianne*, de Musset, enc. Baty, Théâtre Montparnasse. (Au) *A Criatura*, de Bruckner, enc. Pitoëff, Théâtre des Maturins.

[LIR] (Am) *Porgy and Bess*, de Gershwin. (F) *Icare* (Serge Lifar, dançarino e coreógrafo). (F) *Autour d'une mère*, mimodrama de Jean-Louis Barrault, adaptado a partir de Faulkner. (F) Primeiros passos de Edith Piaf. Por volta de 1935, os primeiros *strip-tease* nos Estados Unidos.

[DIV] (Am) *Sopa de Pato*, dos Irmãos Marx. (Am) *Peter Ibbetson*, de Hathaway. (Am) *O Informante*, de John Ford. (F) *Toni*, de Renoir. (In) *Os Trinta e Nove Degraus*, de Hitchcock.

1936

[BIO] Encena *Muito Barulho Por Nada*, adaptado de Shakespeare por Jean Sarment, no Théâtre de la Madeleine. Encena e interpreta *Napoléon Unique*, de Paul Raynal, no Théâtre de la Porte Saint-Martin. Chamado por Édouard Bourdet, com o Cartel, encena *Le Misanthrope* (O Misantropo) na Comédie-Française. Estreia no cinema em *Sous les yeux d'Occident* (Sob os Olhos do Ocidente), de Marc Allégret.

[HIS] Jean Zay, ministro das Belas Artes, aumenta as subvenções da Comédie-Française e do Odéon. Hitler ocupa a Renânia e a Itália anexa a Etiópia. Início da guerra civil espanhola.

[EVE] Morte de Pirandello. Lorca é fuzilado. Na França, criação de um Ministério dos Lazeres. Os encenadores do Cartel e Jacques Copeau são chamados à Comédie-Française. Barsacq, Dasté e Jacquemont fundam o Théâtre des Quatre-Saisons. Fundação do Unity Theatre (Londres).

[DRA] (F) *Un Homme comme les autres*, de Salacrou. (F) *Fric-Frac*, de Bourdet. (In) *O Francês Sem Lágrimas*, de Rattigan. Groupe Octobre: *Le Tableau des merveilles*, adaptado de Cervantes, enc. Barrault. O grupo realiza seu último espetáculo (Prévert).

[LIR] (F) *Os Persas*, de Ésquilo, pelo grupo de teatro antigo da Sorbona (enc., Maurice Jacquemont).

[DIV] (Am) *Os Tempos Modernos*, de Chaplin. (Am) *O Extravagante Mr. Deeds*, de Capra. (Am) *Uma Noite na Ópera*, dos Irmãos Marx. (Am) *Verdes Campos*, de Keghley e Conelly. (F) *Le Crime de M. Lange*, de Renoir.

1937

[BIO] Encena *Jeanne*, de Henri Duvernois, no Nouveautés, *Le Trompeur de Séville* (O Embusteiro de Sevilha), de André Obey no Théâtre de la Porte Saint-Martin, *Bajazet* de Racine e *Asmodée* de François Mauriac na Comédie-Française. Participa do cruzeiro Guillaume Budé pela Grécia: seis leituras de trágicos gregos, uma conferência em Atenas. Durante esse período inteiro, continua as leituras e conferências pela França e pelo estrangeiro. Participa de diversos filmes; entre eles, *Le Courrier de Lyon*.

[HIS] Jean Zay manda transformar o Théâtre du Trocadéro, que se torna a sala do Palácio de Chaillot. Outorga créditos para a radiodifusão de peças de teatro, assim como para ajudar o Cartel e certos teatros do interior. Exposição internacional das Artes e Técnicas em Paris: participam o Cartel, o Théâtre des Quatre Saisons (A. Barsacq), o Rideau de Paris (M. Herrand e Jean Marchat), os Comédiens Routiers (Léon Chancerel).

[EVE] Fundação do Teatro Nacional Grego (Atenas).

[DRA] (Al) *Os Fuzis da Senhora Carrar*, de Brecht (realizado em alemão, em Paris). (F) *Électre*, de Giraudoux. (F) *Asmodée*, de Mauriac. (F) *Les*

Chevaliers de la Table ronde, de Cocteau. (F) *Le Voyageur sans bagages*, de Anouilh.

[LIR] (Au) *Lulu*, de Alban Berg, em Zurique (os dois primeiros atos). (F) Charles Trenet canta *Je chante*. (In) Laurence Olivier interpreta *Hamlet*.

[DIV] (F) *Drôle de drame*, de Carné. (F) *La Grande illusion*, de Renoir. (URSS) *A Última Noite*, de Raisman. (URSS) *Lenin em Outubro*, de Mikhail Romm.

1938

[BIO] Monta, em maio, *Como Quiseres*, de Shakespeare, nos Jardins Boboli, em Florença, e *Le Testament du Père Leleu*, de Roger Martin du Gard, na Comédie-Française, em 21 de novembro.

[HIS] Ultimato de Hitler à Áustria. Acordos de Munique.

[EVE] Morte de Constantin Stanislávski. *A Formação do Ator*, de Stanislávski (póst.). Antonin Artaud: publicação de *Le Théâtre et son double*.

[DRA] (Am) *Nossa Cidade*, de Thornton Wilder. (F) *La Sauvage*, de Anouilh. (F) *Les Parents terribles*, de Cocteau. (F) *Les Demoiselles du large*, de Vitrac.

[LIR] (F) *Jeanne au bûcher*, de Claudel e Honegger (Basileia). (F) Agnès Capri funda seu cabaré (*La Pêche à la baleine*, de J. Prévert). (URSS) *Romeu e Julieta*, de Prokófiev.

[DIV] (Al) *Os Deuses do Estádio*, de Riefenstahl. (Am) *Branca de Neve*, de Disney. (F) *Quai des brumes*, de Carné. (In) *A Dama Oculta*, de Hitchcock. (URSS) *A Infância de Górki*, de Donskoi. (URSS) *Aleksandr Névski*, de Eisenstein.

1939

[BIO] Faz uma viagem a Madagascar. Conferências e leituras.

[HIS] Hitler anexa a Tchecoslováquia. "Pacto de aço" Hitler-Mussolini. Pacto germano-soviético. Com a vitória de Franco, chega ao fim a Guerra Civil Espanhola. 3 de setembro: começa a Segunda Guerra Mundial.

[EVE] Prisão de Meierhold. Morte de Georges Pitoëff.

[DRA] (Am) *American Blues*, de Tennessee Williams. (Am) *My Heart's in the Highlands*, de Saroyan. (In) *A Reunião de Família*, de T. S. Eliot.

[LIR] (Am) *Du Barry was a Lady*, de Cole Porter. (F) *Hamlet*, de J. Laforgue, com J.-L. Barrault. (I) *Voo Noturno*, de Dellapiccola.

[DIV] (Am) *A Cavalgada Fantástica*, de Ford. (Am) *E o Vento Levou*, de Fleming. (F) *La Règle du jeu*, de Renoir. (URSS) *Ganhando Meu Pão*, de Donskoi.

1939-1940

[BIO] Faz uma turnê de leituras e de conferências pela Hungria, Romênia, Iugoslávia, Bulgária, Turquia e Grécia.

1940

[BIO] Em maio, é nomeado "administrador provisório" da Comédie-Française. Monta, na Comédie, em outubro, novembro e dezembro, *Le Carrosse du Saint-Sacrement*, *Le Cid* e *Noite de Reis*.
[HIS] 10 de junho: a Itália declara guerra à França. De Gaulle em Londres. Apelo do 18 de junho. 22 de junho: Pétain assina o armistício. Governo em Vichy (Laval, Darnand, Weygand). Pétain, chefe de Estado. Organização da Resistência. Prisão de personalidades: Blum, Daladier, Gamelin.
[DRA] (F) *Les Monstres sacrés*, de Cocteau. Dullin deixa o Ateliê e vai para o Théâtre de la Cité (ex-Sarah Bernhardt). André Barsacq assume a direção do Ateliê. Jacques Copeau, administrador da Comédie-Française, contrata Jean-Louis Barrault.
[LIR] (Am) *Pal Joey*, de Rodgers e Hart, com Gene Kelly. (F) Edith Piaf, em *Le Bel indifférent*, de Cocteau.
[DIV] (Am) *O Grande Ditador*, de Chaplin. (Am) *As Vinhas da Ira*, de Ford. (Am) *Os Ases de Oxford*, de Laurel e Hardy. (I) *A Coroa de Ferro*, de Blasetti.

1941

[BIO] 6 de março: pede demissão da Comédie-Française, por pressão dos ocupantes alemães, e volta para a Borgonha. Publica *Le Théâtre Populaire* (Presses Universitaires). Começa a tradução literária das comédias de Shakespeare (Union Latine d'éditions), sempre com a colaboração de Suzanne Bing.
[HIS] Inícios do Serviço do Trabalho Obrigatório. Detenção de cinco mil judeus em Paris. Os alemães invadem a Bulgária, a Iugoslávia, a Grécia. Junho: os alemães atacam a URSS. Ataque japonês a Pearl Harbor. A Alemanha e a Itália em guerra contra os Estados Unidos. Criação do Comité das Empresas de Espetáculos (COES) pelo governo de Vichy, dirigido por René Rocher.
[DRA] (Am) *Fuga para o Oeste*, de Elmer Rice. (Am) *The Beautiful People*, de Saroyan. (F) *Eurídice*, de Anouilh. Jouvet deixa Paris. Longa excursão pela América Latina até o final da guerra. Baty é o representante dos encenadores no Comité de Organização das Empresas de Espetáculos, supervisionado pela Propagandstaffel.
[LIR] (Am) Danny Kaye em *Let's Face It*, de Cole Porter.

[DIV]   (Am) *Cidadão Kane*, de Orson Welles. (Am) *Hellzapoppin*, de Potter. (Am) *O Falcão Maltês*, de John Huston.

1942

[BIO]   Escreve um estudo sobre *Lorenzaccio*, de Alfred de Musset, e um *Molière Farceur* para a pequena edição IAC das Obras-Primas Francesas.
[HIS]   Desembarque aliado na África do Norte. Ocupação da "zona livre". Darlan assassinado em Argel.
[EVE]   J. Copeau dirige um estágio de formação radiofônica.
[DRA]   (Am) *The Skin of our Teeth*, de Thornton Wilder. (F) *La Reine morte*, de Montherlant. (In) *Macbeth*, de Shakespeare, enc. Baty, Montparnasse. (F) *Phèdre*, de Racine, Comédie-Française, com J.-L. Barrault.
[LIR]   (Am) *This is the Army*, de I. Berlin.
[DIV]   (Am) *O Esplendor dos Amberson*, de O. Welles. (Am) *Por Que Nós Combatemos*, de Capra. (Am) *To Be or Not to Be*, de Lubitsch. (F) *Les Visiteurs du soir,* de Carné. (I) *Ossessione*, de Visconti.

1943

[BIO]   Dirige, em Beaune, um estágio de formação radiofônica em colaboração com Pierre Schaeffer. Julho: adapta, encena e interpreta *Le Miracle du pain doré*, no Hospital de Beaune, para os quinhentos anos de sua fundação. Dispositivo de André Barsacq.
[HIS]   Stalingrado. Desembarque aliado na Itália. Criação do Conselho Nacional da Resistência.
[EVE]   Morte de Antoine.
[DRA]   (Al) *A Alma Boa de Setsuan*, de Brecht. (F) *Les Mouches*, de Sartre, enc. Dullin, Théâtre de la Cité. (F) *Le Soulier de satin*, de Claudel (publ. 1929).
[LIR]   (Am) *Oklahoma!*, de Rodgers e Hammerstein. (Am) *Carmen Jones*, de Hammerstein. (F) Estreia de Gérard Philipe em *Sodome et Gomorrhe*, de Giraudoux.
[DIV]   (Am) *O Incidente de Ox-Bow*, de Wellman. (D) *Dia de Cólera*, de Dreyer. (F) *Le Corbeau*, de Clouzot. (F) *Lumière d'été*, de Grémillon. (URSS) *Camarada P.*, de Ermler.

1944

[HIS]   Desembarque aliado na Normandia. Liberação de Paris, de Estrasburgo. Contraofensiva alemã nas Ardennes. Assassinato de Jean Zay pela milícia. Criação de uma Direção das Artes e Letras. Jeanne Laurent é subdiretora da Direção dos Espetáculos e da Música.

[DRA] (Al) *Mãe Coragem*, de Brecht (Zurique). (Am) *À Margem da Vida*, de Tennessee Williams. (F) *Antígone*, de Anouilh. (F) *Huit-clos*, de Sartre. (F) *Le Malentendu*, de Camus. Jean-Louis Barrault trabalha como diretor e ator em *Le Soulier de satin*, de Paul Claudel, na Comédie-Française.

[LIR] (F) Teatro de marionetes de Gaston Baty. (F) Yves Montand no A.B.C.

[DIV] (In) *Henry V*, de Laurence Olivier. (M) *Maria Candelaria*, de Fernandez. Gaston Baty se dedica a seu Théâtre des Marionnettes.

1944-1948

[BIO] Termina a sua peça sobre Francisco de Assis, *Le Petit pauvre*. Continua as turnês de leituras.

1945

[HIS] Junção das tropas americanas e soviéticas no Elba. Mussolini é executado. Suicídio de Hitler. Tomada de Berlim. Capitulação da Alemanha. De Gaulle presidente do Governo Provisório. Proclamação da República do Vietnã. Criação de uma Casa da Cultura em Grenoble. Jeanne Laurent, chefe do Escritório dos Espetáculos, no Ministério das Belas Artes. Ela dirigirá a política de descentralização teatral (até 1952).

[EVE] Boris Kochno, Christian Bérard e Roland Petit criam os Balés dos Champs-Élysées. Joan Littlewood cria o Theatre Workshop (Londres).

[DRA] (Al) *Terror e Miséria do Terceiro Reich*, de Brecht. (E) *A Casa de Bernarda Alba*, de Lorca (Paris e Buenos Aires). (F) *Calígula*, de Camus, com G. Philipe. (F) (Au) *Lulu*, de Alban Berg, em Zurique (os dois primeiros atos), de Giraudoux, com M. Moreno.

[LIR] Os Balés Roland Petit. (F) *Les Forains* (Sauguet – Kochno – Roland Petit – Bérard). (In) *Peter Grimes*, de Britten.

[DIV] (Am) *The Lost Week-End*, de Wilder. (F) *Les Dames du Bois de Boulogne*, de Bresson. (F) *Les Enfants du paradis*, de Carné. (F) *L'Espoir*, de Malraux (rodado em 1939). (I) *Roma, Cidade Aberta*, de Rossellini. (Su) *A Última Chance*, de Lindtberg. (URSS) *Ivan, o Terrível*, de Eisenstein.

1946

[HIS] De Gaulle se demite. Nascimento da IVª República, na França. Criação de "centros dramáticos" pelo interior da França. Primeiro concurso das Jovens Companhias. Fundação de um sindicato intercomunal para representações teatrais nas cidades do Leste (dois terços delas financiadas pelo Estado).

[EVE] Na França, criação dos Centros Dramáticos do interior do país, sob o impulso de Mlle Jeanne Laurent. Fundação da Companhia Renault-Barrault (Paris), que assume a direção do Théâtre Marigny.

[DRA] (Am) *O Vendedor de Sorvete Passou*, de O'Neill. (Am) *Todos Eram Meus Filhos*, de A. Miller. (F) *Quoat quoat*, de Audiberti.

[LIR] (Am) *Four Temperaments*, balé de Hindemith e Balanchine. (Am) *O Médium*, de Menotti. (F) *Le Jeune homme et la mort* (Cocteau – R. Petit – Wakhevitch). (F) *Parade* e *Orion le tueur*, pela companhia Grenier-Hussenot (discípulos de Chancerel, discípulo de Copeau).

[DIV] (Am) *Os Mais Belos Anos de Nossa Vida*, de Wyler. (F) *La Bataille du rail*, de Clément. (F) *Une Partie de campagne*, de Renoir (rodado em 1936). (I) *Sciuscia*, de De Sica. (I) *Paisà*, de Rossellini. (In) *Breve Encontro*, de Lean. (URSS) *O Almirante Nakhimov*, de Pudóvkin.

1947

[HIS] Instituição, por Pierre Bourdan, ministro da Educação Nacional, do Comitê de Leitura de "Ajuda à Primeira Peça".

[EVE] Primeiro Festival Internacional de Edimburgo. Criação do Festival de Avignon por Jean Vilar, que monta *Ricardo II*, de Shakespeare (primeira representação na França). Criação do Piccolo Teatro de Milão (Paolo Grassi e Giorgio Strehler). Fundação do Actor's Studio por Elia Kazan, C. Crawford, R. Lewis (Nova York).

[DRA] (Al) *A Vida de Galileu*, de Brecht, em inglês, com Charles Laughton (Nova York). (Am) *Um Bonde Chamado Desejo*, de Tennessee Williams. (B) *Hop Signor!*, de Ghelderode (escrito em 1935, em Paris). (F) *Les Bonnes*, de Genet. (F) *Le Mal court*, d'Audiberti. (F) *Les Nuits de la colère*, de Salacrou. (F) *Les Épiphanies*, de Pichette. (F) *La Petite hutte*, de Roussin. (Ir) *Rosas Vermelhas para Mim*, de O'Casey.

[LIR] (F) O mímico Marcel Marceau cria a personagem Bip. (I) *Arlequim Servidor de Dois Amos*, com Moretti (Piccolo Teatro). (Am) *Monsieur Verdoux*, de Chaplin. (Am) *A Dama de Xangai*, de Orson Welles. (Am) *O Tesouro de Sierra Madre*, de Huston. (F) *Le Diable au corps*, de Autant-Lara. (I) *A Terra Treme*, de Visconti. (Tc) *A Ponte*, de Weiss.

1948

[EVE] Balanchine funda o New York City Ballet. Lançamento comercial do espetáculo televisionado. J. Vilar monta *A Morte de Danton*, de G. Büchner (primeira representação na França). Segundo Festival de Avignon.

[DRA] (F) *Les Mains sales*, de Sartre, Théâtre Antoine. (F) *Partage de midi*, de Claudel (escrito em 1905), enc. de Barrault, Théâtre Marigny. (F)

La Fête noire, de Audiberti. (F) *Le Maître de Santiago*, de Montherlant. (F) *Schéhrazade*, de Supervielle, dir. J. Vilar. (F) *L'État de siège*, de Camus.

[LIR] (F) *Bolivar*, de Milhaud e Supervielle. (F) *Les Demoiselles de la nuit* (Jean Françaix – R. Petit – Leonor Fini).

[DIV] (Am) *The Rope*, de Hitchcock. (Am) *Louisiana Story*, de Flaherty. (Am) *Macbeth*, de O. Welles. (Am) *A Cidade Sem Véus*, de Dassin. (F) *Le Sang des bêtes*, de Franju. (I) *Ladrões de Bicicleta*, de De Sica. (URSS) *A Jovem Guarda*, de Guerassimov.

1949

[BIO] 20 de outubro: morre no Hospital de Beaune. 24 de outubro: é enterrado em Pernand-Vergelesses.

[HIS] A França reconhece a independência do Vietnã e da Cochinchina.

[EVE] Fundação do Berliner Ensemble por Brecht e Helene Weigel (Berlim Oriental). *Pequeno Organon para o Teatro*, de Brecht. Morte de Charles Dullin. Fundação da Compagnie Jean-Marie Serreau.

[DRA] (Am) *A Morte do Caixeiro Viajante*, de A. Miller. (B) *Fastes d'enfer*, de Ghelderode (escrito em 1929). (F) *Les Justes*, de Camus. (F) *Le Voleur d'enfants*, de Supervielle. (F) *Clérambard*, de Marcel Aymé. (I) *Corrupção no Palácio de Justiça*, de Ugo Betti. (In) *Cocktail Party*, de T. S. Eliot. (In) *Lady's Not for Burning*, de Christopher Fry. (F) *Haute surveillance*, de Genet, enc. J. Marchat, Mathurins. (F) *La Tour Eiffel qui tue*, de Hanoteau, enc. M. de Ré, Vieux Colombier.

[LIR] (Am) *South Pacific*, de Rodgers e Hammerstein. (F) *Carmen*, balé de Roland Petit, com Zizi Jeanmaire. (F) *Exercices de style*, de Queneau, por Yves Robert.

[DIV] (Am) *A Escória de Frisco*, de Dassin. (Am) *Os Bobos da Corte*, de Rossen. (F) *Jour de fête*, de Tati. (I) *Nápoles Milionária*, de De Filippo. (I) *Páscoa Sangrenta*, de De Santis. (In) *O Terceiro Homem*, de C. Reed. (S) *A Sede*, de Bergman.

1950

[HIS] O Conselho Mundial da Paz lança o Apelo de Estocolmo contra a arma atômica.

1951

[HIS] Vietnã: ofensiva do Vietminh.

[EVE] Morte de Louis Jouvet. Jean Vilar assume a direção do TNP.

Este livro foi impresso em São Paulo,
nas oficinas da Markpress Brasil, em março de 2013,
para a Editora Perspectiva.